教师教育“课证融合”系列教材

FOUNDATION OF EDUCATION

教育学基础

（中学）

组织编写　教师教育“课证融合”系列教材编委会
主　　编　傅建明
副 主 编　舒　婷
参　　编　（按姓名拼音排序）
陈紫天　侯耀先　靳淑梅
田　佳　薛　娟

北京大学出版社
PEKING UNIVERSITY PRESS

图书在版编目（CIP）数据

教育学基础：中学/傅建明主编．—北京：北京大学出版社，2018.9
（教师教育“课证融合”系列教材）
ISBN 978-7-301-29594-6

Ⅰ．①教… Ⅱ．①傅… Ⅲ．①教育学—中学教师—资格考试—自学参考资料 Ⅳ．①G40

中国版本图书馆 CIP 数据核字（2018）第 113979 号

书　　名	教育学基础（中学） JIAOYUXUE JICHU
著作责任者	傅建明　主　编
策划编辑	李　玥　成　淼　桂　春
责任编辑	李　玥
标准书号	ISBN 978-7-301-29594-6
出版发行	北京大学出版社
地　　址	北京市海淀区成府路 205 号　100871
网　　址	http://www.pup.cn　　新浪微博：@北京大学出版社
电子信箱	zyjy@pup.cn
电　　话	邮购部 010-62752015　发行部 010-62750672　编辑部 010-62704142
印 刷 者	三河市北燕印装有限公司
经 销 者	新华书店
	787 毫米×1092 毫米　16 开本　17 印张　390 千字
	2018 年 9 月第 1 版　2020 年 8 月第 2 次印刷
定　　价	48.00 元

教师教育“课证融合”系列教材

编　委　会

教师教育“课证融合”系列教材

总　序

一、编写背景与意图

1986 年 4 月 12 日颁布的《中华人民共和国义务教育法》第三十条规定：“教师应当取得国家规定的教师资格。”同年 9 月 6 日国家教育委员会颁布《中小学教师考核合格证书试行办法》，规定“只有具备合格学历或有考核合格证书的，才能担任教师”。考核合格证书暂设“教材教法考试合格证书”和“专业合格证书”两种，证书考试由省、自治区、直辖市教育行政部门领导和组织。1995 年 12 月 12 日国务院颁布的《教师资格条例》第八条规定：“不具备教师法规定的教师资格学历的公民，申请获得教师资格，应当通过国家举办的或者认可的教师资格考试。”随后，国家教育委员会于 1995 年 12 月 28 日下发《教师资格认定的过渡办法》，对教师资格过渡的范围、申请和认定等事项提出了明确要求。这一系列工作为教师资格制度的正式建立与实施奠定了重要基础。

2000 年 9 月 23 日教育部颁布《〈教师资格条例〉实施办法》，标志着教师资格制度在全国正式实施。该实施办法规定：“国务院教育行政部门负责全国教师资格制度的组织实施和协调监督工作”（第四条），“县级以上地方人民政府教育行政部门，为教师资格认定机构”（第五条）。这个阶段教师资格认定的具体工作由地方政府教育行政部门负责。

2011 年我国开始在浙江和湖北试行教师资格国家统一考试制度，并于 2013 年 8 月 15 日发布《中小学教师资格考试暂行办法》《中小学教师资格定期注册暂行办法》，明确规定，“教师资格考试实行全国统一考试”“试点工作启动后入学的师范类专业学生，申请中小学教师资格应参加教师资格考试”。

如此，师范生的培养将面临专业养成与资格证书获得的双重任务。所有师范院校就不得不思考一系列问题：职前教师教育与教师资格考试如何有机融合？教师教育的课程设置与教学方式应该如何适应国家教师资格考试？现有的教学大纲和内容如何与国家教师资格考试大纲相融合？职前教师教育的评估与考试如何进行？…… 为了应对上述问题，北京大学出版社经过多年的实地调查与理性论证，审慎地决定编写一套“教师教育‘课证融合’系列教材”，力图保证教师教育专业的学术品位，同时又能兼容国家教师资格考试的考试大纲内容。

出于这样一种思路，“教师教育‘课证融合’系列教材”在深入地分析了《教师教育课程标准(试行)》、《教师专业标准(试行)》(包括幼儿园、小学、中学)、国家教师资格考试标准、教师资格考试大纲等若干文件的基础上,结合现有的师范院校全日制本科生及研究生所开设的相关教师教育类必修课程的知识结构梳理出编写框架,希望其既能具有学科的逻辑体系,又能覆盖教师资格考试大纲的知识要点,让师范生在获得毕业证的同时又能够获得教师资格证书;既能符合师范类各专业人才的培养目标,适应当前我国对教师教育领域的人才需求,又能满足国家教师资格考试的要求,帮助师范生在获得教师教育专业知识与技能的同时获得从事教师职业的资格。

二、编写原则与体例

(一)编写原则

"教师教育'课证融合'系列教材"在编写过程中,遵循以下三个原则:

1. 专业知识与应试技能相结合

尽管通过国家教师资格考试是本套教材所追求的目标之一,但通过考试并不是最重要的目标。更重要、根本性的目的是通过本套教材的学习能够让学生系统地掌握教育的基本原理,理解并能运用教育的基本规律与原则,获得从事基础教育工作的基本技能与技巧,为成为一名优秀的人民教师奠定坚实的理论与技能基础。因此,我们在编写时既注意学科知识与原理的系统介绍,也重视资格考试知识点的梳理与解释,更加关注教育教学能力的培养与解决问题能力的形成,使本套教材既能用于正规的课堂教学,又适用于学生应对国家教师资格考试。

2. 理论思维与实战模拟相结合

一名优秀的人民教师需要有深厚的教育理论修养,必须具备教育学的思维,因此我们在编写时特别注意对学生进行教育学思维的培养,强调教育基本逻辑与基本范式的学习,达到运用教育学的思维阐释教育现实问题,进而形成自己的教育思想。但"有知识的人不实践,等于一只蜜蜂不酿蜜"(古波斯诗人萨迪语),因此,我们在编写时特别注意理论知识与实践操作之间的联结,每节都有原理与知识点的概括,并有针对性的案例分析、试题举例和学习方法导引等。概括地说,本套教材既强调教育原理运用于解释现实问题的方法论引导,又注重教师资格考试的针对性训练。

3. 课堂讲授与课外练习相结合

教材是教师和学生用于教与学的材料,是师生双方共同使用的材料,只有师生配合才能获得最大的效益。任何优秀的教材都有两个特点:内容安排科学,符合教学规律,教师使用方便,即"能教";学科知识逻辑清晰,练习形式多样,即时练习资源丰富,即"能学"。因此,本套教材在编写时既强调要方便教师的教(配套的教学课件、重点知识提示等提供了这个方便),又强调要方便学生的实践运用和复习巩固(配套的同步练习与模拟考试卷提供了这个保障),保证教师指导作用和学生主观能动性的充分发挥,有助于避免"教师只讲不听,学生只听不练"的弊端。

（二）编写体例

在编写体例上，“教师教育‘课证融合’系列教材”由学习目标、学习重点、学习导引、正文、知识结构等部分组成。学习目标，让师生明确教学的方向与标准；学习重点，明确知识的逻辑结构与核心知识点；学习导引，指明学习路径与学习方法；正文，系统地呈现相关知识；知识结构，简明地呈现本章的知识要点。正文部分，首先由一个简短的案例导入，引出本章的学习主题，激发学习者思考的兴趣。每小节在介绍相应的知识体系外，都有相关的试题样例供学生思考与练习。每节最后都有本节重要知识点的概括，并有相关的学习方法提示。每章最后都有一个简短的小结，让读者对本章的思路有一个总体的把握。

本套教材另有相关的配套资源：书中的二维码内容供学生熟悉相关考点、题型和强化答题技巧；“微视频”供学生深入学习某个知识点时参考；国家教师资格考试历年真题、全真模拟与预测试卷（共六册）供课程全部结束后检测使用或参加教师资格考试前模拟考试使用；“教学课件”供老师们教学时参考。

三、教材特色与使用建议

（一）教材特色

“教师教育‘课证融合’系列教材”具有以下四个特色：

1. 内容体系完整

本套教材依据学科的逻辑结构，结合教师教育课程标准、教师专业标准、国家教师资格考试标准、教师资格考试大纲等进行编写，内容体系既保证有严密的学科逻辑，又保证国家政策文件规定的知识点的落实，力图将它们科学地加以融合，既保证学科内容体系的完整性，又兼具资格考试的针对性。

2. 备考实用性强

本套教材在原有教材“学术性”的基础上增加“备考性”，即为通过国家教师资格考试做准备。教材通过真题的诠释，详尽细实地介绍各学科考试的基本内容、命题特点、考试题型、答题技巧、高分策略等，让考生对国家教师资格考试有一个具体而接地气的了解；书中罗列的真题与解析、练习题、模拟试题、知识结构图等，为考生提供模拟的考试环境，帮助考生在实战演练中提升自己的能力。

3. 考点全面覆盖

本套教材中知识点的选择基于两种路径：一是依据学科知识结构和教师资格考试大纲选择，二是根据对历年国家教师资格考试真题的考点梳理。据此梳理和确定每章每节的知识点，而后再根据学科的逻辑结构进行组织与编写。因此，本套教材几乎涵盖了国家教师资格考试的所有考试内容。

4. 线上线下融合

本套教材是一套创新型互联网 + 教材。教材在内容上力图融合学科内容与考试大纲规定的知识点；在体例上，坚持以学生为本，为学生掌握学科知识和应对教师资格考试提供支持；在呈现方式上，应用现代网络技术，教学资源立体配套，使教师和学生能够运用手机、计算机等电子设备随时随地学习。除了线下教学之外，手机二维码、微视频、在线咨询等拓宽了学生的学习时空。

（二）使用建议

“教师教育‘课证融合’系列教材”是团队合作的产物，由北京大学出版社组织全国数十所高等院校联合编写，由于各校情况迥异，因而在使用时学校可以因校制宜，选择适合自己的方案。下面的使用建议仅供使用者参考。

1. 课时安排

课程	周课时	总课时	备注
教育学基础（中学）	2	36	不包括实践类课时
心理学（中学）	2	36	不包括实验课时
教育学基础（小学）	3	54	不包括实践类课时
心理学（小学）	3	54	不包括实验课时
学前教育学	3	54	不包括实践类课时
学前儿童发展	3	54	不包括实验课时
学科课程与教学论	3	54	根据学科性质调整

2. 教学方式

建议以讲授与讨论为主。讲授时注意：①讲清学科逻辑结构，给学生一个完整的理论框架；②梳理每章的知识逻辑，特别注意根据知识的内在逻辑讲授各知识点，教给学生特定的教育学思维；③讲授过程中注意方法论的引导，讲清各种题型的答题技巧；④每次课后灵活运用“国家教师资格考试历年真题和全真模拟与预测试卷”进行同步练习，并即时分析与评价，让学生在实战中理解与运用解决问题的技巧。

3. 考核评价

课程考核由三大类组成：平时成绩（主要是课堂表现、练习册完成的数量与质量）、课程论文与社会实践或实验、期末闭卷考试（可使用国家教师资格考试历年真题和全真模拟与预测试卷）。

计分采用百分制。平时各类成绩占60%，期末成绩占40%。

希望本套教材的出版，能够帮助考生顺利通过国家教师资格考试，并为国家培养教师教育领域的优秀人才做出我们应有的贡献。

教师教育“课证融合”系列教材编委会
2018年8月

目 录

第一章

教育、教育学的产生与发展

☞ 学习完本章，应该做到：

◎ 准确识记与理解教育的含义与层次。
◎ 知道教育的三种起源理论，并能进行评析。
◎ 熟记教育发展的基本阶段，并了解各自的特点。
◎ 熟悉教育学的发生演变史，熟记各个阶段的教育家及其主要思想。
◎ 识记教育学的几种流派，并进行合理的评价。

☞ 学习本章时，重点内容为：

教育概念的准确理解，侧重记忆不同阶段语义的变化以及三个层次教育的不同含义；教育的三个发展阶段，特别是制度化阶段的特点的理解与分析；教育起源理论与教育学流派的基本知识的理解与运用，特别注意各个阶段主要教育家及其观点的记忆与理解。

☞ 学习本章时，具体方法为：

本章按教育、教育学的产生与发展两条主线展开。前者的学习，可以根据“教育是什么—教育是如何产生的—教育在形式上如何发展”这个线索梳理相关要点；后者的学习，则根据“西方教育学的发展—中国教育学的发展—教育流派”展开，重点梳理西方教育家及其思想和教育学流派部分的重要知识点。

【引子】

爱是教育的真谛

教育到底是什么？在我看来，教育的全部艺术是“爱”。夏丏尊说过：“没有爱的教育就像池塘里没有水一样，不称其为池塘。”决定教育成败的关键是什么？那就是教师。“身教重于言教”，老师不但要“以己之专长之特科知识为明晰讲授”，而且要为学生的“自谋修养、意志锻炼和德志仁爱”树立榜样，这实质上是彰显教师人格魅力的核心所在。师德是实现教育理想的基石，无“德”的教育是苍白而又可怕的。“德”，既是教育的起点，更是教育的终点；爱既是教育的全部，更是教育的真谛。教育作为培养人的事业，是塑造美好人性、培养美好人格的工程，应该蕴含着无限的“德”与“爱”。现代社会，从教育的原点来思考办学的方向、找寻教育的本真显得尤为必要。学校只有找准了工作的切入点，让“德”与“爱”渗透到具体的办学行为中，成为学校重要的办学方略和校园文化的核心价值观，并内化成学校全体教职员工的动力，才能实现“随风潜入夜，润物细无声”的美好境界。不难想象，这样境界培养出来的学生，必定是一个个品德高尚、富有爱心的新型人才。①

---

① 袁昌华．教育的最高境界就是爱［N］．新华日报，2014-03-26（B04）．

教育是什么？几乎所有的人都能说一道二。教育，看似一个极为简单而明了的概念，却令人难以回答！人们讨论了几千年，仍然没有达成一致的意见。每个人对教育都有自己的理解。案例中的袁昌华老师认为“爱既是教育的全部，更是教育的真谛”。那么，你心目中的教育是什么呢？下面让我们顺着教育的逻辑进入博大精深的教育世界吧！

第一节　教育的产生与发展

“任何人，只要他愿意且诚心讨论教育问题，并力图使他的谈论进入一种专业的境界，那么，他必须面对着一个最基本的问题，即教育是什么。”① 因此，我们必须首先厘清教育到底是什么。

一、教育的语义与概念

（一）词源探析

“教”与“育”两个单字在甲骨文中就出现了。那时，“教”是指儿童在成人执鞭监督下习文之事。《说文解字》的解释为：“教，上所施，下所效也。从孝，从攴。”“从孝，从攴”是造“教”字时的本意，那么“从”“孝”“攴”何意？“从”，即“如”或“同”；“孝”在《说文解字》中释为“善事父母者”。《尚书》中说：“继先祖之志为孝。”“攴”则是“小击也，从又”。“又”是古“手”字，所以“攴”是形容手持木棍状，像打人的样子。“教”字出现后，其意义不断发展，特别是春秋战国后，它的含义有了扩展和增加，出现了教授、教诲、教化、教训、告诫、令使等意思。“子以四教：文、行、忠、信。”（《论语》）这里的意思是教授或传授，其中自然有上施下效之意。“所谓治国必先齐其家者，其家不可教，而能教人者，无之。故君子不出家而成教于国。”（《大学》）这里的三个“教”字，第一个可以解释为“家教不成功”，第二个可以解释为“教诲”，第三个则可解释为“教化”（榜样或感化的作用）。“寡人愿安承教”（《孟子》），这里的“教”可解释为“告诫”“训告”。“姑舍女所学而从我，则何异于教玉人雕琢玉哉？”（《孟子》）中的“教”字就是“告诫”的意思。不管“教”字有多少含义，但“上”“下”两个相对的概念，则始终保留在一切“教”字的含义之下。② 就是说“教”字在汉语中始终具有“上所施，下所效”之义。

“育”，“养子使作善也。从𠫓，肉声。《虞书》曰：教育子”。“从𠫓，肉声。”意思是说育的意义与𠫓同。那么“𠫓”是什么意思呢？《说文》“𠫓，不顺，忽出也，从到子。《易》曰：‘突如其来，如不孝子，突出，不容于内也’”。这里的“𠫓”字是“子”字的倒写，造字人特意用小儿的头冲下的形象来表示妇女的分娩。

除生育之外，育还有“养”与“长”的含义。前者与饮食有关。“养，供养也，从食，羊声。”“长”是指位尊者和年高者。

① 周浩波．教育哲学［M］．北京：人民教育出版社，2000：12.

② 王静．试论《说文解字》中的“教育”二字［J］．教育研究，1995（3）：48－52.

综上所述，“教育”一词，在汉语中的意思是上一代对下一代的培养，包括精神上的和肌体上的。

西文的“教育”，英语为“education”，法语为“éducation”，意大利语为“educazione”，西班牙语为“educacion”，德语为“Erziehung”，俄语为“ВОСПИТаНИе”。这些词全源于拉丁文“educare”，具有“养育”“培养”“饲养”之意。“educare”又源于拉丁文“educere”，其意是“引出”“使其显出”“使发挥出”。可见，西文中的“教育”含有“内发”之意，强调顺其自然，把自然人身上所固有或潜在的素质引发出来，成为现实的发展状态，具有“启发”之意。

从词源看，中文的“教育”指上一代对下一代的灌输，是一种积极的活动或者说是外塑的行为，如塑造、陶冶、训练、宣传、灌输、说教、规劝、训示、改造、教化、感化、濡化等，通常可以一概称之为“教育”。西文的“教育”则强调人生来就有特定的潜能，教育的过程就如助产的过程，视教育为一种展开的、内发的、自然的消极活动[①]。

（二）语义诠释

将“教”“育”两字合成“教育”一词，最早的是我国战国时期的思想家、教育家孟子。他说：“君子有三乐，而王天下不与存焉。父母俱存，兄弟无故，一乐也；仰不愧于天，俯不怍于人，二乐也；得天下英才而教育之，三乐也。”[②] 此后，我国许多教育家使用“教育”一词。如宋代理学家、教育家程颢说：“师道不立，儒者之学几于废熄，惟朝廷崇尚教育之……”[③] 北宋思想家、文学家范仲淹曾道：“如得其诚，愿预教育，然后天下之道可得而明，阿衡之心可得而传。”[④] 明末清初思想家王夫之则认为：“善教育者必有善学者，然后其教之益大。”[⑤] 清代陈芳生的《训蒙条例》中则有：“儒者不为农工商贾，惟出仕与训蒙而已。出仕不可必得，训蒙则为分内事。果尽其道，则教育人材，亦大益于天下，已亦藉此代耕，诚兼善之本务也。”[⑥] 在古代虽有“教育”一词，但在20世纪前，很少把“教育”作为一个完整的词来使用。中国古代教育家在论及教育问题时，大都使用“教”“学”两字。

答案解析1.1

历年真题

【1.1】在教育史上，最早将“教育”两字合成使用的教育家是（　　）。

A. 孔子　　B. 孟子　　C. 老子　　D. 荀子

考点拓展1.1

---

① 在教育的语言中，东西方的用词可以解释这一点。如我国最常用的两个教育隐喻是“塑造”与“雕琢”，诸如：“玉不琢，不成器；人不学，不知道。”（《学记》）；“朽木不可雕也，粪土之墙不可圬也！于予与何诛?”（《论语》）；“常玉不琢，不成文章；君子不学，不成其德。”（董仲舒）等。而西文则较多地用“接生”“生长”作为教育的基本隐喻。如苏格拉底的产婆术、杜威的教育即生长说等。

② 孟子．孟子·尽心上［M］//陈戍国点校．四书五经（上）．长沙：岳麓书院，1991：128.

③ 程颢．请修学校尊师儒取士札子［M］//二程集（二）．北京：中华书局，1981：448.

④ 范仲淹．范文正文集：卷八·上张右丞书［M］//景印文渊阁四库全书：第1089卷．台北：台湾商务印书馆，1978：631.

⑤ 王夫之．四书训义：卷五［M］//王炳照．中国教育思想史．长沙：湖南教育出版社，1994：24.

⑥ 陈芳生．训蒙条例［M］//徐梓．蒙学要义．大同：山西教育出版社，1991：36.

“教育”成为常用词，在我国是20世纪初的事。[1] 1901年5月，罗振玉在上海创办了最早以“教育”命名的杂志《教育世界》。在其创刊号上，王国维先生提到了“教育学”这门新学问，因而“教育”一词一跃成为理论术语。此后，译界翻译了大量的西方和日本的教育著作，使“教育”一词迅速走向中国知识界，走向师范学校，也使其具有现代“教育”的含义。

在西文的语境中，德语和俄语的“教育”是指知识和技能的授受过程，与其说是“教育”活动不如说是“教养”活动；像学校这样的机构与其说是教育机构还不如说是教养机构。在法语与英语中，“教育”通常包括文化知识和技能的授受之意，教育与教养不分。

总之，“教育”一词的用法存在着明显的国别差异：中文的“教育”有外烁的意向；西文的“教育”则有内发的意向；德、俄语言中把传授知识和技能的活动称为“教养”，不称为“教育”，中、英、法文中的“教育”一词没有德文和俄文意义上的“教养”。汉语“教育”、英文“education”、法语“éducation”通常就包括文化知识的技能授受之意；英语中的“education”可能是“教育”，也可能是“教育学”。

（三）内涵

一般而言，教育具有三个层面的意思。

1. 广义的教育

“从广义上，教育指的是对一个人的身心和性格产生塑造性的影响的任何行动或经验。”[2] 这里，将教育视为一种影响活动，问题是所有的影响都能称之为教育吗？对人的影响可能来自动物界、自然界。例如，天气变化、自然风光、家里养的宠物等都会对人产生影响，这种影响能称为教育吗？一个人到北京旅游，参观了雄伟壮阔的长城、游览了“万园之园”圆明园……身心得到了极大的感染，而后说：“这次旅行对我教育很大。”这里的旅行是教育吗？不是！除非有意地安排一次旅行，对学生进行某些方面的教育才可以称为教育。自然界对人的影响、动物界的训练都不能称为教育。教育是发生在人与人之间的，可以是一个人或一群人对另一个人或一群人的影响，而不应该把动物界、自然界对人的影响也包括在内。教育是人类特有的社会现象，是一种永恒的社会活动，有了人就有教育，而且教育是一种具有社会性影响的活动，但在阶级社会中具有阶级性。

历年真题

答案解析 1.2—1.3

【1.2】辨析题：动物界也存在教育。

【1.3】教育是人类社会特有的现象，任何社会进步与个人发展都离不开教育，这表明教育具有（　　）。

A. 永恒性　　B. 依附性　　C. 时代性　　D. 独立性

---

① 黄向阳．“教育”一词的由来、用法和含义［M］//瞿葆奎．元教育学研究．杭州：浙江教育出版社，1999：110.

② 陈友松．当代西方教育哲学［M］．北京：教育科学出版社，1982：26.

2. 狭义的教育

家庭教育、社会教育、自然教育等都属于教育，但从狭义上说，教育一般是指学校教育。学校教育是教育的下位概念，当然含有上位概念的一切属性，但学校教育的施教者和受教者都是人，即教师与学生，一般是教师对学生的影响。所以这与大自然对学生的影响、社会对学生的影响有区别，又与人对动物的训练有区别。在学校里，学生接受自然与社会的影响是经过教师有目的地选择和组织的，这体现了学校的可控性的特点。与家庭、工厂、社会对人的影响相比，学校教育有更明确的目的或目标，而且这个目标一般是预先规定好的。此外，学校教育具有严密的计划性，并以教与学为基本的表达形式进行的影响活动。概括而言，学校教育是指在学校中，由教师组织实施的有组织、有目的、有计划地对学生的身心施加积极影响的活动。

3. 特指的教育

学校教育中，我们有时候为了表现对德育工作的重视，或者强化学校的道德教育功能，往往把“教育”从最狭义的角度进行限定，特指思想品德教育。思想品德教育一般有三大内容：政治教育、思想教育、品德教育。

答案解析
1.4—1.5

历年真题

【1.4】辨析题：凡是能影响人身心发展的活动都是教育。

【1.5】教育活动与其他社会活动最根本的区别在于（　　）。

A. 是否有目的地培养人　　B. 是否促进人的发展

C. 是否促进社会发展　　D. 是否具有组织性和系统性

考点拓展1.2

重点提示

“教育”一词最早由孟子使用，具有“上所施，下所效”之意。王国维最早将“教育”一词当作术语使用。教育一般包括广义的教育、狭义的教育、特指的教育三个层次。学习时要重点注意教育的基本特征，注意其与其他影响活动或训练活动的区别。此部分内容大多为选择题与辨析题，注意牢记一些“首次”提出的概念；理解教育特别是学校教育的本质。

二、教育起源的若干理论

（一）生物起源论

教育的生物起源论的主要代表人物是法国社会学家、哲学家勒图尔诺和英国教育家沛西·能。勒图尔诺认为动物生存竞争的本能是教育的基础。他在考察了高等动物、哺乳类动物、家畜的教育后得出结论：“兽类教育与人类教育在根本上有同样的基础；……人类教育的进行与动物的教育差别不大，在低等人种中进行的教育，与许多动物对其孩子进行的教育甚至相差无几。”① 沛西·能认为，“教育从它的起源来说，是一个生物学过程”“生物的冲动是教育的主要力量”②。就是说，教育的产生完全来自动物的本能，是种族发展的本能需要。20 世纪 50 年代，苏联沙巴诺夫、维但洛夫等认为动物界也存在着教育现象。“他们把人类社会的教育过程和动物界的生活过程类比，把教育现象生物学化。”③ 教育的生物起源论混淆了人类社会和生物界的本质区别，将动物的本能与人类的教育进行类比，忽视了人类教育活动的社会性和目的性。但勒图尔诺是教育史上第一个将教育起源问题作为学术问题进行研究的学者。

历年真题

答案解析1.6

【1.6】人类的教育活动与动物的教育活动存在本质区别，这主要表现为人类的教育具有(　　)。

A. 延续性　　B. 模仿性　　C. 社会性　　D. 永恒性

（二）心理起源论

一般认为，教育心理起源论的代表是美国教育家孟禄。他在《教育史教科书》（*A Textbook in the History of Education*，1923）中讨论了原始教育问题。他认为：“原始人从来没有达到过有意识的教育过程。即使就给予的训练而言，至多仅仅指明要做的事情的过程，而没有试图作解释或阐明，绝大部分纯粹是无意识的模仿。儿童仅仅是通过观察和使用‘尝试—成功’的方法学习……”④ 同时，他又认为原始社会中的“儿童必需的知识是通过模仿而获得的。在幼年时，其模仿是无意识的”⑤。据此，有人推论教育起源于人类的无意识的模仿，这就是教育的心理起源论。但孟禄本人并没有直接讨论教育起源问题，而是在说明原始社会中的教育方法时提出了上述观点。

（三）劳动起源论

教育的劳动起源论是在批判和否定了生物起源论和心理起源论的基础上，在马克思主义理论的指导下形成的。苏联的教育学者（如康斯坦丁诺夫、凯洛夫等）与我国的教育学者（如曹孚、王天一等）大多持这种观点。劳动起源论认为，教育起源于人类开始制造工具的时候，是在劳动过程中产生出来的。具体来说，它是在人类的群体劳动生产过程中，把个体和群体逐步积累起来的劳动生产知识、经验和技能，有意识和有目的随时随地传授给下一代，使人类自身和社会不断延续和发展下去。

除上述几种基本学说之外，还有神话起源说、人生发展说、交往起源说等多种不

---

① 勒图尔诺．教育的源起［M］//瞿葆奎．教育与教育学．北京：人民教育出版社，1993：177.

② 沛西·能．教育原理［M］．王承绪，译．人民教育出版社，1992：8.

③ 苏维埃教育学杂志编辑部．关于作为社会现象的教育的特点与争论总结［N］．新华日报，1952（5）：183－185.

④ P. Monnoe. A Textbook in the History of Education［M］//瞿葆奎．教育与教育学．北京：人民教育出版社，1993：186.

⑤ 同上书，第 193 页。

同观点。

答案解析1.7

历年真题

【1.7】美国教育家孟禄根据原始社会没有学校、没有教师的史实，断定教育起源于儿童对成人的无意识模仿。这种观点被称为（　　）。

A. 交往起源论　B. 生物起源论　C. 心理起源论　D. 劳动起源论

考点拓展1.3

重点提示

牢记上述三种教育起源学说。学习时可以根据“名称—代表人物—基本观点—评价”这个逻辑进行梳理。注意提炼关键词。

三、教育的发展

从形式上看，教育经过了从非形式化教育到形式化教育，再到制度化教育的过程。

（一）非形式化教育阶段

非形式化教育是指与生活过程、生产过程浑然一体的教育，没有固定的教育者，也没有固定的受教育者。这种教育方式自从有了人类就产生了，一直到原始社会的解体。这一阶段的教育是一种各自独立、散乱的教育活动形式，还没有形成固定的教育组织系统。非形式化教育阶段的特征如下：

（1）教育主体与教育对象具有不稳定性；

（2）没有专设的教育机构，教育与社会生活融为一体；

（3）教育的内容只是为了满足社会生活和劳动生产需要（如行为规范、习俗经验、原始的宗教艺术、劳动的技能、体格锻炼等）；

（4）教育传播媒介主要是靠语言和形体示范；

（5）儿童在模仿成人的活动中学习。

（二）形式化教育阶段

教育的发展，经历了从不定型到定型的过程，这就是教育的形式化过程。随着生产力的发展，社会历史形态进入了奴隶制和封建制时期，教育的发展也步入了第二阶段：形式化教育阶段。此时，教师开始成为一门职业，教育活动开始借助文字与书籍来进行，出现了以个别教育形式和教书、读书活动为主的学校，教育成为社会分工中的一个部门，教育具有了阶级性。然而，这时的学校虽然基本上是独立的专门教育机构，但这些机构内部职能是不分化的，不同教育实体间并无系统的有序的联系。所以，只能说这是一种“初步”的“形式化”。

形式化教育与非形式化教育相比具有以下特点：

（1）教育主体确定；

（2）教育对象相对稳定；
（3）形成系列的文化传播活动，所传播的文化逐步规范化；
（4）大抵有固定的活动场所和或多或少的设备；
（5）由以上种种因素结合而形成独立的社会活动形态。①

历年真题

答案解析1.8

【1.8】教育的阶级性产生于（　　）。
A. 原始社会　　B. 奴隶社会　　C. 封建社会　　D. 资本主义社会

（三）制度化教育阶段

大约在19世纪下半叶，严格意义上的教育系统已经基本形成，教育越来越制度化，从此进入制度化教育阶段。学校教育制度（简称学制）的建立是制度化教育的典型表征。

制度化教育的主要实施机构是学校。瑞典教育家胡森给学校制定了严格的标准：它是一种全日制学习的机构；入学和毕业都要经过严格的考试，而且有一定的年龄限制；教学模式是教师“面对”学生的讲授式；课程是分年级的。② 尽管这个阶段也有很多非教育机构承担教育职责，如多种形式的远程教育等，但都以正规的学校制度为参照系数来设置，从而整个社会的教育形式以制度化教育为主干状态。制度化教育具有下列特征：

（1）学校化。把教育等同于上学。

（2）制度化。明确规定各种制度，如入学制度、教学制度、考试制度、学籍管理制度等。

（3）封闭化。它按自身的特有的标准，以自身特有的规则、规范构筑壁垒，形成其他系统、其他实体、其他过程的排斥性，导致正规教育“十分狭隘”。③

（4）标准化。用统一的标准与规格来管理，保持教育系统的一致性。

（四）未来的教育

人类的教育发展到现代，形成了制度化教育。制度化教育有其成功之处，也存在着诸多缺陷。因而许多学者建议对教育做重大而又非正统的矫正，美国教育家伊里奇更是走向极端。他认为：“学校的废除已不可避免，并且，这样一种幻想的结局使我们充满希望。”④ 联合国教科文组织在《学会生存》一书中认为：“未来的学校必须把教育的对象变成自己教育自己的主体。受教育的人必须成为教育他自己的人；别人的教育必须成为这个人自己的教育。”⑤ 也就是说，未来将是一个学习化的社会，在对制度化教育进行改造的同时，人们将在学校之外寻找种种非制度教育的方式为越来越多的

① 陈桂生．教育原理［M］．上海：华东师范大学出版社，2000：34.
② 胡森．教育的目前趋势［M］//世界教育展望．北京：教育科学出版社，1983：182.
③ 陈桂生．学校教育原理［M］．长沙：湖南教育出版社，2000：56.
④ 伊里奇．学校教育的抉择［M］//瞿葆奎．教育与社会发展．北京：人民教育出版社，1993：651.
⑤ 联合国教科文组织国际教育发展委员会．学会生存［M］．北京：教育科学出版社，1996：200.

人提供越来越充分的学习机会，使教育成为一个终身连续的过程。总之，未来的教育，应该是教育的社会化、社会的教育化与制度化教育相互补充，达到共同繁荣的局面。

重点提示

从形式上分，教育的发展经历了非形式化、形式化、制度化三个阶段。学习时要牢记各个阶段的特点。记忆时可根据教育的基本要素（教育者、受教育者、教育内容、教育场所、教育方法等）去识记。

第二节　教育学的产生与发展

从 pedagogy 到 education

几百年来，对教育过程的研究，就被叫作“教育学”（pedagogy）。哲学家康德就把他关于教育的讲义称为《教育论》。康德的讲义非常注意习惯的形成、品德的训练以及教学。……因为“教育学”是从“教仆”（pedagogue）这个词派生出来的，同时它作为一种应用的艺术，很少受到尊重，所以，“教育学”这个词从一开始就没有“深奥的科学”这种含义；然而，由于存在着这样一门学科的理想，以及一些改革家执着的努力，最后才使教育学有了更丰富的内容，获得了更高的地位。起初，教育学对实践的影响主要在小学。……教育科学的研究不应该只限于小学里出现的问题，这种观念导致在学院或大学里设立教育学系。把教育学这门学科引入高等院校后，“教育学”这个词也产生了一些新问题，导致了许多批判。因此，为了确保教育学持久的立足之地，为了使教育学获得平等的学科地位，有必要修正和扩充教育学的内容。为了标志这种变化，出现了用“education”一词代替“pedagogy”的倾向，并用“education”作为系科和教授职位的名称。新的“教育学”（education）与旧的“教育学”（pedagogy）有两点不同。首先，education 的含义更广一些，远不止教学方法与学校管理这两个方面；其次，education 更科学。①

“教育学”一词源于希腊语中的“教仆”（pedagogue），是指照料年幼男孩的奴隶，送孩子上学，接孩子回家，替他携带学习用品等，并没有其他太多的含义。经过夸美纽斯、康德、赫尔巴特等一大批教育家的努力，终于完成了从 pedagogy 到 education 的过渡，使教育学获得了应有的学科地位。从 pedagogy 到 education 不仅是一个词的变化，其中隐含着教育学的产生与不断成熟的过程。本节将对这个演变过程进行简要的介绍。

---

① Henderson，E. N. Pedagogy//瞿葆奎．教育与教育学［M］．北京：人民教育出版社，1993：295–297.

一、西方教育学的发展

教育学是以教育现象、教育问题为研究对象，探索教育规律的社会科学。古代先哲们早在几千年前就讨论教育问题，但教育学作为一门规范学科却只有 200 年左右的历史。教育学源于西方，下面我们探寻西方教育学的发展轨迹。

（一）孕育期

任何事物都有一个孕育、诞生和成长的过程，教育学也不例外，古代哲人对教育的认识为教育学的诞生奠定了坚实的基础。古希腊哲学家、教育家苏格拉底有关“产婆术”的著作，哲学家、思想家柏拉图的《理想国》，哲学家、教育家亚里士多德的《政治学》，古罗马教育家昆体良的《雄辩术原理》（也译作《论演说家的教育》，是西方古代第一本论述教育的著作），思想家奥古斯丁的《忏悔录》，荷兰中世纪哲学家伊拉斯谟的《一个基督教王子的教育》《愚人颂》，法国作家拉伯雷的《巨人传》，思想家、作家蒙田的《论儿童的教育》等著作，从不同角度对教育问题进行了探讨，提出了一些精辟的见解，其中包含着大量科学的成分，对教育科学的诞生奠定了深厚的基础。

历年真题

【1.9】国外最早的教育学著作是（　　）。

A.《理想国》　B.《政治学原理》　C.《论雄辩家》　D.《论演说家的教育》

答案解析1.9

（二）诞生期

考点拓展1.4

教育学的诞生大约经历了 200 多年的历史。英国哲学家培根批判了亚里士多德的经院哲学，提出实验的归纳法，为教育学的诞生提供了方法论基础。1623 年，培根在《论科学的价值和发展》中，首次将教学的艺术作为一个独立的研究领域提出，并把它理解为“讲述与传授的艺术”①。捷克教育家夸美纽斯的《大教学论》（1632）探讨“把一切事物教给一切人类的全部艺术”。《大教学论》被认为是教育学成为一门独立学科的标志，夸美纽斯也因此被誉为“教育学之父”。他特别强调教师的作用，认为教师是太阳底下最光辉的职业。在他以后，人们开始对教育学的独立探索时期：英国哲学家、思想家洛克的《教育漫话》（1693）基于他的“白板说”，提出了完整的绅士教育体系；法国思想家、教育家卢梭的《爱弥尔》阐述了自然教育理论；瑞士教育家裴斯泰洛齐的《林哈德与葛笃德》明确提出要“使人类教育心理学化”，这为教育学的诞生起到了重要的作用。

---

① 培根将科学分为历史、诗歌、哲学，其中哲学又分为自然神学、自然哲学、人类哲学。人类哲学又分为人类群体哲学、人类个体哲学。人类个体哲学又分为人体学、灵魂学，灵魂学又分为伦理学、逻辑学，逻辑学又分为研究和发明的艺术、检验和判断的艺术、保存和记忆的艺术、讲述和传授的艺术。讲述和传授的艺术就是现在的教育学。

答案解析
1.10—1.11

历年真题

【1.10】捷克教育家夸美纽斯高度评价了教师的作用，他把教师赞誉为（　　）。

A. 人类灵魂的工程师　　B. 心灵的建筑师

C. 太阳底下最光辉的职业　　D. 辛勤的园丁

考点拓展1.5

【1.11】在教育史上，提出著名的“白板说”和完整的绅士教育理论的学者是（　　）。

A. 夸美纽斯　　B. 洛克　　C. 裴斯泰洛齐　　D. 赫尔巴特

在教育学的创立阶段，德国哲学家、教育家康德做出了重要贡献。在哥尼斯堡大学期间，他先后四次讲授教育学，其讲稿由其学生们编纂后以《康德论教育》为书名在1803年出版。康德认为“教育的方法必须成为一种科学”①。接任康德哲学教席的是德国哲学家、教育家赫尔巴特，他于1806年出版的《普通教育学》为教育学的创立做出最重要的贡献。他认为：“教育学作为一门科学，是以实践哲学和心理学为基础的。前者说明教育的目的；后者说明教育的途径、手段与障碍。”② 赫尔巴特将教学理论建立在心理学基础上，将道德教育理论建立在伦理学基础上，可以说奠定了科学教育学的基础，赫尔巴特本人也被誉为“科学教育学的奠基人”。英国哲学家、社会学家斯宾塞1860年出版《教育论》，认为教育的目的和任务在于教导每一个人怎样去过“完美”的生活，所以在教育内容上强调实科教育，具体内容包括直接保全自己的活动、间接保全自己的活动、教养子女的活动、履行社会义务的活动和休闲娱乐活动等。

答案解析1.12

历年真题

【1.12】在教育史上，重视实科教育，主张学生学习的自觉性，强调教育为完美生活做准备的教育家是（　　）。

A. 夸美纽斯　　B. 赫尔巴特　　C. 斯宾塞　　D. 杜威

考点拓展
1.6—1.10

（三）发展期

19世纪以来，以赫尔巴特为代表创立的教育学一直占据统治地位，但19世纪末以来教育学得到了迅速的发展。德国教育家梅伊曼和拉伊将自然科学的实验法用于研究儿童发展与教育的关系。德国哲学家、心理学家狄尔泰等将精神科学方法运用于教育学研究，采用理解与解释的方法讨论教育问题。美国哲学家、教育家杜威强调教育与生活的联系，强调儿童中心、活动中心、经验中心，建立了现代教育理论体系。马克思主义教育家则运用唯物辩证法研究教育问题，其中对我国影响最广泛的教育学著作是苏联教育家凯洛夫的《教育学》；苏联教育家马卡连柯一直从事犯罪儿童教育，在

① 康德．康德论教育［M］．瞿菊农，译．上海：商务印书馆，1930：11.

② 赫尔巴特．普通教育学·教育学讲授纲要［M］．李其龙，译．北京：人民教育出版社，1989：190.

《教育诗》《塔上旗》等著作中提出了著名的集体教育理论（平行教育理论）。还有对教育诸多问题的研究都有比较广泛影响的批判教育学，等等。各家的具体观点请见后文。总之，这个时期的教育学流派纷呈、争鸣不断，教育学出现了多元化发展的态势，从而使教育学逐步趋向成熟。

历年真题

【1.13】辨析题：杜威继承和弘扬卢梭的自然教育思想的精华，猛烈地批判了旧教育的理念与做法，并在教育界首次将其称为“传统教育”，这就是“传统教育”概念的由来。他还系统阐述了新的教育思想，进行了新的教育实践。后来，人们把与传统教育相对立的以杜威为代表的教育理论与实践称为“现代教育”。

答案解析1.13

考点拓展 1.11—1.13

（四）分化（反思）期

第二次世界大战以后，教育学科迅速分化并成为一个相对独立的学科。这表现在两个方面：一是从教育学中分化出一些新的教育学科，如教学论、德育论等；二是由于教育学借鉴其他学科的方法论与研究成果，因而形成了一些新学科，如技术学与教育学结合的教育技术学、人类学与教育结合的教育人类学等。教育学科的细密分化，使教育学科体系得以初步形成。

同时，研究者们开始对教育学本身进行反思，这种反思是对教育研究的研究，其目的不是要形成教育理论，而是检讨教育研究活动本身的目的、性质、价值等，形成教育学观。有关教育学自身的研究结果形成了教育学的元理论。教育学元理论的出现极大地提高了教育研究者的理论自觉性，推动教育学的未来发展。

重点提示

西方教育学的发展大致经历了四个阶段。学习时注意牢记每个阶段的代表教育家、代表作及主要的教育思想，特别注意各位教育家在教育史上的贡献，即地位。

二、中国教育学的发展

我国古代的思想家们关于教育的问题有许多精辟的论述。如世界上最早的成体系的教育学著作《学记》，我国古代著名思想家、教育家孔子的“有教无类”“因材施教”“学思结合”的思想，南宋理学家、思想家、教育家朱熹的朱子读书法，韩愈的《师说》等教育见解，为我们提供了丰富的教育思想来源。但教育学的来源不等于教育学的产生。就教育学本身而言，它并非我国所固有，在其发展中走过“抄—仿—学—创”几个阶段。

答案解析1.14

历年真题

【1.14】在人类历史上，最早论述教育问题的著作是(　　)。

A.《学记》　　B.《论语》

C.《论演说家的教育》　　D.《理想国》

考点拓展 1.14—1.16

（一）译介与引入阶段（1901—1915）

这个阶段，以日文为媒介介绍赫尔巴特教育理论为主。1901 年《教育世界》第 9、10、11 期连载了王国维翻译的日本文学士立花铣三郎的《教育学》，这是引进国外教育学的开始。此期间引进的教育作品计讲义类 12 种，报刊连载类 14 种，出版社出版物 21 种，国人据日本原本译编、改编或自编的 16 种。① 这是近代教育学在中国的初建阶段，也是中国传统教育思想研究与教育学科建设结合的开始。

（二）积聚和建设阶段（1915—1949）

这个阶段中国教育学界开始由向日本学习转为向欧美学习，中国教育学无论从数量上还是质量上都有较大的提高。据不完全统计，我国作者出版发行的教育学著作共有 78 种，译著 15 种。② 这些作品中以美国为取向的较多，如庄泽宣的《教育概论》、吴俊升与王西征的《教育概论》、余家菊的《教育原理》等；以德国为取向的有石联星的《教育学概论》；以苏联为取向的有钱亦石的《现代教育原理》；以马克思主义观点研究教育问题的有杨贤江的《新教育大纲》。除了学习国外先进经验之外，我国学者还结合中国教育实际与问题展开了独立研究。这个时期，中国教育学界开始形成教育学研究的专门队伍和代表人物。

答案解析1.15

历年真题

【1.15】在我国教育史上，最早运用马克思主义观点研究教育问题的著作是(　　)。

A. 庄泽宣的《教育概论》　　B. 石联星的《教育学概论》

C. 钱亦石的《现代教育原理》　　D. 杨贤江的《新教育大纲》

（三）改造与苏化阶段（1949—1957）

这个时期可以分成两个阶段：1950 年左右是对旧教育学的改造阶段，20 世纪 50 年代初到 1957 年是全面苏化阶段。中华人民共和国成立初期，教育学界批判杜威、批判中华人民共和国成立前国内“资产阶级教育思潮”，试图以马列主义为指导建构新的

---

① 具体引进的目录请参见周谷平．近代西方教育学在中国的传播及其影响［J］//瞿葆奎．教育与教育学．北京：人民教育出版社，1993：385－388.

② 瞿葆奎．教育与教育学［M］．北京：人民教育出版社，1993：406－409.

教育学体系。其中胡守棻的《新教育概论：马列主义教育原理》和程今吾的《新教育体系》最为典型。但很快教育学的发展就转入全面苏化时期。这时翻译出版的苏联教育学教材有6种[①]，如凯洛夫的《教育学》、叶希波夫和冈查洛夫的《教育学》、奥戈罗德尼科夫和史姆比辽夫的《教育学》、申比廖夫和奥哥洛德尼柯夫的《教育学》等，其中以凯洛夫的《教育学》影响最大。

（四）革命与中国化阶段（1957—1966）

自1953年斯大林去世后，苏联国内出现了一系列的情况，苏联的某些教育经验已不适合中国国内的需要，因而在1957年，有研究者提出了"教育学中国化"问题，开始了教育学中国化的探索。1958年，国内开展"教育大革命"，出现了以教育学作为党的教育方针、政策解释和毛泽东有关教育语录的诠释的独特意识形态化的现象。

（五）灾难与语录化阶段（1966—1976）

"文化大革命"使教育学领域遭受毁灭性破坏，这个阶段的教育学教材不多，大致有：上海师范大学教育系的《凯洛夫修正主义教育思想批判》（讲稿，1972）、广西师范学院教育革命理论教研组的《教育学讲义》（代用稿，1973）、广东师范学院教育学教研组的《教育学讲义》（讨论稿，1974）等。这些教材大多用语录代替说理，可谓语录泛滥，批判语言盛行。

（六）恢复与独立阶段（1977年至今）

在这一阶段，教育学科建设不断加强，学术观点趋向多元，学术视野日渐拓展，国际交流日益加强，且形成了教育学科的当代体系。中国教育学科建设因"元研究"的出现而开始进入"自为时期"[②]。这是中国教育学科建设从恢复到繁荣并开始走向独立化的时期。

三、教育学的理论流派

不同的研究目的、研究方法导致不同的教育科学。教育学在其漫长的发展过程中形成了形形色色的教育流派。下面简要介绍赫尔巴特以后的教育学派别。

（一）实验教育学

实验教育学是在实验生理学与实验心理学的基础上形成的一种以教育实验为标志的教育思潮，以德国教育家梅伊曼和拉伊为代表。其代表作为梅伊曼的《实验教育学纲要》和拉伊的《实验教育学》。1901年，梅伊曼首先提出"实验教育学"这一名称，并认为"教育学从古到今，不是概念的科学，就是规范的科学"。这些规范和概念，由于缺乏论证，"仅是论理的构造，或是无理由而规定的教权，或是个人经验的集合"[③]，

---

① 具体请见瞿葆奎．建国以来教育学教材事略［M］//瞿葆奎．教育与教育学．北京：人民教育出版社，1993：423.

② 叶澜．中国教育学发展世纪问题的审视［J］．教书育人，2005（6）：18-21.

③ 转引自姜琦．现代西洋教育史［M］．上海：商务印书馆，1935：192-193.

容易导致将错误主张指导实践的后果。因此，梅伊曼强调以实验的方式研究教育问题，并首先把心理实验的方法应用到教育研究中，开了“实验教育学”之先河。不久，德国另一位实验教育学的倡导者拉伊出版了《实验教育学》，认为实验教育学的目标是“根据生物学、社会学以及道德学的定律和规范，用实验、统计和系统的观察，来解决教学上和教育上的问题”①。他认为教育实验包括三个阶段：假设的成立，实验的计划与执行，在实际中证明所得结果的准确性。

（二）文化教育学

文化教育学，亦称精神科学教育学，是作为科学主义的实验教育学和理性主义的赫尔巴特式教育学的对立面出现的。其代表人物主要有德国教育学家狄尔泰、斯普朗格、李特等。其代表作主要有狄尔泰的《关于普遍妥当的教育学的可能》、斯普朗格的《教育与文化》、李特的《职业陶冶、专业教育、人的陶冶》等。狄尔泰提出，“要把人当作人，不是把人当作物，或者显微镜下的一只昆虫，要把人看作完整的人，完整的人不是认识机器，不是理智的动物，而是具有喜怒哀乐和七情六欲的活生生的社会—历史现实”②。因此，教育必须找回失落的精神世界，回归生命的完整。基于此，狄尔泰的学生斯普朗格认为教育是一个文化过程，通过这个过程促进人格的生成与生命的唤醒。既然教育是一种历史文化过程，那就既不能采用赫尔巴特的纯粹的概念思辨，也不能依靠实验教育学的数量统计来进行，而必须采用文化科学的方法，即“理解”与“唤醒”的方法进行。所谓理解就是“一个人与另一个人（包括一个人对自我的理解）的交流过程”。③ 在理解的过程中陶冶自己的人格与灵魂，唤醒人的精神与生命活力。

答案解析1.16

历年真题

【1.16】强调用“理解”与“唤醒”的方法研究教育问题的教育学流派属于(　　)。

A. 实验教育学　　　　B. 文化教育学

C. 实用主义教育学　　D. 元教育学

（三）实用主义教育学

实用主义教育学是19世纪末20世纪初在美国兴起的重要教育思潮，对20世纪整个世界的教育理论研究和教育实践发展产生了极大的影响。其代表人物是美国的教育家杜威、克伯屈等人，代表性著作有杜威的《民主主义与教育》《经验与教育》，克伯屈的《设计教学法》等。实用主义教育学也是在批判以赫尔巴特为代表的传统教育学

---

① 拉伊．实验教育学［M］．上海：商务印书馆．1935：148.

② 转引自李超杰．理解生命——狄尔泰哲学引论［M］．北京：中央编译出版社，1994：116.

③ 详细内容请参阅“邹进．现代德国文化教育学［M］．太原：山西教育出版社，1992”的相关章节。

的基础上提出来的。实用主义教育学强调“教育即生活”，教育的过程与生活的过程是合一的，而不是为将来的某种生活做准备的；“教育即生长”，教育即学生个体经验继续不断地增长，除此之外教育不应该有其他目的；“学校即社会”，学校是一个雏形的社会，学生在其中要学习现实社会中所要求的基本态度、技能和知识；“经验中心”，课程组织以学生的经验为中心，而不是以学科知识体系为中心，教育即经验的不断改造；“儿童中心”，师生关系以儿童为中心，而非以教师为中心，教师只是学生成长的帮助者，而非领导者；“活动中心”，让学生“从做中学”，通过学生自主的活动、问题解决等掌握知识。教学过程应重视学生自己的独立发现、表现和体验，尊重学生发展的差异性。杜威强烈反对赫尔巴特以教师为中心、课本为中心、课堂为中心的教育主张，认为这是不适应时代发展的“传统教育”的观点。自此，教育史上就有了“传统教育”与“现代教育”的争论。

历年真题

【1.17】简述杜威的教育思想。

答案解析1.17

（四）马克思主义教育学

马克思主义教育学包括马克思主义的经典作家的教育思想和教育学者们根据马克思主义基本原理对教育问题的研究结果。马克思主义教育学认为：教育起源于生产劳动；教育是一种社会历史现象，在阶级社会里具有阶级性；促使学生的全面发展是教育的根本目的；教育与劳动相结合是培养全面发展的人的唯一途径；教育受社会政治、经济、文化的制约，又对其产生促进作用；教育科学研究的方法论基础是唯物辩证法和历史唯物主义。

（五）批判教育学

20世纪60年代，巴西的教育家、作家保罗·弗莱雷出版了《被压迫者教育学》一书，认为教育应该激励学生成为具有批判精神的公民，能够在一个民主社会中充当能够发挥领导作用的政治主体。这是学界公认的批判教育学直接起源。时至今日，批判教育学已成为西方教育理论界占主导地位的教育思潮。批判教育学的主要人物有美国的鲍尔斯、金蒂斯、阿普尔、吉鲁和法国的布厄迪尔等，代表著作主要有鲍尔斯与金蒂斯的《资本主义美国的学校教育》、布厄迪尔的《教育、社会和文化再生产》、阿普尔的《教育与权力》、吉鲁的《教师作为知识分子：迈向批判教育学》等。由于批判教育学流派思想复杂，基于不同的思想基础与社会背景，所以不同流派有着各自不同的特点。但有一点是共同的，即追求对传统教育的批判与解放，强调运用批判理论通过批判的方法进行教育研究与分析。批判教育学者们强调教育目标的多元性与差异性，反对教育等级制度，主张大众的教育制度；反对唯科学主义的课程，主张解放的课程；反对教学的封闭结构，主张开放教学。总之，教育要培养学生的批判精神，塑造能动的政治主体。

（六）元教育学

元教育学（meta-pedagogy）的概念最早由德国教育学家布雷岑卡于 1971 年在其所著的《从教育学到教育科学：元教育学理论导论》[①] 中提出。元教育学是以教育学本身作为研究对象的理论。关于教育学本身的探讨历史上一直都没有停止过，时至今日，元教育学已经成为一个相当有影响的理论，而且出现了不同的流派，包括分析教育哲学、元课程论、教育的元分析和布雷岑卡的元教育理论。下面重点介绍布雷岑卡的理论。

布雷岑卡的元教育学是一种“关于那些论述教育的陈述体系的描述性、批判性和规范性理论”[②]，即关于教育理论的认识论。他的元教育学以教育学知识的分析—批判哲学为核心，旨在澄清各种教育理论的认识论基础。具体地说，它包括：一是关于教育学基本概念的语言分析、逻辑分析、经验分析和意识形态分析；二是关于教育学的学科性质以及教育理论或教育知识的基本成分的分析。[③] 布雷岑卡试图建立一种元教育理论框架，以澄清各种教育理论的认识论基础，缓解不同教育学观的支持者之间的争论的紧张度，因而需要区分不同类型的教育学的命题体系。他将教育学命题体系分为三类：描述性命题体系——教育科学、规范性命题体系——教育哲学、规范性—描述性命题体系——实践教育学。这是一种目前得到较多认可的分类体系。

重点提示

教育学流派部分的学习可权按下列思路去整理和记忆：流派名称—代表人物—基本观点—影响和评价。

本章小结

教育作为一个日常用语谁都能进行议论，但作为一个专业术语，则有其自身独特的含义。以教书育人为己任的人民教师应该从自己的职业出发去解读教育、理解教育、实践教育。尽管关于教育的起源有多种解释，而且每一种都有一定的道理，但教育是人类所特有的现象，因而其起源也只能从人类自身的角度去寻找。教育的发生、发展有其自身的规律，每一个阶段都是对上一个阶段的超越，但并不是对前一个阶段的否定。对教育活动进行学术性研究并综合成一个理论体系，这就是教育学。[④] 由于研究对

---

① 此书出版后引起极大反响，作者在论争中不断修订，1971 年出版第二版，1975 年发行了第三版，1978 年经全面修订发行了第四版，并更名为《元教育理论：教育科学、教育哲学、实践教育学基础导论》。

② W. Brezinka. Philosophy of Educational Knowledge: an Introduction to the Foundations of Science of Education, Philosophy of Education and Practical Pedagogies. Kluwer Academic Publishes, 1992: 33.

③ W. Brezinka. Basic Concepts of Educational Science: Analysis, Critique, Proposals. University Press of America. Inc., 1994: 276.

④ 田浦武雄．教育学［M］//瞿葆奎．教育与教育学．北京：人民教育出版社，1993：320.

象、研究目的、研究方法的不同产生的各种各样的教育学流派，各种流派都有其独特的所在，如果能取长补短，那么教育科学自然会繁荣。

☞ 本章要点回顾

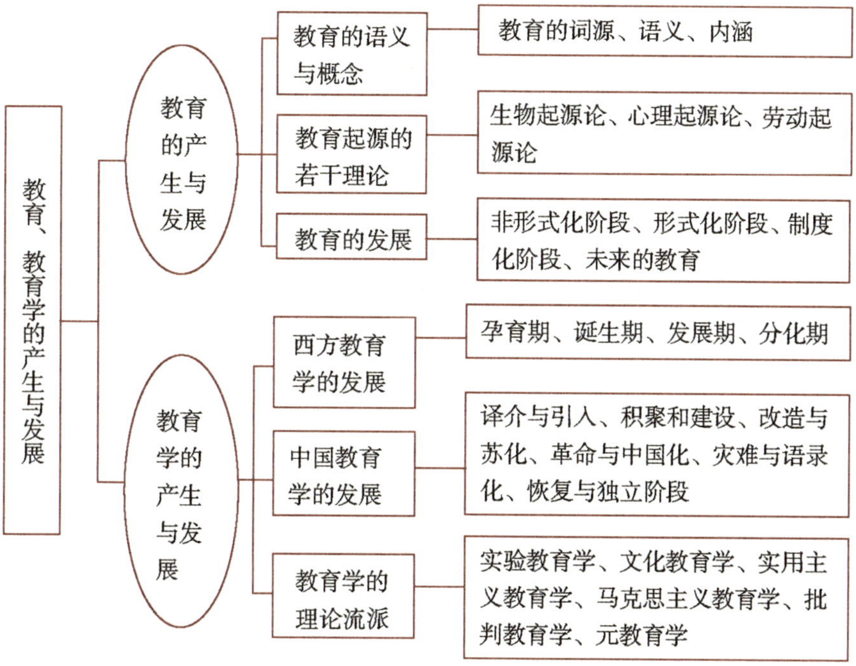

第二章

学校的产生与发展

☞ 学习完本章，应该做到：

◎ 识记与理解学校的含义与本质。
◎ 知道一所学校的基本标准，熟记学校产生的条件。
◎ 熟记中外教育史上有代表性的学校名称以及产生的影响。
◎ 熟悉与理解学制的各种类型，知道我国的四大学制。
◎ 识记并理解影响学制的主要因素。

☞ 学习本章时，重点内容为：

理解学校及其本质，侧重记忆学校产生的条件与影响学制的主要因素，特别注意不同分类标准下的学制类型的理解与分析。另外，要牢记历史上有影响的代表性学校的名称与历史作用。

☞ 学习本章时，具体方法为：

本章分三节，按“学校的产生—学校的发展—学制的诞生”这个逻辑展开。学习时，可以抓住学校、学制这两个关键词，然后根据：①学校的标准与本质—学校产生的条件—最早出现的学校—中外学校简史；②学制的概念与类型—我国的四大学制—影响学制的要素这两个思路梳理相关的知识点。特别注意历史上一些影响较大的学校与学制的记忆与理解。

【引子】

讲“善书”

我们乡下每每有讲“圣谕”的先生来讲些忠孝节义的善书，这些善书大抵都是我们民间的传说，叙述的体裁是由说白和唱口合成，很像弹词，但又不十分像弹词……

在街口由三张方桌品字型搭成一座高台，台上点着香烛，供着一道“圣谕”的牌位。在下边的右手一张桌上放着靠椅，有时是两人合演的时候，便左右各放一张。

讲“圣谕”的先生到了宣讲的时候，朝衣朝冠地向着“圣谕”牌磕四个响头，再立着拖长声音念出十条“圣谕”，然后再登上座位说起书来。说法是照本宣科，十分单纯的。凡是唱口的地方总要拖长声音唱，特别是悲伤的时候要带着哭声。有的加入些金钟和鱼筒（鼓）、简板之类，以助腔调。

这种很单纯的说书，在乡下是很受人们喜欢的一种娱乐。他们立在圣谕台前要听两三个钟头。讲得好的可以把人的眼泪都讲出来。①

---

① 郭沫若. 郭沫若全集 · 郭沫若自传（第一卷）· 少年时代［M］. 北京：人民文学出版社，1982：35–36.

这是郭沫若先生在《郭沫若自传·少年时代》中对于民间讲善书情形的描述。这种讲“圣谕”的情景，在某种程度上是一种教育活动，但这种讲“圣谕”的场所能不能称为“学校”？正规的学校应该是什么样子的？又是如何产生与发展的？下面我们一起探讨这些问题。

第一节　学校的产生

教育活动的开展需要一个特定的场所，教育活动发生的地方就叫教育场所。在早期人类社会里，教育活动一般在生产活动与日常生活中进行，因而生产和生活的场所就是教育场所。随着生产力的发展和社会分工的扩大，教育与生产劳动走向分离，成为一种专门的活动，然后就诞生了学校。一般认为是在奴隶社会初期出现了学校。

一、学校的标准与本质

（一）学校的词义

中国古代的教育场所，名称各异，有“庠、序、学、校、塾、成均、明堂、辟雍、泮宫、灵台”等多种称谓。“庠、序、学、校”四字，通常认为是不同时代的“学校”用语。其主要依据是《孟子·滕文公上》的说法：“设为庠、序、学、校以教之。庠者，养也；校者，教也；序者，射也。夏曰校，殷曰序，周曰庠，学则三代共之，皆所以明人伦也。”

“学”，在甲骨文中就已出现，本作“𦥯”，像双手摆弄数字的样子，表示记数或学习记数。后加“子”为义符。子，孩子。小孩子是学习的主体，因此“学”的本义为学习、接受教育。《广雅·释诂》：“学，效也。”《玉篇·子部》：“学，受教也。”《礼记·中庸》：“好学近乎知。”《礼记·文王世子》：“念终始典于学。”由学习引申为学习知识的地方，即学校，故《广雅·释室》云：“学，宫也。”王念孙疏云：“谓宫舍也。”

“校”，东汉许慎的《说文·木部》云：“木囚也。从木交声。”段注云：“囚，系也；木囚者，以木羁之也。”有人认为“校”原是用木作栏杆养马的地方，后来演变成为角斗、校猎、考校等意义①。孟子虽然说过“夏曰校”这句话，但在商代的甲骨文中还没有出现“校”字，金文中也未见“校”字；此外，《礼记·王制》中论述古代的教育机构时只说到了“庠”“序”“学”，并未论及“校”。因此，不少学者对孟子的说法持怀疑态度。但《周礼·夏官·司马》中已有“校人”一职，为马官之长。有人认为《周礼》的“校人”之“校”是“教”的借字，如果这样的话，“校”在夏代就有了“教学”之义。②《左传》中已正式出现了“校”字，《左传·襄公三十一年》“郑人游于乡校，以论执政”。杜预注：“校，乡之学校。”《集韵》云：“校，教学之宫。”

① 毛礼锐．虞夏商周学校传说初释［J］．北京师范大学学报，1961（4）：71-85.

② 申屠炉明．夏商学制的几个问题考辨［J］．江海学刊，2001（5）：117-123.

可见“校”是地方学校的一种。

我国古代一般用“学”来指称专门的教育场所。汉代扬雄《百官箴·博士箴》：“国有学校，侯有泮宫。”《三国志·吴·薛综传》：“建立学校，导之经义。”宋代政治家、文学家欧阳修《议学状》：“夫建学校以养贤，论材德而取士，此皆有国之本务。”

“学校”成为常用词，是20世纪初的事。此时西风东渐，国人开始放眼看世界，引进西文课程与近代学制，开始教育改良，因而用语系统也开始变化：从“以学为本”到“以教为本”。“学校”一词逐渐成为中国人口头上与书面上的一个常用语。

在西方，“学校”（school）这个术语源于拉丁语“schola”，又源于古希腊语“skhole”，意为“闲暇”“休息”。在古希腊，思想家们和他们的学生信徒在进行自由讨论时就曾使用这个词语来表示学习的地方。后来凡是对年轻一代进行有组织的教育和教学活动的机构就都被称为学校。①

答案解析2.1

历年真题

【2.1】在我国古代，被称作专门的教育场所的是(　　)。

A.“庠”　　B.“序”　　C.“学”　　D.“校”

考点拓展2.1

在顾明远主编的《教育大辞典》中，“学校”是指人类进行自觉的教育活动，传递社会知识文化的，有目的、有计划、有组织地为一定社会培养所需人才的机构。学校不是与教育同时产生的，而是社会发展到一定历史阶段的产物，出现于奴隶社会初期。学校的出现标志着人类教育活动开始进入一个自觉自为的历史时期。社会事业的学校教育，不仅为社会政治经济生活所需要，而且对社会发展的作用亦更显著、更重要。②

（二）学校的标准

学校是有计划、有组织、有系统地进行教育教学活动的专门场所。显然，不能说有教育活动的场所就是学校。作为专门的教育场所的学校有其特定的标准。

1. 一所学校的基本标准

（1）有专门的规格要求，比如说建筑规格。

（2）有专门的人员从事教育、教学和管理活动。如有教师、教育管理人员、教育辅助人员等。

（3）有相应的教育媒介、教育手段、教育活动的组织形式与活动方式等。

（4）基本功能是利用一定的教育教学设施和选定的环境实施教育教学活动，传授知识，培养社会所需要的合格人才。

（5）有明确的教育目的和规章制度。教育目的是对培养什么人的规定，而规章制度则是达成这些目的的保障。

---

① 毛礼锐．我国学校是怎样产生的［M］//瞿葆奎．教育学文集·教育与教育学．北京：人民教育出版社，1993：264.

② 顾明远．教育大辞典（增订合编本）［M］．上海：上海教育出版社，1998：1822.

2. 我国对学校标准的规定

关于设立学校的具体标准，我国在 2015 年发布的《中华人民共和国教育法》中做出了明确的规定。具体如下：

（1）有组织机构和章程；

（2）有合格的教师；

（3）有符合规定标准的教学场所及设施、设备等；

（4）有必备的办学资金和稳定的经费来源。

3. 胡森建立的学校标准

瑞典学者托斯顿·胡森曾提出衡量学校的几条标准：

（1）是一种全日制学习的机构；

（2）对入学和毕业有一定的年龄规定；

（3）教学方式采用教师面对学生的讲授方式；

（4）课程分年级；

（5）儿童的学习年限在逐渐延长；

（6）学校管理日趋严密等。[①]

（三）学校的本质属性

学校是特殊的培养人的场所，从本质上而言，是一个规范性、公益性和伦理性的组织。

1. 学校是一个规范性组织

作为社会文化传承创新的场所，学校组织建立在一种固有的社会文化规范之上。处在该组织中的成员需要形成一致的伦理道德和价值观念。对教师从精神层面提出原则要求，对学习者进行说服教化，使全体成员遵循某种规范。科层制在学校管理体制中的确立明确了教育行政后勤人员的职责，对组织内各成员的利益进行了约束分配，形成了高效的运营模式。

2. 学校是一个公益性组织

公益性组织是指“其所提供的产品和服务不具有排他性，即投资者并不能独占投资所形成的产品和服务，整个社会和所有人都可以获得和享有公益组织所提供的产品和服务”[②]。义务教育下的学校是一个比较典型的公益组织，其目的是为社会培养合格公民。个体在教育投资上会获得一定的回报，而作为大系统的社会则因此会得到相应的发展，从中取得更大的收益。学校的公益性主要体现在：第一，任何组织和个人都不得以营利为目的举办学校及其他教育机构；第二，教育必须与宗教实行分离。

3. 学校是一个伦理性组织

学校是一个负有社会重大道德义务的伦理组织，负有推进社会公平、维护社会正义的责任。学校存在的理由，除了通过知识技能的传递来培养统治者、培养劳动者的工具性目的之外，还有一个更为高远的价值追求，即昭示并实践人类社会的美好生活。

---

① 托斯顿·胡森．教育的目前趋势［M］//中央教育科学研究所，世界教育展望编辑组．世界教育展望（1）．北京：教育科学出版社，1983：182.

② 范国睿．多元与融合：多维视野中的学校发展［M］．北京：教育科学出版社，2002：161.

重点提示

学校是有计划、有组织、有系统地进行教育教学活动的专门场所。一所学校，有其自身独特的标准和属性。从本质上说，学校是一个规范性、公益性和伦理性的组织。

二、学校产生的条件

学校的产生是历史的必然。随着人类物质财富的不断积累、人类文化的不断丰富、私有制和阶级社会的发展，学校就应运而生了。具体而言，学校的产生须具备下列条件。

（一）生产力的发展

学校的产生首先是因为生产力提高使物质财富有了剩余，导致部分人有了闲暇时间。在原始社会，石器是人类的主要劳动工具。到了奴隶社会，出现了青铜工具。青铜工具的使用，极大地提高了劳动生产力，使得人类从极其繁重的劳动中得到了部分解放，剩余产品逐渐增多，使得一部分人能够从体力劳动中脱离出来，在其他人劳动产品的供养下专门从事脑力劳动，这是学校出现的前提条件。

（二）脑力劳动和体力劳动的分离

最初，人类劳动的分工仅限于两性之间。如女性从事照料孩子，而男性则打猎等。当“社会开始变得比较复杂时，出现了一些专业化团体，他们从事一些氏族和部落延续下去所必需的专门职业。这些专门职业需要一种和公社一般成员所受教育不同的教育，以便传授这些专门职业的技术、技巧和秘诀。这就开始使每一个专业部门的成员像一个智者，从群众中分离出来成为社会中的重要人物。这种分离使一部分人逐渐获得了超越于一般人之上的特权”①。教育伴随着脑力劳动和体力劳动的分离而逐步趋向专门化。而传授“专门职业的技术、技巧和秘诀”的“智者”则是最早脱离体力劳动的知识分子。如原始社会宗教中的巫师，就是其中的典型。在公元前480年左右，古希腊出现第一批职业教师——智者学派，代表人物有普罗太戈拉、高尔吉亚等，他们游走于希腊各地，广招门徒，收取高额学费，向年轻人传授文法、修辞、辩证法，这三门课程是雄辩教育的核心，被称为“前三艺”。除此之外，还教授数学、自然科学以及音乐等。

历年真题

答案解析2.2

【2.2】在西方国家，最早出现的一批职业教师是（　　）。

A. 巫师　　B. 牧师　　C. 占卜者　　D. 智者派

① S. E. 弗罗斯特. 西方教育的历史和哲学基础［M］. 吴元训，等译. 北京：华夏出版社，1987：11.

（三）文字的创造与知识的积累

文字是社会发展到一定历史阶段的产物。它是一种记录知识和经验，以及传递知识和经验的工具。作为教育的手段，文字较之口头语言，更加有利于知识的记录和积累。而当人类的文化知识积累到一定的程度以后，它必然要求专门的机构来从事文化知识的整理和传递工作。同时，文字的出现又突破了时间和空间上的限制，使得知识和经验在更大的范围内交流和传播。有了文字，人类经验的传递变得更加有效而丰富，而靠口耳相传或结绳记事，信息容易变形或丢失。但是文字的掌握却不是很容易的事情，需要进行文字教学，需要有掌握文字从事教育活动的专门人员和专门场所。因此文字的出现促进了学校的产生。另外，与文字出现相联系的就是人类知识的增长，这种知识的增长，也迫使人在一生中必须有专门的时间用于学习先人的经验。

（四）国家机器的产生

原始社会末期，随着剩余产品和私有制的萌芽，出现了贫富差距和阶级分化，形成最初的部落显贵。这样一来，“一部分人逐渐获得超越于其他一般人之上的特权，从而导致公社被少数特权阶层所掌握。在这些特权阶层中有医生、牧师以及在占卜方面有经验的人”①。国家出现后，社会政治生活日益复杂，需要大批管理人才，这是学校产生的客观要求。最主要的是奴隶主为了维护他们的统治，需要不断强化国家机器对付奴隶的反抗。在这种情况下，居于统治地位的奴隶主阶级需要建立专门传授政治统治、军事技术、宗教祭礼等文化知识和经验的机构，让他们的子弟学文习武，这就需要建立学校。需要着重指出的是，学校是阶级社会的产物，学校教育是统治阶级的特权。

历年真题

【2.3】简述学校产生的条件。

答案解析2.3

三、学校的萌芽与出现

学校不是突然出现的，而是有一个长期的演变过程。在正式学校出现之前，教育活动贯穿于原始社会的生产和生活过程中，由年长者随时随地对本部落的年幼者传授生产生活技能。之后，一些机构慢慢地演变成学校的萌芽。

（一）学校的萌芽

原始社会末期，人类生产力有了很大提高，为学校的出现提供了条件。在正式的学校出现之前，一些人物已经开始充当教育者角色，一些机构已经开始有了学校的模样。其中有三种形式的原始教育机构较为引人注目，有学者认为学校起源于此。

---

① S. E. 弗罗斯特．西方教育的历史和哲学基础［M］．吴元训，等译．北京：华夏出版社，1987：11.

1. 青年之家

菲得利岛上的原始居民中，未成年的男孩住在单独的房舍里；一些部落的少年达到一定年龄（通常为 7 ～ 9 岁）就与成年人分开居住。人们称此机构为“青年之家”。

在青年之家，男子一般要进行特定的身体训练，同时学习生产知识与技能、礼仪与禁忌等，经过严格的考试程序或仪式才能成为部落成员。随着原始社会末期分裂为对立的阶级，“青年之家”也分化为两种：一种为普通人设立，另一种为特权者设立。后者成为学校的萌芽，发展为阶级社会的学校。

苏联教育家沙巴耶娃认为，“人类历史上最早的儿童公共教育机构并不是学校（像教育史教程中通常所断言的那样），而是‘青年之家’——原始社会全体成员都在里面受教育的一种原始社会制度的特殊机构”，“它们是学校的胚胎形式”。① 在我国现存的少数民族的原始教育中也存在类似的原始教育机构，如独龙族的“皆木玛”和“皆木巴”。②

答案解析2.4

历年真题

【2.4】苏联教育家沙巴耶娃认为人类历史上最早的儿童公共教育机构是（　　）。

A. 宣教广场　　B. 青年之家　　C. 稷下学宫　　D. 养老机构

2. 宣教广场

在陕西西安半坡村，考古学家们在布局合理、规划整齐的四五十间氏族成员住房的中央，发现了一座 160 多平方米的“大房子”。这是距今约 5000 年前氏族举行典礼活动的广场。教育史专家毛礼锐认为这座“大房子”便是氏族老人对年轻的后代进行教育的场所。

这类场所在农居部落地区较为普遍，在夏秋收获季节用于打场或堆积收获物；同时，也是全体氏族成员聚会、娱乐、举行某种规模较大的宗教祭祖活动，或向氏族成员宣告氏族首领教令及决定的场所。

“宣教广场”成为建筑，就是“明堂”。有学者认为，明堂最早存于西周，是“由单一的氏族男子居所逐步演变为一座集议事、祭天、祀祖于一体的多功能建筑”。进入阶级社会后，明堂成为统治阶级祭祀和布政施教之处，具有祭祀、议事、处理公共事务、青年教育和训练、守卫、养老、招待宾客及明确各种人社会身份等功能。③

3. 养老机构

《礼记·王制》有“有虞氏养国老于上庠，养庶老于下庠”。《礼记·明堂位》有“米廪，有虞氏之庠也；序，夏后氏之序也；瞽宗，殷学也；泮宫，周学也”。《礼记·内则》有“凡养老，有虞氏以燕礼，夏后氏以飨礼，殷人以食礼，周人修而兼用之。凡五十养于乡，六十养于国，七十养于学，达于诸侯”。

---

① 沙巴耶娃．论教育起源和学校产生的问题［M］//瞿葆奎．教育学文集·教育与教育学．北京：人民教育出版社，1993：125–155.

② 陶天麟．独龙族的原始教育与学校的产生［J］．云南民族学院学报，1997（3）：27–29.

③ 俞允海．中国古代校名考释［J］．湖州师范学院学报，2004（10）：24–27.

《说文解字》中认为，“庠，从广羊音”，“广”就是房舍，有时是饲养家畜的地方。《孟子·滕文公上》云：“庠者，养也。”可见，“庠”是供养老人的地方，这里的老人是指有知识和身份之人，由他们对贵族子弟进行文化和礼仪教学。养老的目的是为了对青年人进行教学，故“庠”即庶老教学之宫。后来用“庠”表示学校，特指乡学。

上述三种原始教育机构的主要任务分别是训练、祭祀、教化、养老，只是同时兼有教育的任务，可以把它们视为学校的萌芽。

（二）最早的学校

在奴隶制初期的古巴比伦、亚述、古埃及、中国和古印度等东方文明古国就已经出现了学校。20 世纪 30 年代，法国考古学家安德烈·帕罗特在两河流域上游的名城马里发掘出了一所房舍，被认为是现今发掘的有较丰富文字记载的世界上最早的学校——苏美尔学校。苏美尔学校又称“埃杜巴”，意思是“泥版书屋”，又可称书吏学校。

这所房舍包括一条通道和两间房屋，大间长 44 英尺（约 13.4 米）、宽 25 英尺（约 7.6 米），小间面积为大间的 1/3。大间排列着 4 排石凳，可坐 45 人左右；小间排列 3 排石凳，可坐 20 人左右，很像学校课室。两房四壁无窗，从房顶射入光线。房中没有讲台或讲桌，但发现了很多泥板，像是学生的作业。墙壁四周的底部安放着盛有泥土的浅浅水槽，好似是准备制作书写用的泥板。附近摆着一个椭圆形的陶盆，可能是储放清水以便和泥制造泥版，或者是放置书写用具。地面上装点有很多亮壳，好似是教授计算的教具。这所房舍靠近王宫，附近还有泥版文书的储存地。因此，考古学家推断，这是一所学校，建造时间在公元前 3500 年左右。

迄今为止，考古学家所发掘的学校遗址，大致包括三种类型：一是王宫附近的学校，包括在拉尔萨、乌鲁克和马里等地发掘的学校遗址，这类学校可能由王宫设立；二是靠近神庙的学校，它们可能是由神庙建立的；三是临近书吏居住区的学校，这类学校遗址主要在尼普尔和基什（今阿尔海米尔）。

在我国，上古时期舜时，设庠为教，分下庠，上庠，7 岁入下庠，庶老为师，15 岁入上庠，国老为师。这也就是有文献可考的最早的学校，到了商代开始出现新的学校形式“瞽宗”。西周时期，政府设国学和乡学两类。国学又分大学和小学两级，而乡学则多称为庠、序、校、塾等。

重点提示

学校是历史发展的产物，其形成条件是：生产力的发展、脑力劳动和体力劳动的分离、文字的创造与知识的积累、国家机器的产生。青年之家、宣教广场、养老机构都属于萌芽状态的学校。世界上最早的学校是苏美尔学校，我国最早的学校产生于奴隶社会。本节的学习以记忆和理解为主，考试时较多地以选择题和简答题形式出现。

第二节　学校的发展

与教育发展一样，学校的发展经历了非形式化—形式化—制度化的发展历程。下面从中国和西方两个维度简述学校的发展情况。

一、中国学校的发展

中国古代学校教育按其性质可分为官学、私学和书院三大类。它们互相补充，构成多元化的学校教育网络，共同承担了人才培养的任务。早在周代就有了比较定型的学校，具有官学性质。春秋战国时期，官学衰微，私学兴起。汉唐宋时期，官学与私学并存发展，相得益彰，而作为私学的高级形态的书院开始蓬勃发展。元明清时期，官学和书院渐趋衰落，启蒙教育任务由私学承担。

（一）学在官府

西周时期的学校由官府开办，“学在官府”是这个时期的主要特点。学校教师由贵族官僚担任，学校招收的学生是贵族子弟，奴隶主贵族垄断教育，庶民子弟则没有接受教育的权利。办学目的是为了培养奴隶主贵族的年轻一代，使其成为有文化教养、有道德威仪、有政治军事技能的统治者。

西周官学分国学和乡学两类，在中央办有国学，在地方办有乡学。西周将官学划分为中央官学和地方官学两种类型，影响深远，中国古代一直沿袭这种办学格局。国学在办学规格上分小学与大学两级，乡学因规模较小，只设一级。修业年限小学为 7 年，大学为 9 年。主干课程有礼、乐、射、御、书、数等“六艺”。大学教育以礼乐为重点，小学教育则以书、数为重点。这是一种文武结合、知能兼备的教育。

（二）私学兴起

春秋战国时期，奴隶制生产关系逐步解体，“学在官府”一变而为“学在四夷”。中国历代由私人开设的各类学校统称“私学”。春秋时，孔子首开私人讲学。孔子倡导“有教无类”的教育主张，招收了不少出身低贱的学生，这一创举，有利于学术文化的下移和平民教育的普及。

战国时私学大盛，一些诸侯国适应新的时代需求，以公室养士为官办教育。其中，以战国时齐国设于稷下的高等学府“稷下学宫”最为著名。教师择优聘请，教学内容不受官方限制，学者以其专长讲学。在学生管理方面，出现了第一个学生守则——《弟子职》。稷下学宫成为当时百家争鸣的中心园地，促进了诸子学派的形成。稷下学宫也是世界上第一所由官方举办、私家主持的特殊形式的高等学府。

答案解析2.5

考点拓展2.2

历年真题

【2.5】世界上最早的由官方举办、私人主持的高等学府是（　　）。

A. 萨莱诺大学　　B. 牛津大学　　C. 稷下学宫　　D. 京师大学堂

（三）官私学并存

汉唐宋时期，官学和私学并存，且都较发达。

汉代官学分中央官学和地方官学两类。中央官学包括具有国立大学性质的太学、专门学习书画辞赋的具有艺术专科性质的鸿都门学，以及专为外戚所设的四姓小侯学。地方官学按行政区划设置。汉平帝时规定："郡国曰学，县、道、邑、侯国曰校……乡曰庠，聚（村）曰序。"① 这里的"学"与"校"相当于中学程度，"庠"与"序"相当于小学程度。地方官学的教学内容除儒学外，还包括识字教育。

汉代私学按学生程度和学习内容，大致可分为三个阶段：一是启蒙阶段，当时称为"蒙学"或"书馆"，所收儿童以识字、写字为主。二是专经的预备阶段，使用教材为《孝经》和《论语》。三是专经的研修阶段，学生从经师专研某一种儒家经典，其程度已相当于太学。汉代不少名师巨儒从事于私人讲学，吸引了大批学生，如马融、郑玄等经学大师，门下学生多达数千，私学之兴盛可见一斑。

唐代的国子监，既是学校教育的行政管理机构，也是级别最高的国立大学。唐代的地方官学也有长足的发展，府、州、县都有学校。唐代的官学制度已相当完备，堪称中国封建社会官学制度的代表。

宋代中央官学所设学校的门类与唐代相近，值得注意的是北宋思想家、政治家王安石的教育改革以及中央官学对人文美育的重视。王安石变法，创立三舍法，以严格升级考试制度。初入太学为外舍生，定额2000人，通过平时学习和严格考试，成绩优良、操行合格者升入内舍。内舍生定额200人，学制2年，学习成绩和本人操行合格者升入上舍。上舍生定额100人，学习2年后参加毕业考，按其学业和操行分为上等、中等、下等和不及格4种。上等生的资格等同于进士，中等生可免尚书省试，下等生可免乡试，不及格者除名。三舍法尝试把考核和科举结合，提升了学校的地位，宽进严出也有利于提高学生的学习积极性。

唐宋私学也很发达，许多乡里之学多为民间自发形成，国家也"许百姓任立私学"②。唐代经学家孔颖达、颜师古，文学家韩愈等均私人授徒讲学，这类学者型官员热衷于为人师，以"传道授业解惑"为己任，教学层次和质量都达到相当高的水平。如宋初胡安定在私学教学实践中创立苏湖教法，其教学方法以经义与时务相结合为特点，在当时影响很大。

书院是中国古代社会特有的教育机构，是封建教育制度下与官学并存的高级形态的私学。书院之名始于唐代，原为官方藏书、校书之所，而不是学校。五代战乱时官学衰废，书院在此消彼长中发展为学者私人讲学的学校。宋初天下初定，学术研究之

① 参见《汉书·平帝纪》。
② 参见《唐会要》卷三五。

风日盛，理学逐渐兴起。理学内部展开“重心”与“重道”的学术争鸣，书院作为专事讲学、研究学问、不以科举为目的的教学与研究园地，迎合了学者自由讲学、士子学习修身的需要，加之政府倡导文治，鼓励兴办书院，宋代书院在此背景下蓬蓬勃勃地发展起来。北宋初是书院发展的全盛期，当时最著名的书院有：白鹿洞书院（江西庐山）、岳麓书院（湖南长沙）、应天府书院（河南商丘）、嵩阳书院（河南登封）、石鼓书院（湖南衡阳）、茅山书院（江苏句容）。

（四）官学衰落

元明清三代的官学和书院逐渐衰落。民间的启蒙教育主要依靠私学。明清私学分三类：一是私塾，由教师在家设馆授徒；二是义学，由官员、富商出资，聘教师为乡村贫寒子弟授课；三是专馆，富裕人家聘教师上门教授本家子女。

私学作为中国古代社会民间的主要办学形式，其贡献和特色约略有三：第一，私学是官方办学力量的补充，在普及平民教育、开发民智方面有其历史功绩。古代社会的启蒙教育实际上是由私学承担的，因此，私学又称“蒙学”。私学遍布村落市井，教师依托私塾教授学童，靠学童所交学费维持生活，收入虽然微薄，但大多教学勤勉。儿童则通过识字、读书、习礼而接受基础教育，包括洒扫、应对、事长等道德教育。第二，办学层次较高的私学，其教学内容具有一定的独立性。官学经师多为章句之士，唯守旧说，排斥他义，教学气氛较沉闷。私学授课则较自由，既可不囿于成说，又可开展学术争鸣。而且私学教学不限于儒家经学，有的传授道学，有的传授佛学，有的传授医学、算学、文艺等，教学内容较为灵活。第三，学生可以自由择师受业。如西汉私学兴盛，不少学生远道寻师，以接受符合个性需求的教育。

（五）近代学校

我国近代学校的诞生以1862年京师同文馆的设立为标志。这是我国政府自行创立的第一所新式学堂，从创立到并入京师大学堂前后历时40年，最早采用班级授课制，是中国近代新教育的开端。“在中国近代教育史上，它是改变旧的封建传统教育的首次尝试，在实践上把2000多年的封建教育制度打开了一个缺口，是近代中国学习西方的‘尖兵’，迈开了向西方学习科学知识的第一步。”① 此后，洋务派创立了大批新式学堂，如：1863年李鸿章设立的上海广方言馆、1864年设立的广州同文馆，1866年左宗棠设立的中国近代最早的海军学校——福州船政学堂等。

1898年创办的京师大学堂，是中国近代第一所国立大学，其成立标志着中国近代国立高等教育的开端。京师大学堂是当时国家最高学府，最初也是国家最高教育行政机关，行使教育部职能，统管全国教育。1912年5月4日，京师大学堂更名为北京大学，旋即冠“国立”，是中国历史上第一所冠名“国立”的大学。

---

① 孙培青. 中国教育史［M］. 上海：华东师范大学出版社，1992：524.

历年真题

【2.6】中国最早采用班级组织形式的是（　　）。

A. 京师大学堂　　B. 福建船政学堂　C. 京师同文馆　　D. 南洋公学

答案解析2.6

（六）现代学校

考点拓展2.3

我国现代学校，依据学历层次的不同，可以分为学前、小学、中学、大学；依据学校运行管理方式的不同，可以将学校分为义务教育学校和非义务教育学校；依据培养人才规格的不同，可以将学校分为普通教育学校和职业教育学校；依据办学主体的不同，可以将学校分为公立学校、民办学校和转制学校。

这些学校的教育目的有各种各样的重合与交叉。学前教育与初等教育以普通文化教育为主。进入中等教育阶段后，职业教育开始为教育者所考虑。到高等教育阶段，义务教育的任务已经完成，公立学校、民办学校和转制学校各显神通。师范大学、综合大学和理工大学中，学术教育引导受教育者发现自然、社会以及人类自身的一些规律，培养对科学的热情和研究能力；职业教育使受教育者将科学原理转化为实践能力；自由教育注重激发受教育者的精神力量，引导受教育者创造精神产品，使人们具有享受生活、积极工作的能力。

重点提示

中国学校的发展可以根据官学、私学、书院三大类去梳理与记忆，特别要注意有代表性的、在历史上产生较大影响的学校，如稷下学宫、鸿都门学、六大书院、京师同文馆等。

二、西方学校的发展

自公元前 8 世纪的古希腊到 18—19 世纪的工业革命期间，是西方学校发展、成熟和完备的时期。根据纵向发展顺序，西方学校主要有：斯巴达的军事化学校、雅典的人性化学校、基督教学校、城市学校、中世纪大学、人文主义学校、文科中学和实科中学等。

（一）斯巴达的军事化学校

作为西方教育的发源地，在公元前 8 世纪，希腊进入奴隶制社会，出现城邦制国家，文化随之发展起来，形成了斯巴达和雅典两种不同的风格。

斯巴达人高度重视教育，建立了以培养勇猛善战的军人和武士为目的的教育制度。这种教育不重视人的智慧的培养，而是经过长期、严格有序的军事训练，使年轻一代成为忠于祖国、勇敢善战、对奴隶残暴的军人。斯巴达的教育由国家控制，家庭几乎不承担教育的任务。斯巴达人在 0 ～ 7 岁时，接受家庭教育；7 岁时，家庭的抚养及教育任务便结束了，孩子被送到国家教育机关接受教育；男孩子在 7 ～ 18 岁时受教育的场所是军营。此时的学校组织并不完全。

（二）雅典的人性化学校

雅典实施和谐教育，致力于把年轻人培养成不仅是军人，而且是多才多艺、能言善辩、善于工商业事务的政治家和商人。雅典的儿童 7 岁以前在家中受教育。当儿童到了 7 岁时，便被送入学校学习，一直到 16 岁为止。这一阶段，儿童要上的学校有文法学校、音乐学校、体操学校。文法学校主要传授给儿童简单的读、写、算的知识以及文学知识；音乐学校又叫弦琴学校，传授儿童歌唱的技能；体操学校又叫角力学校，实际上只是一大块空旷的场地而已，以体育操练为主要内容，项目有：赛跑、跳跃、角力、掷铁饼、投标枪等五项竞技。这三种学校中都有道德教育的内容。16 岁时，大部分学生毕业，走向社会，少数贵族子弟可进入国家办的体育馆学习，接受高一级的体育训练，兼学一些文化知识，参加一定的社会活动。18 岁时，就成为青丁，可自愿地接受专门的军事训练；20 岁时，经过一定的仪式，遂成为一名正式的公民。雅典的教育机构以私立为主，学生上学是要缴费的，且有“教仆”护送。教仆是由有文化的奴隶来担任的，负责孩子上学的有关事宜，帮助提拿学习用具，辅导孩子的学习，还要负责孩子的道德培养。雅典社会中，教师的地位极其低下，收入微薄，不受社会的尊重。

答案解析2.7

历年真题

【2.7】古希腊斯巴达的教育目的是培养（　　）。

A. 演说家　　B. 智者

C. 军人和武士　　D. 全面和谐发展的人

考点拓展2.4

（三）基督教学校

欧洲自公元 476 年西罗马帝国灭亡，开始进入封建时代。这个时期，僧侣垄断了知识教育权，教育本身带有强烈的宗教性；教会是封建意识的权威代表。神学家们宣布“科学是宗教的奴仆”“肉体是灵魂的监狱”。教会学校几乎就是这个时期唯一的教育机构，僧侣是主要的教育者。

教会学校一般有三类：初等教区学校、唱歌学校和经院学校、大主教学校。教学内容以“七艺”为主，但贯穿着神学精神，教育目的是培养对上帝虔诚、忠于教权的教士。

一般的世俗封建主对文化学习和道德品质的陶冶不甚重视，仅注重武艺与社交活动的训练。世俗封建主的这种教育在教育史上通称为“骑士教育”。骑士们则在宫廷和贵族家里接受军事战术和上流社会礼仪的“骑士七技”（包括骑马、击剑、打猎、游泳、唱歌、吟诗、弈棋）的训练和礼法教育，以成为能够维护封建主利益，满足其各种需要的强悍军人。

（四）城市学校

12—13 世纪，欧洲经济的发展和工商业的兴旺促进了城市的繁荣，城市人口迅速增加，市民阶层逐渐扩大，为适应手工业和商业发展的实际需要，便创办了手工业者和商人的基尔特学校（也译为“手工业者或商业行会学校”）。手工业者和商人基尔特组织（即行会）担负校舍建筑和学校经费，教师的工资则来源于学生缴纳的学费。校长和教师由基尔特组织委任。在学习内容方面，注重实际应用知识的学习，除读、写、算外，有些学校也教文法、修辞和几何学。城市学校主要有三种类型：拉丁文法学校，使用各国本民族语言、教授自由民在商业生活中所需要的读和写的读写学校，以及有别于女子修道院的女子学校。后来，手工业者和商人基尔特学校逐渐发展成城市初等学校，并由市政机关办理，校长和教师改由城市自治机关选派。

（五）中世纪大学

中世纪后期，西欧教育领域发生了一件重大事件，这就是中世纪大学的诞生。中世纪大学首先出现在工商业和城市发展较快的意大利的一些城市。1137 年，意大利南部创立了萨莱诺大学，办起了医学院。1158 年，又在意大利的北部创立了波隆那大学，这所大学以研究法学为主。除了 12 世纪上半叶意大利创立的萨莱诺大学、波隆那大学外，在英国、法国等地也先后建立起了大学。如英国于 1167 年成立牛津大学，1209 年从牛津大学分出的部分师生又设立了剑桥大学。法国以巴黎大学开办最早，它前身是建于 1257 年的索邦神学院。到 13 世纪末，欧洲的大学已增加到 20 多所。中世纪大学的组织，一般分为四个学院，即文学院、法学院、医学院和神学院。其中，神学院地位最高，文学院为预科性质，讲授“七艺”，修业年限一般为 5 ～ 7 年。受教会控制的中世纪大学，尽管宗教气氛浓厚，烦琐哲学盛行，阻碍了学术思想的自由发展，但它对当时欧洲文化的普及，毕竟起到了推进作用。

（六）人文主义学校

人文主义学校是伴随着 14—16 世纪的文艺复兴而建立的。其主要贡献在于中等教育，如意大利的宫廷学校和贵族学校、德国的王子学校、英国的公学等。随着宗教改革的发展和其后的国家学校教育体系的建立，人文主义学校逐渐地归中央政府控制，但是各国的人文主义学校始终是各自国家的中等学校的主要类型，成为后世普通中学的源头。

（七）文科中学和实科中学

16 世纪中期，德国教育家梅兰克吞和斯图谟分别创立了拉丁中学和文法中学，以讲授古典课程为主，承担着普通教育的任务。18 世纪，文科中学发展到了鼎盛时期。但是文科中学中的浓厚的古典色彩以及它的贵族化性质，已经不再能够适应和满足当时社会工商业的发展对于教育的需要和要求。这样，在社会发展的推动下，就出现了一种既具有普通教育的性质，又具有职业教育性质的讲授实科知识的中等学校，即实科中学。1708 年，德国人席姆勒在哈勒创立了世界上第一所实科中学，此后，德国的许多城镇也随之成立许多类似的学校。1747 年，德国人赫克在柏林创立了一所“经济学、数学实科学校”。开创了行会之外由学校进行中等职业技术教育的先河。从此，职业技术学校在现代学制中占有了一席之地。

重点提示

西方学校的发展可以根据历史发展的时间顺序去整理与记忆。特别要注意宗教学校与世俗学校、文科中学与实科中学的区分。这一节内容，可能会以选择题和辨析题的形式出现。

第三节 学制的诞生

学校教育制度（简称“学制”）的诞生标志着教育进入制度化阶段，在制度化教育的视野中，教育就等同于学校教育。学制是学校发展到一定历史阶段的产物。

一、学制的概念与类型

（一）学制的概念

学制是现代教育制度的核心，是指一个国家各级各类教育组织（主要指学校）的总体系统，它规定了各级各类教育组织的性质、任务、入学条件、学习年限以及它们之间的衔接与关系。

学制旨在以系列的规范把大量独立存在的学校整合成学校系统。“学校教育系统是国家对年轻一代进行教育的最严密、最有效的组织，它集中体现了整个教育制度的精神实质。学校教育制度制定得是否正确与完善，直接关系到教育目的的实现、教育和教学工作的进行以及教育事业的发展，从而也对政治经济制度的巩固，生产力的提高、青少年儿童身心的发展产生重要的影响。”①

答案解析2.8

历年真题

【2.8】通常把一个国家各级各类学校的总体称为（　　）。

A. 国民教育制度　B. 学校教育制度　C. 教育管理体制　D. 学校教育结构

教育系统的发生包括各级教育系统的发生和各类教育系统的发生两个方面。

1. 各级教育系统的发生

近代世界各国的各级学校是沿着两条相反的路线发展的。一条是从高级学校向低级学校下延而发生的系统，另一条是从低级学校向高级学校上升而发生的系统。前者称为下延型学校系统，后者称为上伸型学校系统。这是就学校的系统发生而言，非指单个学校的发生。

中世纪大学产生以后，其存在的客观需要连锁式地带动其他等级学校的发展，也就开始学校系统的下延过程。首先是产生了作为大学预备科的古典文科中学，同时为了适应教育

① 南京师范大学教育系．教育学［M］．北京：人民教育出版社，1984：510.

的世俗化和平民化的要求，学校系统又下延到作为中学预备的小学。这即是“下延型学校系统”的形成过程。“上伸型学校系统”则是由下而上，先普及小学，而后出现中学，最后到大学。欧洲以外的国家，现代学校系统的建立，基本上属于这种形式。

在学校的层级系统中，还有一个层次，即承担学前教育任务的幼儿教育机构。1873 年，美国的圣路易斯州首次把幼儿园的教育作为公立学校教育的一个组成部分。这样幼儿教育才成为美国教育制度中的第一阶段。在学校形式上，公立学校与幼儿园并存。以后世界各国纷纷效仿美国的做法，由于美国的教育系统是“上伸型的学校系统”，所以，我们可以把学前教育机构的出现看作是“上伸型学校系统”下延的结果。

2. 各类教育系统的发生

各类教育系统的发生是指各类学校的逐步分化，即学校与学校之间的明确分工的出现，也就是教育在类别上更加多样化，在其横向上更加注意联系，从而使近代学制更为丰富、清晰和系统。

就教育系统的类别形成而言，西方中等教育的分化最能代表这一过程。其发展的基本过程是：先出现由文艺复兴时期兴起的人文主义学校和城市学校中的拉丁文法学校演变而来的古典文科中学，承担着普通教育的任务，后出现讲授实科知识的实科中学，大抵也属于普通教育；到了后期，又经历了从普通教育到职业教育的发展。在教育的类型系统中，还有一个重要的部分，即师范教育。它的出现提高了教师素质，提高了教育质量，推动了教育教学研究。

（二）学制的类型

根据分类标准的不同，学制可以分成不同的类型。

1. 根据权力支配主体划分

根据学校教育制度权力支配主体的不同，可以将其划分为中央集权制、地方分权制（有些国家叫“学区性分权”）、中央与地方合作制三种类型。

（1）中央集权制。

中央集权制的典型代表为法国。自拿破仑建立“帝国大学”近两个世纪以来，法国教育在管理上施行中央集权制。这种制度对于学校的管理采取从中央教育部到大学区再到省，从教育部部长到学区总长再到学区督学的线形的指令领导。教学和行政人员的编制、学校规章的制定、教材教法的采用、教育经费的使用、办学方针的确定、学校的发展规划、对大学图书馆进行检查等都要受到国家的全方位的管理监督。这种学校教育管理方式有利于国家将学校纳入社会总体的发展进程中进行规划，集中全国的力量进行教育问题的解决，具有较高的行政效率，充分发挥中央办学的积极性。另外，这样可能会造成全国学校办学模式单一，脱离具体实际；管的过多，压的太死，影响地方办学的创造性和积极性。

（2）地方分权制。

地方分权制的典型代表为美国。根据美国宪法第十修正案的有关规定，宪法不授予联邦而又不禁止给州的权利属于州。联邦政府因而无权确定国家教育制度。无论是教育经费、学校人事管理、学校教育计划，还是课程设置、教学方法和教科书的采用，中央不做统一的要求与管理，教育作为地方性的公共事业由学区内居民选举出的教育委员会来管理。在美国，联邦政府没有管理教育的权限，学校的问题最终将由州负责。州教育行政机关一方面协助学校完成教育资源的分配，为学校提出一些指导意见；另一方面就有关的法规做必要的咨询与解释，对学校的办学资格与条件进行审核。这种学校教育管理方式能充分地调动地方办学的积极性和主动性，有利于学校因地制宜地制定发展规划；可以增加学校办学的资金来源，扩大经费筹集的渠道。另外，由于没有全国统一的领导，教育质量与教学水平缺少统一的评价和标准；如果存在地区经济水平相差悬殊的情况，则势必导致教育事业发展的不平衡。

（3）中央与地方合作制。

中央与地方合作制的典型代表为英国。1995 年 7 月，英国最高教育行政机构——英国教育与就业部由以前的教育部和就业部合并而成，其职责是对学校进行教育财政援助和视察督导工作，是负责制定英格兰地区教育与培训政策的中央政府部门。学校的许多权力为中央与地方协商分享。中央教育行政部门，其职权主要是为学校制定一些法令法规，做一个宏观的政策导向管理，提供建议和指导，负责宏观规划、提高教育经费和监测质量。地方主要负责学校的发展。学校教育经费的筹集由双方共同解决。这种学校教育制度的管理格局力图通过上下的协调沟通，确保制度的合理性。然而权力的分配在科层社会中一直是一个难以完满解决的问题。各自的职责及权力范围的界定清晰与否都可能对学校教育制度产生影响。

2. 根据选拔分层功能划分

根据学制的选拔分层功能，可以将学制分为双轨制、单轨制和分支型（或称为“三轨制”）。

（1）双轨制。

双轨制中的双轨，一轨为“大学—中学系统”，即学术性大学向下发展延伸出一些预备性学校，这种自上而下的学校教育系统反映了处在阶级社会上层贵族的利益要求；另一轨为“小学—初等职业学校系统”，即面向普通劳动者而设的初等教育学校向上伸展，设立初等（与小学相衔接）和中等（与中学相衔接）职业教育学校，这种自下而上的学校教育体系是国民教育发展的必然要求。这两轨平行互不相连，前者培养社会统治者及社会上层人物，后者为社会培养劳动大军。双轨制的典型国家是英国。

（2）单轨制。

单轨制是指由普及初等教育为起点，推动中等教育的发展，最终与高等教育相衔接的学校教育系统。单轨制的典型国家是美国。

以美国为例，美国早期的教育多数为西欧殖民者对本国教育制度的翻版。不同国家地区的移民为扩大自属教派在当地的影响，纷纷设立各种教会组织，并将办学校办教育视为传播宗教思想的手段。这对初等教育的普及产生了积极的作用。美国独立后，在国内施行教育机会均等的政策，普及初等教育，发展中高等教育。1825 年，美国颁布了第一部普及义务教育法。“在此期间，不仅初等教育发展迅速，其他各级各类学校也获得了较大的发展。从此，美国的教育开始走上了自己发展的道路，而不完全因循欧洲国家的足迹步步亦趋地前进。”①

① 戴本博．世界教育史［M］．北京：人民教育出版社，1989：462.

历年真题

答案解析
2.9—2.10

【2.9】英国政府1870年颁布的《初等教育法》中，一方面保持原有的专为统治阶级子女服务的学校系统，另一方面为劳动人民的子女设立国民小学、职业学校。这种学制属于（　　）。

A. 双轨学制　　B. 单轨学制　　C. 中间型学制　　D. 分支型学制

【2.10】在学校教育制度的发展变革历程中，义务教育制度产生于（　　）。

A. 原始社会　　B. 奴隶社会　　C. 封建社会　　D. 资本主义社会

（3）分支型。

俄罗斯的学制是比较有代表性的分支型学校教育制度。俄罗斯的学制包括四年制小学、基本的七年制学校和普通教育学校高年级阶段（第九、十年级）。它们相互衔接，又分别作为初等职业教育、中等职业技术学校和高等学校的基础。此后，农村青年学校、七年制工厂学校、工厂艺徒学校和工农速成中学等新型学校不断地涌现和发展起来。

这种学校教育制度注重普通教育的教学质量。普通教育承担着为高等学校输送人才、为师范和技术学校输送人才、为职业进行训练、为参加实际工作做准备的多重任务。

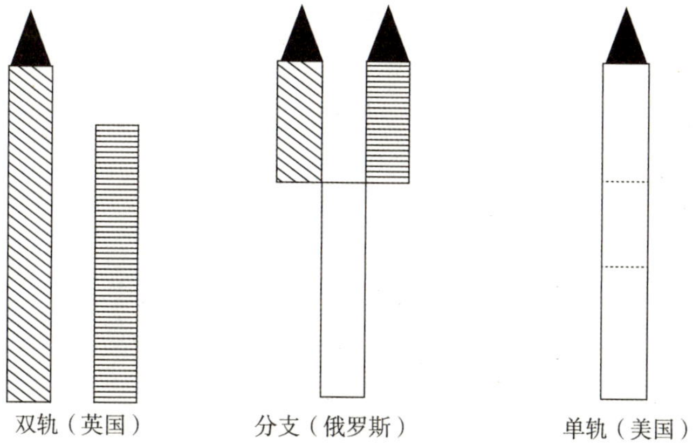

图2－1　三种类型学制示意图

重点提示

不同的分类标准会产生不同的学制类型，学习时要注意根据不同的标准去理解与记忆不同的学制类型，同时要学会区分与辨别。重点记忆与理解具体的六种学制类型。这一节内容，较多以选择题和辨析题的形式出现。

二、我国的学制

自1902年清政府颁布第一个系统的学制后，我国学制经过多次改革，逐渐形成了现在的学制。

（一）壬寅学制

1902 年，清政府制定并颁布了由张百熙拟定的我国第一个比较系统的法定学制——《钦定学堂章程》，由于 1902 年为农历壬寅年，所以又称其为“壬寅学制”。这是中国近代教育史上最早由国家正式颁布的学制系统，但由于种种原因未付诸实施。

（二）癸卯学制

1904 年，清政府公布了由张百熙、张之洞、荣庆重新拟定的《奏定学堂章程》，由于 1904 年为农历癸卯年，所以又称其为“癸卯学制”。它是中国近代教育史上第一部由国家颁布的并在全国施行的学制，成为中国近代教育走向制度化、法制化阶段的标志。这个学制将学校教育从纵的方面分为三段六级：小学为 9 年，中学教育 5 年，高等教育 3 ～ 5 年；从横的方面分为普通学堂、师范学堂、实业学堂，分别实施普通教育、师范教育和职业教育。

（三）壬子癸丑学制

1912 年中华民国成立，孙中山成为临时大总统，他任命蔡元培为首任教育总长。在蔡元培的主持下创办了中国第一个资产阶级最高教育行政机构——中华民国临时政府教育部。蔡元培任教育总长后进行了一系列改革。1912 年 7—8 月召开全国临时教育会议，邀请国内著名的教育专家开会讨论，最后于 9 月由教育部向全国颁布《学校系统令》，即为“壬子学制”。1913 年，又陆续颁布各级各类学校令，补充《学校系统令》，合称“壬子癸丑学制”。

该学制整个学程为 18 年，分为三段四级、三个系统。第一阶段是初等教育，分为两级：初等小学 4 年，高等小学 3 年，共 7 年。第二阶段是中等教育，只设一级，共 4 年。第三段是高等教育，也是一级，但分预科和本科。除了由小学、中学、大学组成的学校系统外，还有师范教育和实业教育两个系统。另外，将小学教育缩短为 7 年，中学教育缩短为 7 年，废除了小学与师范学校的读经课程，实行男女教育平等，允许初等小学男女同校，还设置了专门学校，培养专科实用人才，等等。

答案解析2.11

历年真题

【2.11】在“中学为体，西学为用”的思想指导下，我国从清末开始试图建立现代学制，在颁布的诸多学制中，第一次正式实施的是(　　)。

A. 壬寅学制　　　　B. 癸卯学制

C. 壬子癸丑学制　　D. 壬戌学制

考点拓展 2.5—2.6

（四）壬戌学制

壬戌学制原名“学校系统改革方案”，又称“六三三学制”，因颁布之年 1922 年是旧历壬戌年，故称为“壬戌学制”或“1922 年学制”。该学制是实施时间最长、影响最大、最为成熟的学制。

壬戌学制将整个学制系统分为三段：初等教育、中等教育、高等教育。该学制缩短了小学年限；设三年制初中，取消了大学预科；设三年制高中，提高了师范教育的水平；职业教育单成系统，课程的设置无男女校之别。

（五）我国现行学制

中华人民共和国成立后，我们从接管教会学校开始，对旧有的学校进行了整顿改造。自1951年政务院颁布《关于改革学制的决定》之后，随着国民经济的发展与教育结构的调整，学制亦有所变化与发展，并逐步建立了从幼儿教育到研究生教育的比较完整的学校系统，即我国现行学制系统。

《中华人民共和国教育法》第十七条规定："国家实行学前教育、初等教育、中等教育、高等教育的学校教育制度。"在我国现行学制中，从纵向来看，划分了四个阶段：学前教育（3年）、初等教育（6年）、中等教育（3年）、高等教育（3～5年）。其中，初等教育阶段与初级中等教育阶段合称为义务教育阶段，义务教育具有普遍性、基础性、义务性（强制性和免费性）、公共性等特点。从横向来看，到了中等教育阶段后，开始出现了类的区分。根据性质与目标的不同，可以把我国的教育分为普通教育系统与职业教育系统。职业教育系统需要以普通教育系统为基础。初等教育阶段实施的是普通教育，中等教育阶段以上实施的既有普通教育也有职业教育；根据教育对象可以划分为：学龄期教育系统与成人教育系统；根据教育的普及程度以及强制性可以分为义务教育系统（普及教育系统）与非义务教育系统（非普及教育系统）。

历年真题

答案解析 2.12—2.13

【2.12】当前我国九年义务教育学制年限划分采用的是（　　）。

A. "六三三"学制　　B. 五四制

C. 九年一贯制　　D. 多种形式并存

【2.13】辨析题：目前我国普通高中不属于基础教育。

重点提示

重点注意四大学制，可作如下整理：壬寅学制（《钦定学堂章程》），1902年正式颁布，但未实施；癸卯学制（《奏定学堂章程》），1904年颁布，是第一部由国家颁布并在全国施行的学制，是教育走向制度化、法制化阶段的标志；壬子癸丑学制，1912—1913年陆续颁布，废除读经课程，允许初等小学男女同校。壬戌学制，又称"六三三学制"，1922年颁布，是实施时间最长、影响最大、最为成熟的学制，一直沿用到中华人民共和国成立初期。

三、学制的影响因素

学制是由国家政权机关制定并颁布实施的。但是，制定学制不能凭主观意志，因为任何一种学制，都要受一定社会的政治、经济、文化传统和人的身心发展规律等因素的制约。具体而言，制约学制的因素有如下几个方面。

（一）社会政治、经济制度

在阶级社会，教育具有阶级性，因此，学制也必然具有阶级性。统治阶级在制定学制时，必然要考虑其政治经济利益。不同的学制，受不同社会政治经济制度制约，反映不同社会的政治经济要求。在阶级社会，学制具有鲜明的阶级性。在封建社会，学制规定人们按照各自的社会地位进入不同等级的学校。这种等级学制，完全反映了封建地主阶级政治经济利益的要求。在资本主义社会，虽规定凡属公民只要缴纳学费都可入学，但一些好学校却收费很高，从而限制了贫穷人家子弟入学。这种学制也反映了资产阶级政治经济利益要求。社会主义社会学制理所当然地要反映整个国家和全民族的政治经济利益的要求，为巩固社会主义政治经济制度服务。因此，教育能为政治经济培养所需要的人才，可以促进政治民主，教育通过传播思想、形成舆论作用于一定的政治和经济。

（二）生产力与科学技术的发展水平

生产力与科学技术的发展会对人才的规格及教育的物质条件产生制约。社会生产力的发展出现了工业化的大生产，合作与分工的出现使学校教育制度中产生了各种各样的专业学校。生产力的发展直接影响学校教育的物质条件、规模大小、发展速度、普及程度、课程结构、专业设置等。

（三）人的身心发展规律

教育的功能是通过培养人来实现的，只有顺应人的发展规律的学制才能促进人的健康成长。心理学的研究证明了人在发展过程中具有阶段性。在人的一生中，经历了幼儿期、童年期、少年期、青年期等不同年龄的发展阶段。这些相互联结的阶段各有其身心发展的特点。因此，在确定入学时间、学校分段和衔接时都要适合年轻一代的智力和体力发展水平。

（四）民族文化传统

一个民族、一个国家固有的文化传统对于学校教育制度的制定也产生了潜在的影响。比如，文艺复兴运动对欧洲国家教育的民主自治产生了深远的影响。独立自主的传统给美国的学校教育制度打上了无法磨灭的烙印。我国的壬寅学制虽然是对日本学制的效仿，然而其中不免浸有许多当时的文化传统特色。比如，学制中没有完全摆脱科举制度的影响，将各级学堂卒业者分别授予附生、贡生、举人、进士等出身；由于男女社会地位的不平等，在学制中没有关于女子教育的制度，等等。

总之，影响学制的四大因素是：社会政治、经济制度，生产力与科学技术的发展水平，人的身心发展规律，民族文化传统。

历年真题

答案解析2.14

【2.14】简答题：一个国家学制建立的主要依据有哪些？

本章小结

教育是随着人类社会的诞生而诞生的，但学校并不是与教育同步产生的。学校作为一个有目的、有组织、有计划专门的培养人才的场所，有自身特定的标准与要求，其产生与发展也受制于多种因素。从中西方学校的发展演变过程中可以发现，学校的发展经历了从非形式化、形式化到制度化的一个漫长的过程，至今仍在不断完善之中。现代的学校正在发生着这样那样的变化，意味着学校的现实功能正进行着静悄悄的革命，但学校的本质即培养人的场所，却是一个永恒的存在。

本章要点回顾

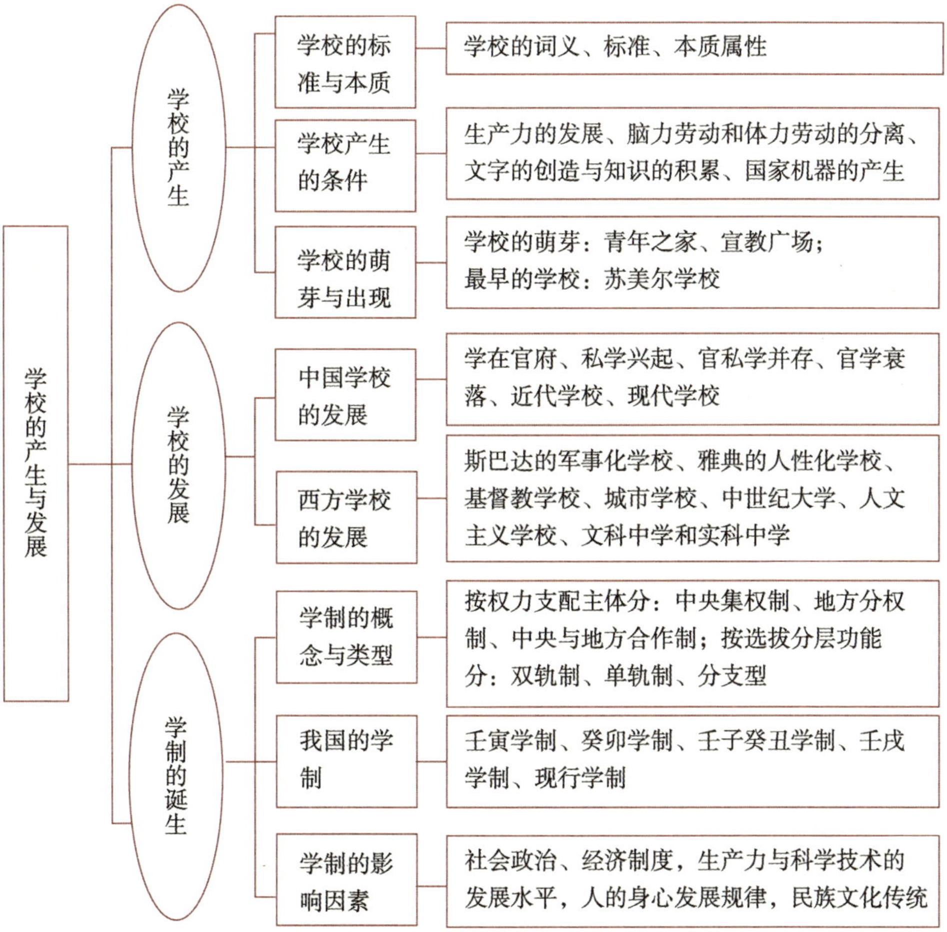

第三章

教育与社会发展

☞ 学习完本章，应该做到：

◎ 准确识记与理解关于教育与社会发展的五大理论，并能运用于社会现实的解释。
◎ 识记社会对教育的制约的具体内容。
◎ 熟记教育的社会功能及其具体内容。

☞ 学习本章时，重点内容为：

教育与文化的关系，教育与人口的关系；教育独立论与文凭理论，特别注意教育的文化功能与教育的人口功能。

☞ 学习本章时，具体方法为：

本章分三节，第一节讲述教育与社会发展的五大理论，学习时可以按“名称—代表人物—基本观点”这个思路去整理与记忆；第二节讲述社会发展对教育的制约，具体表现为政治、经济、文化与人口对教育的制约，熟记各自的具体表现；第三节讲述教育对社会发展的促进，牢记教育的政治功能、经济功能、文化功能与人口功能，其中文化功能与人口功能要引起特别注意。

【引子】

“80后”的世界

复旦大学社会科学数据研究中心对上海地区1980—1989年出生的一代人（简称“80后”）进行了“学历与婚姻、后代、收入的关系”的调查，历时近半年。研究的内容包括这一代人的家庭、婚姻、就业、迁移、住房、生育、子女教育、父母养老等各个方面。主要结果如下：(1) 教育程度越高，幸福感越强，具体分值（1～4分）：小学3.17分，初中3.22分，高中3.29分，专科3.30分，本科3.34分，研究生3.42分。(2) 家中拥有小汽车的百分比总体上随着学历升高而增加，具体如下：小学14.04分，初中19.06分，高中30.44分，专科32.71分，本科35.98分，研究生30.43分。(3) 存钱的意愿随着学历的升高而降低，具体分值（1～5分）：小学4.49分，初中4.22分，高中4.01分，专科3.86分，本科3.66分，研究生3.48分。(4) 透支消费意愿随着学历的升高而升高，具体分值（1～5分）：小学1.84分，初中1.99分，高中2.08分，专科2.27分，本科2.41分，研究生2.62分。(5) 高学历的女生生育年龄往往推迟。本科以下学历超过50%以上的女生在27岁时已经生育，而本科以上的仅为18%左右；30岁前生育的，本科以下的为78%左右，本科以上的约为40%。(6) 收入随着学历的升高而升高。具体见图3-1。[①]

---

① 根据胡安宁，胡湛，等．“80后”调查：“80后”的世界是什么样？［EB/OL］．2014-09-15［2017-09-26］．http：//www.360doc.com/content/15/0208/21/11548039_447303108.shtml 改编．

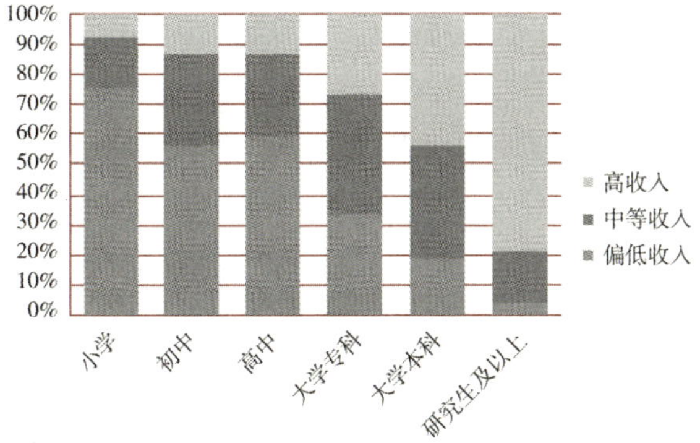

图 3－1　收入与教育水平

复旦大学的调查表明，教育与个人的收入、消费意愿、存钱意愿、拥有的财富（如小汽车）、幸福感等密切相关。一般情况下，学历越高，收入越高，财富越多，幸福感越强，生育年龄越推后。这说明教育对经济、人口、精神生活等都有极大的影响。那么，教育与社会的关系到底如何？教育是否能够对社会的经济有积极的作用？教育对人口数量与质量有无贡献？下面我们将对诸如此类的问题进行回答。

第一节　教育与社会发展的若干理论

关于教育与社会发展关系的理论众说纷纭，下面择要进行说明。

一、教育万能论

教育万能论坚持认为人完全是教育的产物。在人类发展史上，持这种观点的大有人在。

古希腊的柏拉图认为一个理想与正义的国家只有通过教育才能建立。他说："假如国家建设合宜，必定有好的教育，好教育一定产生好国民，好国民得到教育一定更好。所以，教育是增进国家福利的唯一方法，教育是国家的基础。"① 此外，他断言，人只有通过教育才能成为人。"人若受过真正的教育，他就是个温良、最神圣的生物；但是他若没有受教育，或受了错误的教育，他就是一个世间最难驾驭的东西。"②

英国哲学家、思想家洛克将他的教育万能论建立在感觉主义的认识论基础上，提出了著名的白板论。他说："假定人心是白纸……没有一切特性，没有任何观念，人心是怎样装备起来的呢？……对这个问题我用一句话来答复，从经验中来；我们所有的知识都是建立在经验之上，知识归根到底导源于经验。"③ 就是说，教育可以给人以经验，在人心上画出无限的花样来。所以，"我敢说我们日常所见的人中，他们之所以或好或坏，或有用或无用，十分之九都是他们的教育所决定的。人类之所以千差万别，

① 柏拉图．柏拉图论教育［M］．北京：人民教育出版社，1958：155.

② 同上书，第 167 页。

③ 张焕庭．西方资产阶级教育论著选［M］．北京：人民教育出版社，1979：56.

便是由于教育之故”①。由此可见，洛克将人性看成是一卷白素，环境或者教育就是染料，可以给它画上最新最美的图画。

答案解析
3.1—3.2

历年真题

【3.1】辨析题：人只有通过教育才能成为人。

【3.2】假定人心是白纸，没有任何经验，环境或教育就像染料，给他什么染料就变成什么样子。即人的好坏、有用或无用，都是教育之故。持这种观点的是（　　）。

A. 卢梭的“自然教育论”　　B. 洛克的“白板论”

C. 班杜拉的“社会学习论”　　D. 爱尔维修的“教育万能论”

考点拓展
3.1—3.2

法国18世纪哲学家、思想家爱尔维修对教育万能论做出了精辟的陈述，产生了广泛的影响。爱尔维修的教育万能论思想包括两大内容：第一，教育是改造社会的最重要的手段。他认为，“如果真的是一个民族的才能和美德既保证它强大又保证它幸福，那就没有一个问题比这种问题更重要：这就是——每个人身上的才能和美德，究竟是他的机体结构的结果。还是他所受教育的结果”。他认为人“只是他们教育的产物”，因此，人们“自己手里掌握着强大和幸福的工具，要使自己幸福和强大，问题只在于改善教育的科学”②。第二，教育是人成长的决定性因素。爱尔维修认为：“不同的人的教育必然不同，也许就是精神不等的原因。”但这种“精神的不等是一种已知原因的结果，这个原因就是教育的不同”③。在爱尔维修看来，社会的发展与人的成长都依赖于教育，教育是万能的。

综上所述，柏拉图的教育万能论是基于建立一个理想国而提出的，其哲学基础是主观唯心主义；洛克的教育万能论是基于人性的完善提出的，其哲学基础是感觉主义的认识论；而爱尔维修则是在唯物主义基础上提出教育万能论。

二、教育独立论

教育独立论的思潮萌发于我国清朝末年（如康有为的教育独立思想），形成于“五四”时期，发展、兴盛于20世纪20年代。其主要观点是教育要从制度上、思想上摆脱政治行为或政治信仰的干预，以蔡元培和胡适为主要代表。

（一）蔡元培的教育独立思想

蔡元培在1922年发表的《教育独立议》中全面地阐述了他的教育独立思想。

1. 以“养成完全之人格”为教育目的

教育的目的是“养成完全之人格”“不是把被教育的人，造成一种特别的器具，给抱有他种目的的人去应用的”④。他提出，“大学者，研究高深学问者也”，不是“升官发财之阶

① 洛克．教育漫话［M］．北京：教育科学出版社，1999：1.

② 任钟印．西方近代教育论著选［M］．北京：人民教育出版社，2001：189.

③ 同上书，第193－195页。

④ 高平叔．蔡元培教育论著选［M］．北京：人民教育出版社，1991：377.

梯”“诸君须抱定宗旨，为求学而来。入法科者，非为做官，入商科者，非为致富”。[1]

2. 教育应交由教育家主办

蔡元培主张大学应有自治权和学术自由，提倡“教授治校”，把教育事业完全交给教育家办理。换言之，大学要脱离政党和宗教的控制而达到学术自由和自治，从而实现培养人的目标。因为教育家比任何政党旗下的其他官僚、比任何宗教人士更清楚教育本质，更懂得教育科学，能更科学地遵循教育规律、发展教育事业。这也是教育要超越政党和教会的各种直接或间接干预和控制的重要前提。

3. 教育要独立于政党

蔡元培要求学生专心研究学术，不参加政治运动，提倡“教育救国”，主张教育超然于政党之外，不受政治干涉。因为教育要均衡地发展人的个性和群性，而政党是要制造一种特殊的群性，为本党服务，抹杀受教育者的个性；教育是求远效的，即所谓“百年树人”，而政党是求近功的，往往只考虑眼前的利益；政党掌握的政权，经常更迭，若由政党掌握教育权，必然影响教育方针政策的稳定，影响教育的成效。[2] 所以，教育要超脱于各派政党。

4. 教育要独立于宗教

教育要摆脱教会的影响，因为教育是进步的，学术文化的发展总是一代胜过一代，教育内容在不断更新，而教会是保守的，一遇到《圣经》的训条，便绝对不许批评；教育是共同的，而教会之间有宗派之争。宗教是人类信仰与精神教育的重要途径与手段，美育和精神教育是情感教育的基本途径与手段，但中国没有真正意义上的本土宗教，外来的宗教又水土不服，在这种情况下，最好的解决方法就是“以美育代宗教”，这样才能缓解国民精神教育的贫乏。

历年真题

答案解析 3.3—3.4

【3.3】在中国教育史上最早提出“以美育代宗教”的教育家是(　　)。

A. 陶行知　　B. 徐特立　　C. 杨贤江　　D. 蔡元培

【3.4】简述蔡元培的教育独立思想。

重点提示

蔡元培的教育独立是指教育要独立于政党、独立于宗教，教育要完全交由教育家办理，以养成完全之人格；特别注意“美育代宗教”的观点。

（二）胡适的教育独立思想

胡适是教育独立论的另一位代表人物，他认为教育应占有崇高的、独立的地位。其基本观点如下：

---

① 蔡元培．蔡元培教育文选［M］．北京：人民教育出版社，1980：22.

② 高平叔．蔡元培教育论著选［M］．北京：人民教育出版社，1991：377.

1. 独立的教育经费来源

胡适认为，教育如果没有充足的经费支撑，不要说持续发展，就是正常的维系都难以做到。他认为欧洲大学能够持续发展的一个重要因素是它们有独立的财团。胡适注重独立的经费来源在教育发展中的重要作用，强烈呼吁有钱人多投资兴办教育事业。他主张钱多的可以改造一个大学，次多的可以改造某大学的某一学系，钱少的可以补助某一校的某一个部分。①

2. 教育相对独立于政治和宗教

胡适同蔡元培一样极力主张教育相对独立于政治，认为学校应置身政争之外，努力向学问的路上走，为国家留一个研究学术的机关。② 学校作为教学机关，不应该自己滚到政治漩涡里去，尤其不应该自己滚到党派政治的漩涡里去。③ 1937 年 7 月 20 日，胡适建议：① 现任官吏不得做公私立大学校长、董事长；② 政治的势力（党的势力）不得侵入教育，中小学校长的选择与中小学教员的任聘皆不得受政党势力的影响；③ 应禁止无知疆吏用他的偏见干涉教育，如提倡小学读经之类。④ 关于独立于宗教，他提议：① 禁止小学校中之宗教教育；② 废止一切学校中之强迫的宗教仪节；③ 与其教授神学，不如鼓励教授宗教史与比较宗教；④ 不应以传教的热情度作为用人之标准，应以才能学问为标准。⑤

3. 教育应有独立自由的学术研究之风

独立的教育经费来源以及教育相对独立于政治宗教只是为教育的持续发展创造良好的外部因素，而教育如要有高价值的创造，还必须在其自身内部营造出一种独立自由的学术研究氛围。独立自由的学术研究可谓胡适的教育独立思想的真正意义所在。他拟订的《争取学术独立的十年计划》，呼吁修正大学制度，多多减除行政衙门的干涉，多多增加学术机关的自由和责任。⑥

三、人力资本论

人力资本的概念最早由美国经济学家费雪提出，美国经济学家沃尔什对人力资本的概念做出正式解释，到了美国经济学家舒尔茨的时候成为一种学说，后来由丹尼逊、贝克尔、文沙等人将其发展及运用。

舒尔茨的人力资本概念包括几层意思：① 人力资本体现在人的身上，表现为人的知识、技能、资历、经验和熟练程度等能力和素质；② 在前者既定的情况下，人力资本表现为从事工作的总人数及劳动市场上的总的工作时间；③ 人力资本是对人力的投资而形成的资本，是投资的结果；④ 对人力的投资会产生投资收益，人力资本是劳动者收入提高的最主要源泉。⑦

---

① 欧阳哲生．胡适与北京大学［J］．北京大学学报（哲社版），1997，(3)：51.
② 季羡林．胡适全集（第 20 卷）［M］．合肥：安徽教育出版社，2003：121.
③ 同上书，第 120 页。
④ 季羡林．胡适全集（第 32 卷）［M］．合肥：安徽教育出版社，2003：662.
⑤ 季羡林．胡适全集（第 29 卷）［M］．合肥：安徽教育出版社，2003：630.
⑥ 季羡林．胡适全集（第 20 卷）［M］．合肥：安徽教育出版社，2003：236.
⑦ 舒尔茨．人力投资［M］．北京：华夏出版社，1990：2.

四、劳动力市场划分论

劳动力市场划分论的主要代表人物有皮奥里、多林格、戈登、爱德华兹、卡诺伊等。劳动力市场划分论的基本观点包括：①工资决定机制：一级劳动力市场的工资由其内部劳动力市场中劳动者所处的阶梯地位决定，能得到比市场较高的工资；二级市场的工资由市场上的劳动力供求关系决定，趋向一个固定水平。②人力资本投资作用：人力资本投资只是一种信号。③劳动力本身的素质和偏好：劳动力市场划分论认为，二级市场劳动者会养成懒散、无时间观念、不易合作、不尊重人等行为特征，而这与一级市场的要求格格不入。因此在二级市场就业的人，即使想办法提高受教育程度，还是很难进入一级市场。

五、筛选假设理论

筛选假设理论（Screening Hypothesis）又称文凭理论（Credentialism），代表人物有美国经济学家迈克尔·斯宾塞和罗伯特·索洛等。这种理论视教育为一种筛选装置，可以帮助雇主识别不同能力的求职者，并将他们安置到不同的职业岗位上。筛选假设理论强调教育的信号本质，强调筛选作用为教育的主要经济价值。因为非常强调教育文凭的重要性，因而又叫文凭理论。筛选假设理论、劳动力市场划分理论和社会化理论，并称为第二代人力资本理论。

筛选假设理论假定：一个人的能力与他获得信号的成本是成反比的。就是说一个能力较高的人可获得较多的信号。就教育这种信号而言，在其他因素相同的情况下，能力较高的人教育成本较低，可以获得较高的教育水平，教育水平是反映个人能力程度的有效信号。因此，教育水平是个人表达自己能力的信号，也是雇主鉴定求职者的能力，筛选求职者的装置。筛选假设理论认为，能力较高的人在职训练成本较低，劳动生产力较高，因而雇主给他们较高的工资，而教育水平反映了求职者的能力，因而雇主给高学历的人高工资。但这种根据学历确定的工资等级并不是一成不变的，而是通过现场的工作经历而不断调整的。如果雇主在工场观察到某雇员的能力不能与他的工资相适应，那么他就会对原有的“教育程度—工资等级表”进行调整，并根据新的“教育程度—工资等级表”去进行下一轮的选聘工作。这样一个周期一个周期地进行调整，直到工资反映了工人的工作能力。

历年真题

答案解析
3.5—3.6

【3.5】对人力资本理论做出详细解释，并使其成为一种有影响的学术的学者是（　　）。

A. 费雪　　B. 沃尔什

C. 舒尔茨　　D. 丹尼逊

【3.6】辨析题：筛选假设理论又称文凭理论。

考点拓展3.3

重点提示

熟记五种关于教育与社会发展关系的理论。可以根据“名称—代表人物—基本观点”这个逻辑去整理与记忆。学习时，要注意根据某种特定的情境判断其属于哪一种理论。特别注意教育独立论的相关知识。本节内容一般会以选择题、简答题、辨析题的形式出现。

第二节　社会发展对教育的制约

教育本身的变化和发展以社会的变化和发展为条件，这是教育的根本特性之一。一般而言，教育的发展受社会的政治、经济、文化、人口、科学技术等因素的制约。

一、政治对教育的制约

政治是阶级利益的集中表现，决定教育的社会性质。在阶级社会中，统治阶级通过政治组织机构、法律形式和意识形态等的影响来对教育进行控制，具体地表现在下述几个方面：

（一）制约教育目的的确定

教育目的蕴含教育所培养的人的社会价值与身心素质两个方面。其中，人的社会价值是一定社会政治的反映，居于统治地位的阶级利用其拥有的立法权，借助一系列的教育法律、政策和规章来影响教育目的的确定，使教育目的与社会政治相一致。如美国公民教育中强调资本主义制度优越性教育、公民的权利与义务教育。[①] 在实施过程中，统治阶级利用其拥有的组织人事权控制教育工作者的教育行为，以使之符合教育目的要求。有时还利用经济手段、政策引导等来控制教育的方向。

答案解析3.7

历年真题

【3.7】美国公民教育中特别强调下列几点：资本主义制度优越性教育，公民的权利与义务教育。这说明教育受制于（　　）。

A. 政治　　B. 经济　　C. 文化　　D. 人口

（二）决定教育的领导权和教育制度

教育领导权是国家政权的有机组成部分，在任何国家中，某一个阶级、阶层或集团掌握了政权，就必然会对教育权进行控制。一般而言，可以通过组织手段和体制对

① 苏崇德．比较思想政治教育学［M］．北京：高等教育出版社，1995：23.

教育部门直接行使领导职能；可以通过任免教育部门的领导者和教育者来达到控制；也可以通过方针、政策、法规的制定来实现对教育领导权的控制。

从行政结构和管理权限的角度来看，一国的教育制度往往就是该国政治制度的翻版，有什么形式的政治制度必然会有什么形式的教育制度。此外，政治对教育制度的改革起着定向、驱动和支持的作用。

（三）制约受教育的机会与权利

什么人能受教育，受什么样的教育，都与社会政治直接相关。奴隶社会，受教育是奴隶主子女的专利；封建社会劳动者的子女极少有受教育的机会，即使是上流社会的子女，受教育的机会与权利也不平等，具有浓厚的等级色彩。资本主义社会，由于工业生产的要求，每个人都有受教育的权利，但享受教育的程度与机会仍然有差别。因为，政治直接决定教育资源在不同社会阶层、集团之间的分布，决定了特定社会中的教育机会和教育权利。

关于教育机会均等的问题，瑞典教育家胡森认为，就个体而言，“平等”可以有以下三个含义：第一，“平等”首先可能指个体的起点；第二，“平等”也可以指中介性的阶段；第三，“平等”还可以指最后的目标，或者是指这三方面的综合。具体地说，“平等”，首先是指每个人都有不受任何歧视地开始自己的学习生涯的机会，至少是在政府所办的教育中开始学习生涯的机会。其次，“平等”这一词还可以用于对待。也就是说，可以用不同的但都以平等为基础的方式来对待每个人，而不论其人种和社会出身如何。最后，在制定和施行教育政策时应列入一些措施，以使入学机会更加平等，进而使学业成就的机会更加平等。[①] 简言之，即入学机会均等、教育过程平等、教育结果平等。

（四）制约教育内容

“任何社会，为了能存在下去……必须紧密围绕保持其制度完整这个中心，成功地把思想方式灌输进每个社会成员的脑子里。”[②] 教育内容，特别是思想品德教育的内容直接与政治相连。任何国家都需要将主流意识形态、政治理念、伦理道德等方面的内容传递给下一代，而这些内容直接受制于国家的政治制度。一般而言，在学校中通过学科教学与学校管理来实现政治社会化。具体而言，一是统治者可以通过特定的形式将政治内容和要求渗入学校课程，学生通过课程学习而形成国家认可的政治思想品德；二是通过学校管理，学生在一定的伦理道德、行为规范的要求下形成符合社会政治规范的道德行为习惯。

---

① 胡森．平等——学校和社会政策的目标［M］//张人杰．国外教育社会学基本文选．上海：华东师范大学出版社，1989：193.

② 奥罗姆．政治社会学［M］//国家教委思想政治教育工作司组．比较思想政治教育学．北京：高等教育出版社，1995：12.

答案解析3.8

历年真题

【3.8】决定教育领导权和受教育权的主要因素是(　　)。
A. 社会生产力和科技发展水平　　B. 社会人口数量和结果
C. 社会文化传统　　D. 社会政治经济制度

考点拓展3.4

重点提示

在阶级社会，教育是具有阶级性的，所以教育必然受政治的制约。具体表现在制约教育目的的确定、制约教育的领导权和教育制度、制约受教育的机会与权利、制约教育内容的选择。学习时可能根据“教育为什么（目的）—教育怎样办（教育制度与管理）—受教育是谁（教育机会）—教些什么（教育内容）”这个逻辑去理解与记忆。

二、经济对教育的制约

经济是教育发展的物质基础，教育能否发展，以多快的速度发展等都取决于经济发展的规模与水平。经济对教育的制约主要表现在下述几个方面：

（一）经济水平制约教育发展的规模和速度

教育发展需要人力、物力、财力和时间，一个国家能为教育提供怎样的投入水平，不是由社会制度和人们的主观愿望决定的，其本质上是由社会的经济水平决定的。有多少人能够接受教育、接受什么类型的教育以及学科和专业的设置等都是由经济发展的速度和水平决定的。一般而言，经济发展水平与教育发展的规模与速度成正比，经济水平越高，教育发展的规模越大、速度越快，受教育的人更多，受教育的时间越长。

（二）经济结构制约教育结构

从农业经济到工业经济再到知识经济，必然导致产业结构、职业结构、就业结构、技术结构、消费结构与分配结构的变化。与之相对应，社会对各级各类人才的需求结构也会产生变化，进而引起各级各类教育的比例关系的变化。例如，随着我国经济结构的变化，我国的高等教育结构已经发生了重大的变化：从数量上来讲，已经从精英教育步入大众化教育阶段，并正向普及化阶段迈进；从层次上来讲，学术类大专层次的学校基本消失，而研究生层次的教育迅速扩展；从结构上来讲，高职高专类应用型专业得到长足发展。

（三）经济发展制约人才培养的规格

不同的经济结构与水平对人才的基本规格的要求也各不相同。在农业经济状况下，劳动的技术含量较低，因而对人才的规格要求也较低。进入工业社会后，由于大机器生产的需要，对人才提出了新的要求：掌握一定的科学技术技能，适应生产技术基础的变化和由社会结构变化所引起的产业结构变化、职业结构变化和就业结构变化。在知识经济背景下，则更强调人才的宽专业口径、基础知识、创造能力等。

（四）经济发展制约教育内容与手段

经济发展也对教育内容、手段和组织形式等都产生了影响。在现代背景下，外语、计算机等已成为基本的教育内容。在20世纪前，教学手段基本上是口语加板书，随着科学技术的发展，幻灯、投影、录音、录像、计算机、网络等现代教育技术广泛地应用于教育教学，有利于教育的普及和提高。

历年真题

答案解析3.9

【3.9】决定教育事业发展的规模与速度的最根本的因素是（　　）。

A. 政治因素　　B. 经济因素　　C. 人口因素　　D. 文化因素

重点提示

考点拓展3.5

经济发展制约教育的规模与速度、制约教育的结构，以及人才规格、教育内容与教育手段。学习时要注意对每个小点中的关键词的提取，如规模与速度、规格、内容、手段等。注意选择题和简答题。

三、文化对教育的制约

文化是一个众说纷纭的概念。美国人类学家玛格丽特·米德在1970年出版的《文化与承诺：一项有关代沟问题的研究》一书中将人类的文化划分为三种基本类型：前喻文化（Profigurative Culture）、并喻文化（Configurative Culture）和后喻文化（Post-figurative Culture）。

前喻文化，即所谓“老年文化”，是数千年以前原始社会的基本特征，事实上也是一切传统社会的基本特征。其基本特点是尽管有可能发生这样或那样的微弱变化，但人们的生活道路是无以改变的。在这种以前喻方式为特征的文化传递过程中，老一代传喻给年轻一代的不仅是基本的生存技能，而且还包括他们对生活的理解、公认的生活方式以及简拙的是非观念。这种文化强调年轻人向老年人学习。

并喻文化，从根本上来说是一种过渡性质的文化，它肇始于前喻文化的崩溃之际。先前文化的中断使年轻一代丧失了现成的行为楷模。既然前辈无法再向他们提供符合时代要求的全新的生活模式，他们只能根据自己切身的经历进行创造，只能以在新的环境中捷足先登的同伴为自己仿效的楷模，这就产生了文化传递的并喻方式。这种文化强调同代间的相互学习。

后喻文化，即人们所称的“青年文化”，这是一种和前喻文化相反的文化传递过程，即由年轻一代将知识文化传递给他们生活在世的前辈的过程。如果说在前喻文化（即传统社会）中，社会化的对象是社会中尚未成年的个人，那么，后喻文化则是一种不折不扣的“反向社会化”。在这一文化中，代表未来的是晚辈，而不再是他们的父辈和祖辈。①

尽管对文化的定义众说纷纭，但一般而言，广义的文化指人类在社会生产实践过程中创造的物质财富和精神财富的总和，包括价值观、规范准则、意义与符号、物质文化。狭义的文化主要指社会的精神文化，即社会的思想道德、科技、教育、文学、艺术、宗教、社会习俗及制度规章等的复合体。这里所说的文化指一般意义上的狭义文化。文化与教育密不可分，互为前提，具体表现如下：

（一）文化观念制约教育观念

文化观念是指在特定的文化环境中逐步形成的对自然、社会和人本身比较一致的观点和信念。教育观念是对教育现象、教育问题的认识、观点和看法。不同的文化观念制约和影响人们对教育的态度与行为。例如，日本和德国具有大工业意识，因而对教育十分重视，教育经费占国民生产总值的比例比较高；而英国则更多地把社会的发展归之于政治制度的作用，因而不是非常重视教育的发展对社会发展的作用。中国自古便有读书求仕、望子成龙的文化传统，因此，“万般皆下品，唯有读书高”的教育观在我国普遍流行。

（二）文化类型影响教育目标

社会的主流文化在某种程度上影响教育目标的制定。如在我国漫长的封建社会，以儒学为核心的伦理型文化一直占主流地位，因而在教育目标上强调“明明德，亲民，止于至善”，通过修己正人，达到“明人伦”。欧美文化基本上是一种知识型文化，认为“知识就是力量”，注重通过知识学习达到对真理的认识。另外，不同的政治文化类型导致教育目标的不同。官本位文化在我国具有悠久的历史，“建国君民”“学而优则仕”等曾经成为教育目标也就不足为奇了。

（三）文化本体影响教育内容

教育内容特别是学校教育的内容，一般都是从特定的文化中精选而来。因此，文化本体越丰富，教育内容选择的广度与深度就越大。如我国具有五千年的文明史，文化底蕴深厚，因而在人文教育的内容方面就有很大的选择空间。另外，不同的民族文化影响教育内容。例如，各民族都把本民族语言作为教育内容中必不可少的部分；我国古代重农抑商、追求仕途的传统文化导致教育内容主要以社会典章制度为主，很少有自然科学和生产知识。英国人比较崇尚人文精神，所以古典人文课程一直占有极高的比例。

（四）文化传统制约教育活动的方式

文化传统大体由价值体系、知识经验、思维方式和语言符号四部分个组成。这四

① 玛格丽特·米德．文化与承诺：一项有关代沟问题的研究［M］．周晓虹，周怡，译．石家庄：河北人民出版社，1987：译者序．

个部分的协调、配合，造就了不同的教育体系，而“教育体系又是每个民族的民族意识、文化与传统的最高体系”，它“重复地把上一代从祖先那里继承下来的知识传给下一代”。① 因而，不同的文化传统就有不同的教育活动方式，诚如美国教育人类学家斯宾德勒认为“一定社会特有的文化传统渗透于社会生活的各个方面，强烈地制约着教育过程的进行和人们养育子女的方式”②。

历年真题

答案解析3.10

【3.10】我国的中小学生家长比较认可“万般皆下品，唯有读书高”，因而热衷于将孩子送到各类课外班提前学习或补习学校中的各种科目。这些家长的行为主要是受(　　)。

A. 政治因素的影响　　　　B. 经济因素的影响

C. 人口因素的影响　　　　D. 文化因素的影响

重点提示

一个国家的文化传统制约教育观念、教育目的、教育内容与教育活动方式。学习时注意在理解的基础上记忆。这部分内容较多地以选择题、简答题的形式出现。

四、人口对教育的制约

人口是构成人类社会的基本要素，教育是延续人类的基本活动，因而人口的变化会直接制约教育的发展，这种制约主要体现在如下几个方面：

（一）人口数量

人口数量直接制约教育的发展与质量。首先，学龄儿童总量的变化直接导致教育投入、教师质量等一系列的连锁反应。中华人民共和国成立后，我国大部分年份人口出生率在20‰以上，每年新增人口2000多万人。因此，政府必须相应地增加教育经费、教师、校舍和设备等才能保证所有的学龄儿童都有书读，但这需要相应的经济发展来保证，如果经济发展达不到人口增长的需求，那么必然导致生均教育经费、教师等标准的降低，进而影响教育质量。其次，学龄儿童总量的变化直接影响教学组织形式。例如，由于我国学龄儿童的总量较大，所以只能采用大班制教学，而不能采用小班化教学，更加谈不上因材施教。最后，人口数量制约教学方法的选择。在我国的中小学课堂普遍采用讲授法，而很少运用讨论法。这不是我国的教师不会用，而是班额实在太大，采用讨论法收不到应有的效果。

---

① 联合国教科文组织．学会生存［M］．上海师范大学外国教育研究室，译．上海：上海译文出版社，1979：2.

② G. D. Spindler. Education and Culure Process［M］. N. Y.：Holt，Rinehart，and Winston，1974：279.

（二）人口波动

中华人民共和国成立以后，已经历了三次生育高峰期：1950—1958 年第一次生育高峰期，新增人口近 2 亿人；1962—1970 年第二次生育高峰期，出生人口 2 亿多人；1985—1993 年，第三次生育高峰期，新增人口近 1 亿人。三次人口高峰期给教育造成了一系列连锁反应：首先是幼儿入托、入园难，接着是上小学、中学难，继之出现高考的激烈竞争与就业难等问题。学龄人口迅速增加，这样不得不降格以求教师；校舍不够，只得办大班……教育质量难以保证，而且入学高峰期过后，超编人员的安置也非常困难。更严重的是这种高峰期一旦形成，不是造成一次性困难，而是呈现波浪起伏的运动状态，使困难重复出现。如 1962 年开始的第二次生育高峰期出生的人口，造成 1976 年开始的中小学生入学高峰，这批人将相继结婚生育，又会导致新一轮的生育高峰。

（三）人口结构

人口结构是指人口在年龄、性别、文化、技术、职业、阶级、地域、民族等方面的构成状况。人口结构的每个方面的结构变化都直接或间接地影响教育。例如，年龄结构代表幼儿园、小学、初中、高中、大学的适龄人口，各个年龄段的人口比例变化直接影响教育的布局与教育发展规划设计。又如，我国婴幼儿人口的性别比如下：1982 年为 108.47，1989 年为 111.92，2000 年为 116，2004 年 121.20，2009 年为 119.45，2010 年为 117.94，2011 年为 117.78。[①] 2013 年新出生人口性别比为 117.7，2014 年为 115.88，2015 年为 113.51。[②] 尽管性别比有所下降，但仍然远高于国际警戒线 107。性别比的失衡会导致诸多社会和教育问题，譬如，班级管理问题、教育方式方法选择问题、课程设置问题等。

（四）人口流动

人口流动对教育政策的制定、教育制度的改革、教育工作的开展等都会产生各种各样的影响。例如，我国在城市化进程中必然导致大量农村人口向城市流动，这样就给教育带来两个问题：一是流动人口本身的教育问题，二是流动人口子女（学龄期子女）的教育问题。自农村流入城市的民工，文化技术水平相对较低，因而需要接受各种各样的培训，但由于城乡二元化的格局，使他们很难享受到城市居民能够得到的教育。更严重的是流动人口的子女教育问题，由于父母的工作地点的不确定性、社会地位的不稳定性等，使得流动人口子女的教育很难有效地开展，人口入学难、失学率高、违纪率高等问题已经影响社会的和谐与安定，为此，我国政府制定了相关政策解决民工子女的教育问题。

---

① 2011 年全国人口和计划生育事业发展公报. [EB/OL]. 2012-07-10[2018-03-28]. http://www.china.com.cn/policy/txt/2012-07/01/content_25863636.htm.

② 根据国家统计局资料整理。

（五）人口分布

按各省（区）人口平均密度可分成四类地区：①非常稠密区：每平方公里人口在400人以上；②稠密区：每平方公里人口在200～400人；③较稠密区：每平方公里人口在100～200人；④稀少区：每平方公里人口在100人以下。整体而言，我国人口地区分布的特点是：东部多，西部少；平原、盆地多，山地、高原少；农业地区多，林牧业地区少；温湿地区多，干寒地区少；开发早的地区多，开发迟的地区少；沿江、海、交通线的地区多，交通不便的地区少。人口分布过密或过稀都会制约教育的发展。人口过密的地方，容易造成教育拥挤现象：学额过满、教学资源紧张、大班上课等。如有些发达地区的班级学生都达到七八十人，最多的超过100人，由此引起教学秩序混乱，教育质量下降。人口过稀的地方，则会造成教育人口分散，学生上学困难，使义务教育难普及。此外，容易造成学额不足，不得不采用复式教学、巡回教学等方式，这既不利于学生的身心发展，也制约着教育质量的提高。

教育尽管受上述各种因素的制约，但教育具有相对独立性。教育的相对独立性是指教育具有自身的规律，对政治经济制度和生产力具有能动作用。因为：①教育是一种转化活动的过程，它要解决的问题是把人类积累的生产斗争经验和社会生活经验转化为受教育者个体的精神财富，形成受教育者的个性，这是教育所独有的特点；②教育具有历史继承性，任何时代的教育都是基于历史的成就而建立的；③教育具有与政治经济制度和生产力发展的不平衡性，教育与政治经济制度和生产力的发展并非完全同步，或者超前或者落后。

历年真题

【3.11】在影响教育的诸多因素中，制约教育发展规模和速度的根本因素是(　　)。

A. 人口分布　　B. 生产关系　　C. 政治制度　　D. 生产力水平

【3.12】辨析题：教育具有自身的发展规律，不受社会发展的制约。

答案解析 3.11—3.12

重点提示

人口是制约教育的因素之一，人口数量、人口波动、人口结构、人口流动、人口分布等都在不同程度上制约教育的布局与教育管理。学习时，要注意对人口波动、人口结构、人口流动几个基本概念的理解，以便于应对相关的选择题。

考点拓展3.6

第三节　教育对社会发展的促进

教育对社会发展具有促进作用，这是不言而喻的，但“手持文凭出了中等学校的青年，拒绝农业工作，涌向城市，寻找他们认为比较‘现代’的职业，但是经济并不能为他们提供足够数量的职位”①。由此可见，教育对社会发展具有促进作用，但这种作用的发挥需要相应的条件。教育只有在特定的条件下才能发挥其社会功能。那么，教育具有哪些社会功能？大致而言，教育具有政治功能、经济功能和文化功能和人口功能。

一、教育的政治功能

教育的政治功能是指教育具有维系国家和社会政治稳定、促进社会政治发展的功能。政治功能是教育功能的重要组成部分，教育不可能超越政治。美国教育家范斯科德认为，在美国，“任何一级政府，教育不会超越政治以外”②。列宁宣称：“我们公开声明，所谓学校可以脱离生活，可以脱离政治，这是撒谎骗人。”③ 政治对教育具有制约作用，教育对政治又具有促进作用。教育的政治功能具体表现如下：

（一）维系社会政治稳定

任何国家、任何社会，教育都是其维护社会统治、维系政治稳定的基本途径之一。当然，法治是实施社会政治控制的重要手段，但法治本质上也是通过法治思想的教化而实现的。教育维系社会政治稳定主要通过两个路径：一是教育为社会培养各种政治人才，政治人才一般指社会各个部门、各个领域的领导者与管理者，这些政治人才都需要通过教育才能培养出来；二是教育培养具有一定政治素质的社会公民，即完成政治社会化。政治社会化，包括社会和个体两个方面。从社会方面来看，是指政治共同体内传播政治文化的过程，即社会培养、教育、训练社会成员接受社会现存的政治规范和政治意识形态，肯定现实政治制度，服从政治统治并参与政治生活的过程。在这个意义上，它是任何统治阶级有效传播主体政治文化、维护政治统治、稳定政治秩序的手段。从个体方面而言，政治社会化是一个从“自然人”转变为“社会人”，从而获得“政治人格”的过程。这实质上是个体获得政治文化的过程，或者说是“政治文化化”的过程，是个体社会化过程的一个组成部分。

（二）促进社会政治变革

从总体上来看，社会政治变革不断趋于前进与进步，教育则是促进社会政治变革的主要因素之一。教育促进社会政治变革的途径有三条：①通过教育普及促进社会政治变革。教育的普及，作为一种社会教育意识，表明社会政治的平等与开放。教育的普及蕴藏着一种变革社会、促进社会发展的力量。教育普及化水平的不断提高将更有力地推动社会政治的变革与进步。②教育通过传播先进的思想促进社会政治的变革。在现代社会，教育通过传播科学真理，弘扬优良道德，形成正确的舆论，同时产生进步的政治观念，以促进社会的进步与革新。教育的作用在于它能弘扬社会政治、思想、

---

① 让·托马斯. 世界重大教育问题［M］. 上海师大教育系外国教育研究室，译. 上海：上海师大印刷厂，1978：28.

② 理查德·D. 范斯科德，等. 美国教育基础——社会展望［M］. 北京师范大学外国教育研究所，译. 北京：教育科学出版社，1984：70.

③ 列宁. 列宁全集［M］. 北京：人民教育出版社，1990：175.

道德领域中的正面因素，抑制与抵制腐朽、落后的消极因素，从而为推进社会政治的先进化服务。③教育可以促进社会政治民主化。政治民主化是现代社会政治发展的必然趋势，这依赖于教育的推动。民主意识、观念的养成，非教育不能达到。民主意识又与科学意识紧密相关，缺乏科学知识素养也就无法提高民主的素养。所以，国家教育事业的发展和全体国民科学文化水平的不断提高是实现社会政治民主化的重要前提和保证。

历年真题

答案解析3.13

【3.13】辨析题：教育可以改变政治经济制度发展的方向。

二、教育的经济功能

教育的经济功能是指教育对一国经济增长和经济发展所起的促进作用。长期以来，人们较为注意教育的政治功能与文化功能，而不太重视教育的经济功能。一直到了1776年，英国经济学家亚当·斯密在《国富论》中首先把人们在学校中学到的“有用才能”看成是一种“固定资本”①，开始注意到教育的经济价值。后来，由于科学技术在生产中的广泛运用，教育的经济作用开始明朗起来，到了舒尔茨提出人力资本理论，认为教育投资的经济价值超过物力投资。从此以后，教育具有经济功能就成为人们的共识。在我国，到十一届三中全会以后开始注意教育的经济价值，到了1982年，在理论与实践上全面确认教育的经济功能。教育的经济功能具体表现为以下三个方面：

（一）完成劳动力的社会“再生产”

劳动力是指具有一定的科学知识与劳动技能的人，而这种知识与技能需要通过教育才能完成。一般来说，教育要完成劳动力的再生产需要做到三点：一是为社会提供一支研究与设计队伍，二是为社会提供一支能掌握与运用先进生产工具和生产方式的技术队伍，三是向社会提供一支与现代工业化水平相适应的生产和技术管理人才。

历年真题

答案解析3.14

【3.14】教育能够把潜在的劳动力转化为现实的劳动力。这体现了教育的（　　）。

A. 经济功能　　B. 育人功能　　C. 政治功能　　D. 文化功能

（二）进行知识“再生产”

考点拓展3.7—3.8

科学技术是第一生产力，但当科学技术还处于知识状态时，还没有物化为生产工具时，还没有为劳动者所掌握时，只能是一种“潜在的生产力”。要使科学技术为劳动者所掌握，并转化为直接的、现实的生产力，必须凭借教育的传递。

（三）更新知识与社会生产技术

在古代社会，生产技术的更新主要依靠劳动者在生产劳动中的经验与创造；近代

① 方展画. 高等教育学［M］. 杭州：浙江大学出版社，2000：44.

社会中，科研对生产技术的更新起着关键性的作用，但学校直接介入科研的情况并不多；现代社会中，尤其是20世纪50年代后，教育与科研、生产的关系日益密切，教育成为科技更新的重要因素。

三、教育的文化功能

教育与文化是相辅相成的，教育以传播、继承与发展文化为己任，文化通过教育得以世代相传，不断地得到继承和革新，从而推动文化的发展与社会的进步。教育的文化功能具体表现为下述几个方面。

（一）传递—保存文化

教育传递着文化，它使人类能迅捷、经济、高效地占有前人所创造的精神文化财富的精华，迅速成长为具有摄取、鉴赏、创造文化能力的“文化人”。与此同时，教育将人类的精神文化财富内化为个体的精神财富，这样，人类的精神财富便找到了最安全且具有再生功能的“保险库”，教育也就具有了保存文化的功能。传递—保存，是教育最基本的文化功能。社会通过教育将前人所积累的生产生活经验、伦理道德规范、科学技术知识，有计划地传递给下一代人。正是由于教育活动，人类的文化才能一代又一代地承接下去而不致中断。

（二）传播—丰富文化

文化的传播，一般是指某一社会文化共同体的文化向另一社会文化共同体的传输过程，是单向的；而文化的交流，则是两个或两个以上文化共同体的文化相互传播，是双向的或多向的。文化的交流，对于交流双方来说都是自我超越的过程，都是向自身灌注生命力和新鲜血液的过程。教育作为传播—丰富文化的重要手段和途径，也就具有了丰富文化的功能。教育使人学会更好地进行交流，并从人与人之间的交流中吸取益处。在文化交流与教育之间，存在一种日益发展的相互补足的关系。

（三）选择—提升文化

所谓文化选择，是对某种或某部分文化的撷取或舍弃。教育对文化的选择是按照一定的社会需求及教育本身的特性进行的。在这两方面价值取向的指引下，正确、合理的文化选择，将大大加速教育与文化的发展，在教育活动中使受教育者迅速而有效地吸收文化营养，内化为个人的财富，并在社会活动中运用其财富加速社会前进的步伐；相反，不负责任、草率的文化选择，其结果将适得其反。教育对文化选择，是文化进步的一个重要的内在机理，因而教育对文化也具有提升的功能。教育对文化的选择意味着价值的取舍与认知意向的改变，并且是为了文化自身的发展与进步。学校教育在本质上就是一种文化价值的引导工作。它撷取文化的精华作为教育的内容，提供适应社会发展需要的观念、态度与知识、技能，并通过一整套价值标准和评价手段进一步保证和强化这种选择的方向性。

历年真题

【3.15】教育可以“简化”文化，吸取其基本内容；教育可以“净化”文化，消除其不良因素，这体现了教育对文化具有（　　）。

答案解析3.15

A. 选择功能　　B. 发展功能　　C. 传递功能　　D. 保护功能

（四）创造—更新文化

不断地创造和更新是文化的生命力的体现。任何文化，只有不断推陈出新，才能源远流长、生生不息、发展壮大。文化可以分为物质、制度和心理意识三个层面，它们分别构成文化的表层、中层和深层结构。文化诸层面的发展变化与教育密不可分，而尤以对深层结构的影响为甚。我国近代史的发展表明，技术设备的引进、社会制度的变革，如果不伴以必须由教育而形成的人的心理素质及各种观念的现代化，文化的发展、社会的进步就只能是一个发育不全的畸胎，前两个层面的发展也必不能持久，并不免流产。①

四、教育的人口功能

人口一般是指居住在一定区域内的人的群体。教育的人口功能是指教育对人口，诸如控制人口数量、提高人口质量等方面的积极作用，具体表现在下列几个方面：

（一）减少人口增长

人口增长受多种因素影响，教育是其中因素之一。首先，教育程度影响初婚年龄。随着社会的发展、就业竞争压力的加剧，人们接受教育的年限越来越长，初婚的年龄自然而然地被推迟，生育周期被延长。而且受教育程度越高，结婚年龄越往后推迟。其次，受教育程度影响生育观念。我国自古有多生多育、早婚早育的传统，但随着经济的发展、人们受教育程度的提高，人们的生育观念也发生了变化。因为受教育程度越高，人们就越有可能获得良好的工作机会，更加重视自身的生活质量，所以更多的受过良好教育的群体选择少生、晚生甚至不生。

（二）提高人口素质

人口素质是由人口的身体素质、科学文化素质和思想品德素质三个方面的内容构成的，它们都与教育息息相关。首先，人口质量的量化指标是以受教育程度来体现的，如每万人中的大学生数量、普及教育程度、青壮年文盲率等；其次，人口质量是靠教育来提高的，不管是身体素质、文化素质还是道德素质都需要通过教育来实现。

（三）改善人口结构

人口结构包括人口的自然结构与社会结构。自然结构指人口的年龄、性别等方面的比例。社会结构指人口的阶级、文化、职业、地域、民族等方面的比例。教育可以

① 张应强．现代化的忧思与高等教育的使命［J］．高等教育研究，2001 年增刊：52-56.

使人口的结构合理化，即使人口结构有利于社会生产和人口的自然平衡。教育可以改变人们的“重男轻女”的传统意识，从而降低女胎的流产率，进而调整新生儿的性别结构。研究表明，教育与死亡率成反比例关系①，生育率与死亡率的改变，不可避免地会改变人口的年龄结构。教育可以改变城镇人口的比重，其中一部分受过良好教育的人可以进入城市，另外，通过普及农村教育，提高农村人口素质，从而为农业人口就地完成城镇化提供可能。至于教育对人口的职业结构的影响则更为明显，因为教育是人们实现职业变动的重要前提。

（四）促进人口流动

人口流动一般有三种类型：一是城乡之间的流动，二是国内贫困地区向发达地区的流动，三是不发达国家向发达国家流动。人口有计划的合理流动，对适应生产力发展和资源开发，促进地区间文化技术的交流、合作与发展都具有积极意义。受过教育的人口更容易流动，因为发达地区或国家一般缺乏的是具有一定专业知识与技术的人才，而且受过教育的人不易受本土观念的束缚，他们更想到最适合发挥自己才能的地方去工作。另外，文化教育发达的城市和地区更吸引迁移人口，因为发达的经济、先进的科技是吸引迁移人口的重要因素。其实，教育本身就是一种人口流动。因为教育，特别是高等教育如同一个人才集散地，先把各地的人才收拢、加以培养，然后根据社会发展的需要、学习者的志愿和特长，再把他们输送出去，从而实现跨区域的人才流动。

重点提示

教育具有政治功能（维系稳定、促进变革）、经济功能（劳动力再生产、知识再生产、更新知识与技术）、文化功能（传递—保存文化、传播—丰富文化、选择—提升文化、创造—更新文化）和人口功能（减少人口增长、提高人口素质、改善人口结构、促进人口流动）。学习时，特别注意文化功能与人口功能。

本章小结

在社会发展中，教育到底处于什么地位？教育是万能的还是无能的？凡此种种问题，各家各派自有不同的观点。尽管观点众说纷纭，但有一点是共同的：社会发展制约教育发展，同时教育对社会发展又具有促进作用，是一种互为依存、相互作用的关系。政治制度、经济状况、文化传统、人口情况等都制约教育的发展，但教育又能对政治、经济、文化和人口产生积极的作用。但这种作用并不是在任何时候都能发生，而要视客观环境而定。在当下社会产生诸多变化的背景下，教育要更好地发挥其应有的作用需要从宏观与微观上做出调整。

① 刘铮．人口现代化与优先发展教育［J］．人口研究，1992（2）：5-7.

☞ 本章要点回顾

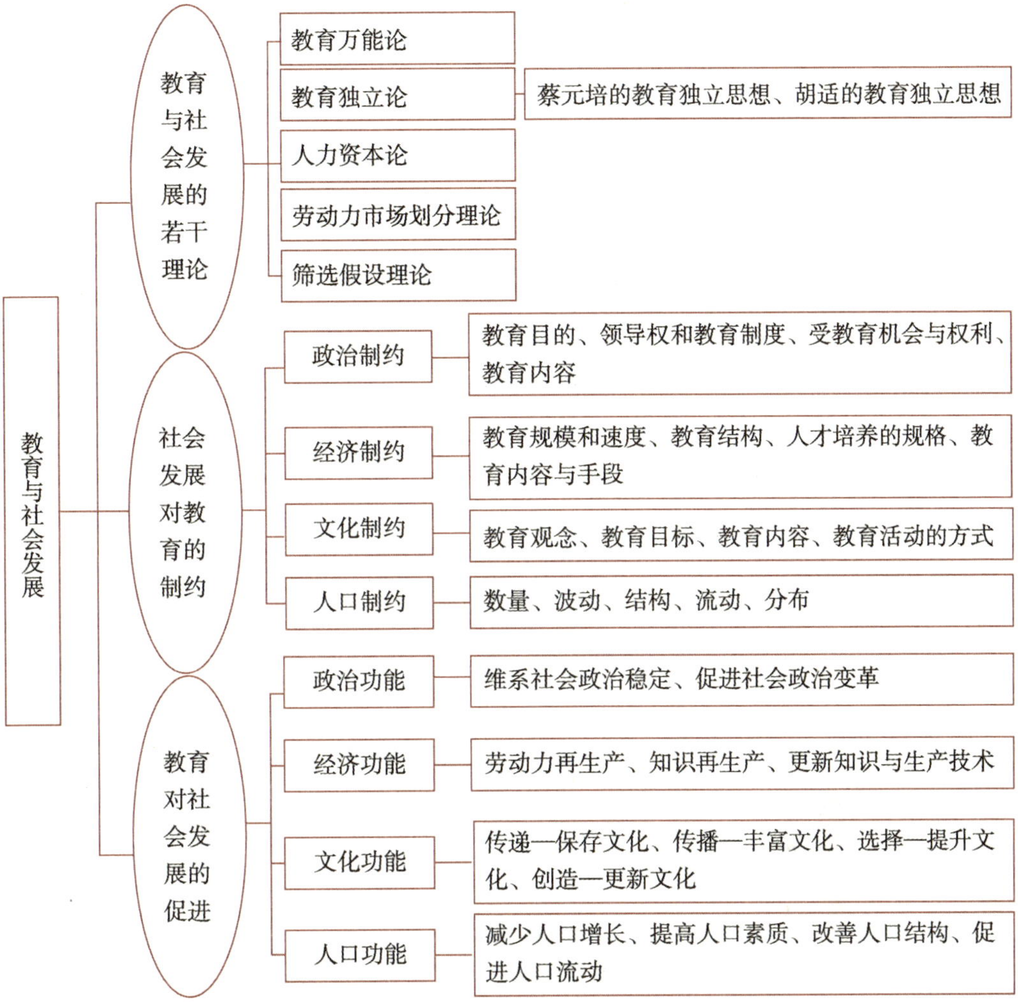
教育与社会发展
教育与社会发展的若干理论
教育万能论
教育独立论
蔡元培的教育独立思想、胡适的教育独立思想
人力资本论
劳动力市场划分理论
筛选假设理论
社会发展对教育的制约
政治制约
教育目的、领导权和教育制度、受教育机会与权利、教育内容
经济制约
教育规模和速度、教育结构、人才培养的规格、教育内容与手段
文化制约
教育观念、教育目标、教育内容、教育活动的方式
人口制约
数量、波动、结构、流动、分布
教育对社会发展的促进
政治功能
维系社会政治稳定、促进社会政治变革
经济功能
劳动力再生产、知识再生产、更新知识与生产技术
文化功能
传递—保存文化、传播—丰富文化、选择—提升文化、创造—更新文化
人口功能
减少人口增长、提高人口素质、改善人口结构、促进人口流动

第四章

教育与人的发展

☞ 学习完本章，应该做到：

◎ 准确识记并理解人的身心发展的一般规律；
◎ 熟记影响人的身心发展的主要因素及其作用，并能结合实例进行评析；
◎ 熟记学校教育在人的身心发展中的作用，并能进行合理的评析与阐述。

☞ 学习本章时，重点内容为：

了解并理解人的身心发展的一般规律，侧重记忆每一种规律的特点及其对教育的要求；同时，从整体上充分理解并把握影响人的身心发展的主要因素，特别是对遗传、环境、个体因素对个体发展的不同作用及其相互关系；理解并学会运用学校教育在人的身心发展中的主导作用，尤其是学校教育在促进人的个性化和社会化过程中的作用，在此基础上，能够进一步理解学校教育促进个体发展的前提和条件。

☞ 学习本章时，具体方法为：

本章按照人的身心发展的一般规律与影响人的身心发展的主要因素两条主线展开。前者的学习，可以根据人的身心发展的顺序性、阶段性、不均衡性、个别差异性、稳定性和可变性的线索梳理相关要点；后者的学习，可以根据目前教育学研究领域普遍认同的影响人的身心发展的遗传、环境、个体及学校教育几个主要因素展开，特别要注意学校教育在人的身心发展中的作用。

【引子】

他们为什么劫杀教师?

2015 年 10 月 18 日，湖南省邵阳市发生一起未成年人劫杀女教师事件，三名涉案儿童最大的 13 岁，最小的仅 11 岁。事发当日上午，三人一同坐车到网吧上网。中午的时候，三人便从学校东侧围墙爬入，发现学校只有一名女老师李某守校，便商量抢劫老师的钱，并将其打死。在找到钱财后，三人将李某的尸体藏在其卧室的床底，再将现场的血迹清理后逃离现场。同年 10 月 22 日，湖南长沙再现杀师案，15 岁学生因不满教师制止其外出上网而持刀将其捅死。接连发生的暴力犯罪事件，凶手竟然都是十几岁的孩子，但他们的作案手法残忍，案发后所呈现出的那种与年龄不相符的淡定让人感到震惊。在对这些未成人罪犯加强惩戒的同时，教育和救助应成为预防青少年犯罪的另一道重要防线。我们看到，湖南邵阳案中有两个孩子为留守儿童，父母常年在外打工，家庭教育严重缺位。而另外一些涉案的孩子或是因为父母感情不和缺乏交流，或是由于住校缺乏父母管教。无论何种原因，正是缺乏教育和引导，使得这些孩子过早沾染上了不良行为，甚至走上违法犯罪的道路。家庭教育本应是第一位的，如何帮助和弥补这些孩子的教育缺失，让孩子的受教育渠道变得畅通显得尤为重要。一方面，应利用学校这个教育平台，通过开设法治课、思想品德课，提供心理健康疏导，组织班团活动等各种形式，引导孩子建立正确的人生观和价值观，特别是要了解和掌握基本法律知识，认识到违法犯罪行为的性质及应当承担的后果。另一方面，需要通过专业的社会服务组织和人员建立对问题儿童的长效帮扶机制。青少年暴力犯罪看似案情简单，但其折射出的问题却并不简单。是非观尚未成型的少年，亟待全社会共同筑牢预防犯罪的防线，不仅要从法律的制定与修订入手，更要注重日常的监管执法；在呼吁家庭教育跟上的同时，也要让学校教育和社会教育的沟通渠道畅通。[①]

每个孩子都是独特的个体，每个孩子的成长都有着别样的轨迹，影响孩子成长的因素有很多，有遗传因素、环境因素、个体因素等。仁者见仁，智者见智，在上述案例中，方芳老师认为，预防青少年犯罪，要让家庭教育、学校教育和社会教育三位一体，协同努力。那么，你认为个体的成长与发展会受到哪些因素的影响呢？你是如何认识个体的身心发展规律的呢？下面，根据本章内容的知识逻辑来探寻教育与个体发展的相关问题。

第一节 人的身心发展的一般规律

教育要想真正促进个体发展，教师要想有效引导学生的成长，就要了解人的身心发展具有哪些规律，在此基础上，方可进一步探讨教育如何适应这些规律。只有遵循人的身心发展规律，教育才能发挥对人的身心发展的影响与促进作用。一般而言，人的身心发展具有顺序性、阶段性、不均衡性、个别差异性、稳定性和可变性的基本规律。

一、顺序性

（一）人的身心发展的顺序性

所谓人的身心发展的顺序性，是指人的发展是一个由低级到高级、由量变到质变的连续不断的过程。[②] 这样的一个过程具有一定的顺序，例如，人的身体是由简单到复杂、由各个器官按照一定的顺序排列在一起，共同完成一项或多项生理活动的结构系统。人的身体发展具有头尾律和中心四周律。头尾律，是指由头部、躯干向四肢发展；中心四周律，是指由身体的中心部位向边缘方向发展的顺序过程。在人体内起主导作用的神经系统，内、外环境的各种信息由感受器接收之后，通过周围神经传递到脑和脊髓的各级中枢进行整合，再经由周围神经控制和调节机体各系统器官的活动，以维持机体与内、外环境的相对平衡。因此，神经活动是遵循一定顺序的。又如，众所周

① 方芳．青少年暴力犯罪暴露执法和教育软肋［N］．中国教育报，2015-10-28（02）．题目为编者所加。

② 王北生．当代教育基本理论论纲［M］．北京：人民教育出版社，2012：252.

知循环系统是生物体内的运输系统，其中，肺循环（小循环）的顺序是：右心室—肺动脉—肺部毛细血管网—肺静脉—左心房；体循环（大循环）的顺序是：左心室—主动脉—各级动脉—各级毛细血管网—各级静脉—上/下腔静脉—右心房。再如，人的心理活动也是按照一定顺序进行的，人的心理活动都有一个发生、发展、消失的过程；人的思维是由具体形象思维向抽象逻辑思维发展的；人的记忆则是从机械记忆逐渐发展到意义记忆等。

答案解析4.1

历年真题

【4.1】人的身心发展具有两条规律：中心四周律和头尾律。这说明人的身心发展具有(　　)。

A. 顺序性　　B. 阶段性　　C. 差异性　　D. 不平衡性

因此，人的身心发展是朝着一定的方向不断地发生变化，这个变化过程具有其自身的内在逻辑与特定顺序。外部环境因素的影响要建立在人的身心发展的特定顺序之上，既不要改变其发展方向，也不要打乱其发展顺序，只有遵循人的身心发展的顺序性这一客观规律，才能对个体发展进程起到推动与促进作用。

（二）教育如何适应人的身心发展的顺序性

人的身心发展是具有内在的、有序的、一定方向性的变化过程，教育只能在遵循这一客观规律的基础上，起到促进或加速这一发展进程的作用。我国第一部比较系统完备的教育著作《礼记·学记》提出：“不陵节而施之谓孙（xùn）”，意思是不超过人的接受能力而进行教育（教学），就叫作合乎顺序。我们在向不同的人群尤其是青少年进行教育时，则须遵循由浅入深、由易到难、由具体到形象、由简单到复杂、由低级到高级的顺序，根据人的身心发展的程度及所具备的接受能力，逐步地展开，有节奏地进行。否则，就难以达到教育所期望的目标，甚至会给青少年身心的健康发展带来不利影响。例如，大家所熟知的“揠苗助长”的故事也告诉我们，违反事物的发展规律，急于求成，反而坏事；仅仅靠教育者的美好愿望、一厢情愿与冲动热情是不够的，可能还会事与愿违。因此，教育要遵循人的身心发展的顺序性规律。正如卢梭所言：“如果我们打乱了这个次序，我们就会造成一些早熟的果实，它们长得既不丰满也不甜美，而且很快就会腐烂：我们将造成一些年纪轻轻的博士和老态龙钟的儿童。儿童是有他特有的看法、想法和感情的；如果想用我们的看法、想法和感情去代替他们的看法、想法和感情，那简直是愚蠢的事情；我宁愿让一个孩子到十岁的时候长得身高五尺而不愿他有什么判断的能力。事实上，在这种年龄，理性对他有什么用处？他阻碍着体力的发展，儿童是不需要这种阻碍的。”①

① 卢梭．爱弥儿［M］．李平沤，译．北京：商务印书馆，1996：91.

二、阶段性

（一）人的身心发展的阶段性

人的身心发展的顺序性，并不代表人的身心是以匀速的、直线上升的趋势发展的。作为一个复杂的生命体，一个人从出生到成人，其身心发展呈现出明显的阶段性特征，即一个人的身体和心理的某个方面，在某个特定的年龄阶段往往会出现发展的高峰期或低谷期，显示出这个年龄阶段的典型特征。①

在日常生活中，我们每个人都能够从自身和他人的生命历程中，感知生命的发展变化，同时感受到人生发展是有阶段性的。我们经常说，婴儿、幼儿、儿童、少年、青年、中年、老年是人生不同的发展阶段。不过，在对人的发展研究历史上，思想家、教育家从不同的角度，根据不同的标准，给予了人生阶段的不同划分，不同的划分阶段呈现出不同的特征。

比如，夸美纽斯根据儿童身心发展的顺序，在《大教学论》中把儿童受教育的过程分为四个时期，分别是：婴儿期（0～6岁）、儿童期（6～12岁）、少年期（12～18岁）、青年期（18～24岁），与之相应地设立四级学制。② 皮亚杰把儿童的心理发展分为四个阶段，即感知运动阶段（0～2岁）、前运算思维阶段（2～7岁）、具体运算思维阶段（7～12岁）、形式运算阶段（12～15岁）。③ 而孔子以“吾十有五而志于学，三十而立，四十而不惑，五十而知天命，六十而耳顺，七十而从心所欲，不逾矩”为自述，以相应的人生年龄年段所达到的发展水平给予了人们进行衡量的标准参考，孔子对人生的认识深深地启迪了后人。

（二）教育如何适应人的身心发展的阶段性

由于人在不同的阶段具有不同的身心发展特点，在教育活动中，就需要从学习对象（教育对象）的身心发展实际出发，根据不同年龄阶段的、不同发展阶段的学生的学习需要，提出不同的学习发展目标，选取不同的教育内容和学习任务，并采取相适应的教育方式和具体方法，进行有针对性的教育。朱熹把教育分成“小学”和“大学”两个阶段，这个分段是以年龄和智力发展为准的，因此在学习内容和培养要求上也有所不同，然而两个阶段又是有机联系的。他认为，8～15岁是小学阶段，教学内容是“学其事”，如事君事父兄等事，从洒扫应对进退开始；大学阶段，是15岁以后，要在小学“学其事”的基础上以“明其理”，按照格物、致知、正心、诚意、修身、齐家、治国、平天下的步骤，使其“明明德”，最后达到“止于至善”的目的。这种由近及远，由简单到复杂，由具体到抽象，考虑到年龄特点的意见，在中国古代教育理论中值得重视。④ 卢梭以“爱弥儿”为理想的教育对象，把人从出生到成熟分为四个阶段，每个阶段则给予相适应的教育。第一个时期是婴儿期（出生～2岁），着重对儿

---

① 王北生．当代教育基本理论论纲［M］．北京：人民教育出版社，2012：253.
② 李申申．简明外国教育史［M］．开封：河南大学出版社，1997：35.
③ 林崇德．发展心理学［M］．北京：人民教育出版社，1995：54.
④ 王炳照．简明中国教育史［M］．北京：北京师范大学出版社，1997：168-170.

童的养育、养护和锻炼，应注意体育保健，因此又称体育保健期；第二个时期是儿童期（2～12 岁），着重引导儿童观察、体验、模仿，应注意儿童感觉器官的发展，以身体训练和感觉训练为主，被卢梭称为理智睡眠时期；第三个阶段是少年期（12～15 岁），主要进行智育和劳动教育，发展儿童的智力和动手操作能力，以便形成清晰、明确的观点；第四个时期是青年期（15 岁～成年），此阶段应注重德育和宗教教育，卢梭称这个时期为“暴风雨和热情的时期”。①

需要指出的是，虽然人的身心发展呈现出阶段性特征，但不同的发展阶段并不是彼此孤立而是相互关联、相互影响的。因此，针对不同年龄阶段特征进行教育，并不意味着只对人的身心某一方面的发展施加影响，而是把人置于一个整体的、连续的发展体系之中，着重对某方面的发展予以促进②。

答案解析4.2

历年真题

【4.2】简述皮亚杰的个体认识发展阶段。

三、不均衡性

考点拓展4.1

（一）人的身心发展的不均衡性

人的身心发展的不均衡性，主要表现在两个方面：第一，组成有机体的同一方面在不同时期有着不同的发展速度，在不同年龄阶段的成熟程度是不均衡的；第二，不同方面的发展有早有晚，在不同年龄阶段成长发展的速度也是不均衡的。简而言之，就是同一方面不匀速，不同方面不同步，身体各部分的生长及发展速度并不是匀速的。

人的身体的生长发育速度在各时期和各方面是不均衡的，其中存在两个显著的加速期：第一个加速期是从出生到两岁左右，在人生的最初几年里，是身体发育的第一个高峰期，身高与体重成倍增长；第二个加速期是从十四五岁左右的青春期，这是人的身体发育的第二个高峰期，其显著特征是身高体重陡增，第二性特征开始出现。伴随两个发展加速期共同出现的，是人的心理发展与身体发展之间的不均衡。比如，我们常常看到一些中学生的身高、体重等身体特征接近于成人，但是实际上，他们的心理发展可能尚未达到与身体发展相适应的成熟程度。人的身心发展的不均衡性，尤其是青少年身心发展的不均衡性，是教育中值得关注与研究的问题。

（二）教育如何适应人的身心发展的不均衡性

由于人的身心发展的不均衡性，要求教育要进行有针对性的教育，抓住“关键期”教育。正如《礼记・学记》所述：“当其可之谓时……时过然后学，则勤苦而难成。”如果抓住了人在身心发展过程中的最佳时期，则会在人的某一发展方面达到效率最大和水平最高的状况；如果错过了发展的最佳时期和关键期，并不代表以后就不可能再

① 李申申．简明外国教育史［M］．开封：河南大学出版社，1997：187-188.

② 王兆生．当代教育基本理论论纲［M］．北京：人民教育出版社，2012：253.

达到相应的水平和能力，只是意味着若要达到同样的发展水平和能力，就要付出更多的艰辛与努力，就要面对更多的困难，容易产生事倍功半的效果。因此，教育不能错过个体身心发展的关键时期；在恰当的时机，给予个体及时和适当的教育，则会产生事半功倍的教育效果。

四、个别差异性

（一）人的身心发展的个别差异性

人的身心发展具有顺序性、阶段性、不均衡性等整个发展过程和每个发展阶段的共性特征，又由于人的遗传素质、所处环境、所受教育及个体主观能动性的不同，因而呈现出具体的个性特征，存在身心发展的个别差异性。

人的身心发展的个别差异性，主要体现为：①相同年龄阶段的不同个体在同一方面的发展速度和发展水平各不相同。主要表现在个体的身高、体重、认知水平、情感能力、记忆品质、行为能力、思维水平等方面都是各不相同的。比如，两个同为6岁的儿童，其中一个儿童的语言表达能力已经是词汇丰富、语言生动、清晰流利了，而另一个儿童说话还吞吞吐吐，不能进行流畅的表达，词汇也比较贫乏。②同一个体身心的各个方面的发展具有差异性，比如，有人擅长舞蹈，但是绘画能力较差；有的人擅长理性思维，但形象思维能力较差；有的人情感能力发展速度较快，而智力发展却相对滞后。

（二）教育如何适应人的身心发展的个别差异性

人的身心发展的个别差异性提醒我们，人的发展过程是一个非常复杂的过程，在发展过程中受到各种因素的影响与制约，难以用统一标准进行衡量和把握。对青少年来讲，教育尤其是学校教育甚至是家庭教育，归根结底就是最大限度地帮助青少年挖掘潜能、发挥潜力，充分张扬其个体价值和个性品质，促进个体生命价值的充分实现。因此，教育要适应人的身心发展的个别差异性，充分认识每个人所存在的个别差异，有的放矢、因材施教，发挥每个个体的内在潜力和积极因素，弥补个体的不足和短板，正所谓“教也者，长善而救其失者也”。通过每个学生获得最大程度的发展，从而提高教育质量，提升智力发展水平和人才培养质量。

历年真题

答案解析
4.3—4.5

【4.3】人的身心发展有不同的阶段，“心理断乳期”一般发生在（　　）。

A. 幼儿阶段　　B. 青少年阶段　　C. 成年阶段　　D. 老年阶段

【4.4】儿童的身心发展存在高速发展期，某一时期某方面的发展特别迅速而在其他阶段相对平稳。这一现象体现了儿童身心发展的（　　）。

A. 顺序性　　B. 阶段性　　C. 个别差异性　　D. 不平衡性

考点拓展
4.2—4.4

【4.5】高一（2）班班主任王老师在班级教育教学过程中，从来不采取“一刀切”的办法，因为他深刻地认识到人的身心发展具有（　　）。

A. 阶段性　　B. 连续性　　C. 差异性　　D. 顺序性

五、稳定性和可变性

（一）人的身心发展的稳定性和可变性

一般情况下，在相同的环境和教育条件下，人的身心发展具有一定的稳定性。比如，同一年龄阶段的青少年在身心发展方面总是呈现出共同的特征。具体而言，人的身心发展的稳定性主要表现为年龄阶段的顺序大体都是稳定的、共同的，同一年龄阶段在诸多方面的发展变化过程大体上也是稳定、共同的，并不是变化无常的。但是，这种稳定性并不是绝对、一成不变的，而是相对的，在条件变化的情况下，某些年龄特征会在一定条件的范围内发生变化。例如，各个年龄阶段的特征会在一定程度上交叉，即在某一年龄段之初，可能还保留着大量的前一段的年龄特点；而在这一年龄阶段之末，也可能产生较多的下一年龄阶段的特点。①

此外，人的身心发展还具有互补性。互补性是指机体某一方面的机能受损或缺失后，可通过其他方面的超常发展得到补偿。比如，眼睛失明的人，可能他的听觉能力比较敏感；丧失听觉能力的人，可能他的视觉能力比较敏锐。正是因为互补性，才使得缺陷教育或特殊教育成为可能，也成就了许多身残志坚的人，他们虽然身体残疾，但是意志坚强、才华横溢、卓尔不群。

（二）教育如何适应人的身心发展的稳定性和可变性

教育要适应人的身心发展的稳定性和可变性，就应该做到：一方面，教育要根据每个年龄阶段的比较稳定的共同特征来确立教育目标、安排教育内容、选择教育方式与教育方法，应避免从教育者的主观愿望出发，忽略年龄特征的需要来安排教育活动；另一方面，在教育过程中要充分利用人的身心发展的可变性规律，积极创造有利于个体发展的条件，充分挖掘潜能，促进个体向更高的水平发展。美国著名行为主义理论家华生曾说："给我一打健康的婴儿，并在我自己设定的特殊环境中养育他们，那么我愿意担保，可以随便选择其中一个婴儿，把他训练成为我所选定的任何一种专家——医生、律师、艺术家、小偷，而不管他的才能、嗜好、倾向、能力、天资和他祖先的种族。不过，请注意，当我从事这一实验时，我要亲自决定这些孩子的培养方法和环境。"② 这种观点虽然夸大了教育的作用，但它从另一个侧面反映出儿童的可塑性。

重点提示

人的身心发展具有顺序性、阶段性、不均衡性、个别差异性、稳定性和可变性等客观规律。教育要遵循人的身心发展规律，适应人的身心发展规律的需要。学习时注意掌握每个规律的特点，并要理解教育如何实现对每个规律的遵循与适应。

---

① 戴国明．教育学教程［M］．开封：河南大学出版社，1999：83.

② Watson，J. B. Behaviorism［M］. Chicago：The University of Chicago Press，1930：104.

第二节 影响人的身心发展的因素

一个人的成长与发展是一个复杂的过程，在这个过程中受到各种因素的影响。对影响人的身心发展的因素及其作用的探讨，也是教育学领域的一个重要的研究课题。根据已有研究我们可知，个体的身心发展受诸多因素的影响，其中主要因素有：遗传、环境、教育和主观能动性（个体因素）。

一、遗传因素在人的身心发展中的作用

（一）遗传因素是人的身心发展的必要条件

遗传是个体从上一代继承下来的生理特点，表现在机体结构、形态特征、感觉器官、神经组织类型等方面性状相似，比如，父母的肤色、身高、眼睛、鼻子、胖瘦等外貌特征遗传给孩子。对于人的身心发展而言，遗传因素则是必要的基础和前提；如果没有遗传因素带来的自然条件，就没有人的身心得以发展的可能性。一个人如果生下来就双目失明，那他就无法看到色彩斑斓的世界，也就难以成长为一个画家；如果一个人生下来就双耳失聪，那他就无法听到美妙的音乐，也难以成为一个音乐家；如果一个人生下来就是先天性的大脑损伤，或许他就难以正常地进行抽象思维或肢体运动，也难以成为一个科学家或运动员。正是因为遗传因素为人的身心发展提供了物质基础和生理条件，人们在后天的环境及教育的影响下，通过个人的不断努力，才可以进行高级的和复杂的学习与思维活动，做出充满人类智慧的发明和创造。

在一般情况下，遗传因素为人的身心发展提供了生理基础和可能条件，但是如果离开了后天的社会生活和教育环境，人的知识、才能、思想、观点、性格、品质等方面就无法得以正常的形成，遗传因素带给人的身心发展的可能性就不能变为现实。例如，“狼孩”的故事，就说明了这个问题。“狼孩”生下来时具备人的正常生理基础，但是由于被狼叼走了，在狼窝里长大，便形成了狼的习性，因而其作为人的正常的身心发展也就受到了很大的影响。因此，遗传因素对人的身心发展不具有决定性作用。但是，在遗传的一些非常态情况下，对于缺陷儿童或低能儿童，遗传因素是具有决定性作用的。

对于每个人而言，遗传因素都是独一无二的。根据遗传学的研究，遗传基因中的核糖核酸（RNA）和去氧核糖核酸（DNA）的排列结构及其活动类型，与人的身心发展有着密切的关系。比如，遗传因素的差异反映到神经活动类型上，新生儿的表现就有差异。有的新生儿喜欢安静，容易入睡；有的新生儿则表现出好动，难以入睡。再长大一点，一些婴儿对外界事物的反应较为敏感、迅速，而有些婴儿的反应则较为迟缓一些；一些婴儿的关注力较为持久，而有些婴儿则容易转移注意力，等等。因此，遗传因素的差异，对人的身心发展是有影响作用的。

（二）遗传因素在人的身心发展中具有可塑性

随着后天的环境、教育及个体因素的共同作用，人的遗传因素会发生变化。这是由于人所处的环境、获得的状态及方式可以促进或阻碍人的某些遗传因素的作用。比如，随着生活条件的提高，现在的婴幼儿、青少年相比以前的孩子而言，其身高、体重有所增加，性成熟期和智力的发展水平也有所提前。如果人们长期进行某一方面的技能训练，可以使大脑相应方面的反应能力有所提高。又如，粉刷技工、印染技工对颜色的辨别和把握能力超过一般人，酿酒专家、美食大厨对味道就有着较强的鉴别能力。

从动态的角度研究遗传因素得出的结论认为，遗传因素对人的身心发展的影响在整个发展过程中呈减弱趋势，原因有二：一是发展作为从潜在到现实的过程，随着时间的推移，"潜在"变成了"现实"，或"潜在"错过了变为"现实"的时机，"潜在"因素的作用就变弱了；二是随着个体的发展，影响个体发展的因素逐渐增多与增强，人的心理发展也趋向高级、复杂，因此遗传的作用就相对减弱①。

答案解析 4.6—4.7

历年真题

【4.6】"唯上知与下愚不移""生而知之"等反映了影响人的身心发展因素的哪一个理论？（　　）

A. 环境决定论　　B. 遗传决定论　　C. 教育万能论　　D. 儿童学理论

【4.7】辨析题：《伤仲永》的故事说明遗传素质具有可塑性。

考点拓展4.5

二、环境因素在人的身心发展中的作用

（一）影响人的身心发展的环境分类

环境是指个体生活在其中，围绕在个体的周围，能够对个体发生影响的外部条件或者说是外部世界。一般而言，研究者把影响人的身心发展的环境分为两大类：自然环境和社会环境。比如，山川、河流、草原、农田等构成了自然环境，也可以称作自然生态系统；社会的政治生活、经济生活、文化生活、家庭生活、人际交往等构成了社会环境，也可以称作社会生态系统。

如果把青少年个体本身看作是一个生态系统，那么，从青少年自身内部而言，面临着个体的生理环境和心理环境；从青少年自身外部来说，面临着物理环境、生态环境和社会环境。物理环境有自然物理环境和人造物理环境。自然物理环境，是指山川、河流、沼泽、空气、岩石、土壤、雨雪、气候等。人造物理环境，是指学校建筑、校园设施等。青少年面临的生态环境是指影响青少年身心发展的关系网络，如学生与班主任、学生与任课教师、学生与管理人员及服务人员、学生与学生、学生与家长、学

---

① 叶澜．教育概论［M］．北京：人民教育出版社，1999：212.

生与校外人员的关系和联系。青少年面临的社会环境主要是指社会风气、舆论氛围、学校教育环境及家庭教育环境等。①

（二）环境因素影响个体发展的可能与限制

人类的历史发展告诉我们，人的发展过程是由自然人向社会人转化的过程。在这个过程中，后天环境因素是一种外部的客观条件，不以人的意志为转移，对人的身心发展起着潜移默化的影响作用与不可或缺的制约作用。《荀子·劝学》所述的“蓬生麻中，不扶而直；白沙在涅，与之俱黑”，人们经常提到的“近朱者赤，近墨者黑”以及“孟母三迁”的故事等，都体现了环境对人的身心发展的作用。环境的影响作用有赖于与此相关的遗传基础；同理，遗传作用的大小亦有赖于环境的变化②。遗传与环境的关系，可以理解为前者是可能性，后者则使可能性变为现实性。

环境对人的影响既有积极的影响，也有消极的影响。积极的影响可以促进人获得健康的、向上的、向善的发展；消极的影响可以制约或抑制人的正常的、积极的发展。因此，我们要重视环境因素对人的身心发展的影响，不能完全被动地接受环境的自发影响。环境对人的身心发展所起的作用，往往取决于人的态度、意向和行为。一个完全受环境因素消极影响的人，是一个丧失主观能动性的人。

另外，面对环境因素的影响，人们通常还称其为顺境和逆境。所谓顺境，是指积极助推、促进个体健康发展的环境；所谓逆境，则是指阻碍或抑制个体健康发展的环境。对于个人发展而言，是一个顺境与逆境并存的发展过程，顺境有利于顺利达到目标，逆境则可以磨炼战胜困难的意志。因此，要引导青少年积极适应各种环境，努力创造更美好的未来。

历年真题

答案解析4.8

【4.8】“蓬生麻中，不扶自直”“近朱者赤，近墨者黑”“孟母三迁”等反映了影响人的身心发展的哪个理论？（　　）

A. 环境决定论　　B. 遗传决定论　　C. 教育万能论　　D. 儿童学理论

考点拓展4.6

三、教育因素在人的身心发展中的作用

教育，就广义而言，家庭教育、社会教育、自然教育都属于教育；但从狭义上来说，教育一般指学校教育。

广义角度的教育，表现为社会的一个子系统，与政治、经济、文化、人口等其他系统共同构成完整的社会结构。作为社会结构的一个子系统，教育对受教育者和社会发挥着不同的功能作用。从作用的对象上看，教育功能可以分为个体功能和社会功能；从作用的方向上来看，教育功能可以分为正向功能和负向功能；从作用的呈现形式看，

① 薛娟．高校德育资源的现实样态与实践重构［M］．北京：科学出版社，2016：155.

② 金一鸣．教育原理［M］．合肥：安徽教育出版社，1995：175-176.

教育功能可以分为显性功能和隐性功能等。①

狭义的教育是指学校教育。学校教育是指由受过专业训练的教师承担，在专门的教育机构进行的有目的、有计划、有组织的，对学习者的身心发展施加积极影响的实践活动。所以，与遗传因素和一般的环境因素相比较而言，学校教育既是一种特殊的影响因素，又是一种独特的实践活动，在人的身心发展中起着主导作用。学校教育在人的身心发展过程中的独特作用，将在本章第三节单独做出论述。

四、个体因素在人的身心发展中的作用

（一）影响人的身心发展的个体因素分类

个体因素，主要是指个体的生命活动。个体的生命活动包括人的生理活动、心理活动与社会实践活动。

生理活动是人作为有机体与环境中的各种要素发生相互作用、交互影响的过程，是人得以生存和发展的基础和前提。人的生理活动过程是人体新陈代谢的过程，这一不断循环的过程会促进有机体的生长、发育或衰退、抑制。由于这一生理过程是在人体的正常状态下，无时无刻地得以自然地进行，因此，常常悄无声息、不被人们觉察。除非是这一循环过程在身体的某一部位受到阻碍或者发生急剧变化，人们才能感受到生理活动的异常给身心发展所带来的影响。

心理活动是个体认识外部世界，同时认识并建构自己的内部世界的过程。由于个体的认识水平、生活经验及性格特征不同，其心理活动就不一样。如果心理活动不同，则对自身内外部世界的认知内容、情感体验、意志水平就不同。因此，心理活动是具有鲜明个体特征的生命活动。

社会实践活动，是人之为人的最高的综合生命活动，是人们在社会生活中所从事的各种活动。社会实践活动，不仅促进个体的身心发展和个体的价值实现，而且还促进种族的延续和人类的发展。人们在社会实践活动过程中，渗透了人的生理活动和心理活动；实现人与环境之间物质、信息、能量的交换。通过社会实活动，不仅使人的智慧和力量得以外化和对象化实现对外部世界的改造、对物质财富和精神财富的创造，而且使人的才干、意志、智慧在实践中得到发展，实现内部世界的丰富与发展。②

（二）个体主观能动性在人的身心发展中的作用

根据唯物辩证法原理，事物的发展是内因和外因共同起作用的结果，内因和外因在事物发展过程中的地位和作用是不同的。内因是事物变化发展的根据，是事物发展的根本原因，但不是唯一原因；内因是事物发展的根本动力，但不是唯一动力。外因是事物变化发展的条件，对于事物变化发展能够起到加速或延缓的作用；外因的作用再大，也是第二位的原因，外因通过内因起作用。因此，遗传、环境因素对人的影响，

---

① 全国十二所重点师范大学．教育学基础［M］．2 版．北京：教育科学出版社，2008：32.

② 叶澜．教育概论［M］．北京：人民教育出版社，1999：228.

也要通过个体的主观能动性才起作用。比如，在同一个家庭环境成长起来的兄弟姐妹，其生活环境和教育条件基本相同，但是由于个体主观能动性的大小不同，其后来的发展水平也大不相同。在同一所学校、同一个班级学习的学生，其年龄特征及身心发展水平基本接近，但是由于个体的主体作用不同，彼此之间的学习效果也迥然不同。生活在同一个时代的社会个体，社会发展水平和生活条件相差无几，由于个人主体作用的发挥程度不同，人与人之间就有着截然不同的人生轨迹。因此，个体的主观能动性是其身心发展的主要动力，是人发展的内因，决定个体发展的方向、速度和水平。

需要特别指出的是，遗传因素、环境因素、教育因素和个体因素相互作用、相互影响，共同作用于人的发展，它们是一个整体系统，我们不能孤立、片面地来分析每个因素对人发展的作用，而应从动态上来研究各因素与人的发展的关系。①

重点提示

影响人的身心发展的主要因素有遗传因素、环境因素、教育因素和个体因素。学习时，考生要注意理解掌握每个影响因素的作用：遗传因素为人的身心发展提供了可能，是必要条件；环境因素有着不同的分类，总体而言，环境因素把人的身心发展的可能变为现实；个体因素，尤其是个体的主观能动性是个体身心发展的主要决定因素。学校教育作为一种特殊的环境因素和实践活动，应特别注意。

第三节　学校教育在人的身心发展中的作用

研究影响个体发展诸因素的目的不仅是要搞清楚这些因素是什么，它们之间的相互关系是什么，而且要确定教育与人发展的关系，进而明确怎样才能使教育有效地促进人的发展。② 不可否认，影响人的身心发展的因素有很多，但是，教育，尤其是学校教育对人的身心发展具有比较全面、系统和深刻的影响，因此，学校教育在人的身心发展中发挥着主导作用。

一、学校教育在人的身心发展中的主导作用

（一）学校教育对人的身心发展起主导作用的原因与具体表现

1. 学校教育对人的身心发展起主导作用的原因

学校教育为什么在人的身心发展中起主导作用，这是由学校教育的特点所决定的。

① 王道俊，王汉澜．教育学［M］．北京：人民教育出版社，1989：55.

② 叶澜．论影响人的身心发展的诸因素及其与发展主体的动态关系［J］．中国社会科学，1986（03）.

（1）学校教育具有目的性。学校教育是根据一定社会的需要和人的发展规律，有目的、有组织、有计划地培养人的活动，因而对人的影响必然巨大而深远。为了实现预设的教育目的，学校在教育教学过程中，会对教学内容进行精心选择，从而使学生不仅学到系统知识，而且也能养成一定的道德规范。学校对环境的布置，事先经过精心提炼，克服和排除那些不利因素，从而使学生生活在一个弥漫着科学、文化和道德规范的校园环境中，保证学生朝着健康的方向发展。学校开展的各项活动，也都紧紧围绕教育目的而进行。总之，学校教育通过有计划、有组织的引导，从而使学生朝着特定的方向发展。

（2）学校教育具有专业性。学校是专门培养人的场所，因而学校教育在培养人的过程中具有专门性。首先，教师具有专门的任职资格，受过专业训练，具有较深厚的专业知识和教育学、心理学方面的知识，他们懂得如何教育人，能遵循人的身心发展规律教育学生。其次，在学校使用的教科书的内容系统而完整，具有一定的科学性和逻辑性。教科书的编写，语言简练、精确，内容丰富，由浅入深，富有逻辑性，有利于学生对知识的掌握。

（3）学校教育具有系统性。人的培养是一个复杂的系统工程，要求学校教育必须具有较强的系统性。在学校教育过程中，既要发展人的社会性，又要发展人的自然性；既要考虑人的共性，又要考虑人的个性；既要满足人发展的需要，又要体现人发展的可能。学校教育会从全方位系统地予以统筹教育资源，必然在很大程度上提高人的发展。

（4）学校教育具有协调性。学校教育能够将影响人的各种因素（遗传、环境、主观能动性等）加以协调，使之处于最佳状态，发挥出最大的效益。例如，表现出音乐天赋的个体，学校可以为其创造一个更好的环境，激发其主观能动性，使其音乐天赋得以最大限度地开发等。

综上所述，学校教育对人的身心发展具有主导作用，它对人的影响是比较全面、系统而深刻的。但我们也不能过分夸大学校教育的作用，不能把人的发展过程中出现的所有问题都归咎于学校教育，“教育万能论”是一种“乌托邦”的理想。

2. 学校教育对人的身心发展起主导作用的具体表现

学校教育对人的身心发展起主导作用具体表现在以下四个方面。

（1）定向与指导作用。学校教育是有目的、有计划、有组织的活动，为人的发展指明方向，并提供指导与引导。学校教育对受教育者发展的主导意义主要应表现在帮助受教育者选择合适的发展方向上。这里的“合适”是指社会发展对人才素质的基本要求与个体特质发展的一致；教育者应创设条件，使受教育者个体特质朝着有利于社会发展的方向展现和发展。具体表现为对发展方向的引导，帮助个体对发展的多种可能性做出判断和价值选择①。学校教育是由受过专业训练的教师来进行的，教师根据明确的教育目的，选择科学的教育内容，采用恰当的教育方式，遵循学生身心发展的客观规律，有针对性地给予学生指导与帮助，自觉地促进学生按照正确的方向得以发展。

---

① 叶澜．教育概论［M］．北京：人民教育出版社，1999：237.

（2）促进与加速作用。所谓促进，也就意味着教育不是顺其自然的过程，不是跟在人的自然发展后面亦步亦趋的活动，而是以一种科学有效的方式使人获得更好、更快的发展，正是由于教育对个体发展的具有加速作用，在现实生活中，才使得人们深刻体会到教育对个体而言所具有的巨大价值①。教育对个体的发展具有促进与加速作用，主要体现在促进个体个性化与社会化的发展。无论是教育促进个体个性化，还是教育促进个体社会化，都不能截然隔离二者的关系，而是要在二者统一的基础上加以认识和把握。一方面，个性化必须建立在社会化的基础上，缺乏社会化的个性只能是原始的自然性，而不是健全的个性；另一方面，只有以丰富个性为基础的社会化，才是健全意义上的社会化，人的社会性和个性的统一，决定了教育必须在促进二者统一的基础上，平衡二者的关系。②

（3）协调与整合作用。如前所述，影响个体发展的因素很多，有来自遗传素质、环境影响、教育影响、个体因素等各个方面的影响，同时，更离不开由这些因素相互组成的复杂、系统、整体、相互联系的综合因素的影响。其中，教育，尤其是学校教育作为整体系统的一个组成部分，它对个体的发展有着独特的价值和作用。学校教育按照人的发展目标与培养目标，有的放矢地协调影响人发展的各种因素，整合各类因素的系统功能，以便更有效地促进人的身心发展。学校教育对各类影响因素的协调与整合作用，是其他因素所不具备的价值和作用。

（4）奠基与开发作用。学校教育在个体的发展中起主导作用的深层含义在于，学校教育应为人的终身发展奠定坚实的基础，为离开学校后个体得以继续发展创造条件。学校教育只有立足于每个人一生的发展，才可能对人的发展起着主导作用；学校教育的意义如果只限于在校时间，或者只限于人才的养成与选拔，那就太小了③。未来社会是一个学习化社会，在学习化社会中，每个人必须终身不断地进行学习，而学校教育是在人的一生中非常有限的时空范围内，着眼于充分开发人的潜能，教会个体各种学习技能，为人的终身学习奠定基础。

（二）学校教育在人的身心发展中发挥主导作用的条件

1. 学校教育对人的身心发展的引导要符合社会发展的方向和要求

人的本质不是单个人所固有的抽象物，在其现实性上，它是一切社会关系的总和。④ 因此，学校教育只有把人的发展与社会发展有机地结合起来，通过每个个体的充分发展来推动社会的顺利发展；反过来，社会的正向发展积极促进个体健康发展。只有个体发展与社会发展互为条件、相辅相成、相互促进、共同进步，才能体现教育对个体及社会发展的独特价值和非凡意义。

2. 学校教育必须了解、把握、遵循人的身心发展规律

教育对人的发展的确具有独特的作用，尽管如此，教育也要了解人的身心发展的顺序性、阶段性、不均衡性、个别差异性、稳定性和可变性规律。恰当地把握如何适

---

① 王北生．当代教育基本理论论纲［M］．北京：人民教育出版社，2012：267.

② 全国十二所重点师范大学．教育学基础［M］．2 版．北京：教育科学出版社，2008：38.

③ 叶澜．教育概论［M］．北京：人民教育出版社，1999：237.

④ 中央编译局．马克思恩格斯选集：第 1 卷［M］．2 版．北京：人民出版社，1995：56.

应这些规律，如何遵循人的身心发展特点，在这些特点的基础上，循序渐进、因材施教、因地制宜、时机得当、有的放矢地开展教育活动，方可实现教育在人的发展中的主导作用。

3. 学校教育必须通过个体实践活动才能将可能价值变为现实力量

“人的活动是社会及其全部价值存在与发展的本原，是人的生命以及人作为个性的发展与形成的源泉。教育学离开了活动问题就不可能解决任何一项教育、教学、发展的任务。”① 因此，通过教育引导，可以帮助学生学会求知、学会做事、学会共处、学会做人、学会生存，而教育对人的发展所潜藏的无穷价值，则需要通过个体的实践活动才能加以彰显和充分实现。如果离开了个体的实践活动，无论是多么美好的教育理念，多么明确的教育目标，多么合适的教育内容，多么巧妙的教学设计，都无法真正抵达学生内心，无法调动学生内在的潜力，无法促进学生有效地参与教育活动，教育理想的实现也就无从谈起。因此，个体的实践活动不仅是人生存与发展的必备基础，而且也是教育发挥主导作用的必要条件。

生活在社会中的人，既是个体的人，又是社会的人；既追求个体的独特性，又追求个体之间的共同性；既表现为人之为人的个性，又表现为人所具有的社会性。因此，人是个性和社会性的双重矛盾不断转化的系统整体。教育就是通过对个体的引导，不断促进个体个性化和个体社会化的实践过程。

二、学校教育在个体个性化过程中的作用

个性化一般指个体在社会适应、社会参与过程中所表现出来的、比较稳定的独特性。人的个性化发展，个人的自主能力、独立能力、创造能力与自觉自控能力的提高，蕴含着人自身发展的潜能和自立自主的能力。正因为如此，人的个性化具有重要的个体意义和社会意义。②

（一）学校教育促进人的主体意识和主体能力的发展

人的主体意识可以看作个体对自我主观能动性的认识，包括个体的自我意识和对象意识；人的主体能力是个体对外部世界的认识、加工和改造能力。人作为一个社会性存在，不是被动、消极地接受来自于自然与社会的客观存在，而是通过人的主体意识积极主动地感知和识读客观世界，通过人的主体能力来认识、变革客观世界。对于个体而言，无论是主体意识的形成，还是主体能力的获得，都不完全是与生俱来的，也不是一成不变的。通过接受教育，个体获得相应的知识和能力，提高了自身素质，增强了自身能力，从而能够更好、能动地适应客观世界并改造客观世界。

“教育活动关注的是，人的潜力如何最大限度地调动起来并加以实现，以及人的内部灵性与可能性如何充分生成，简言之，教育是人的灵魂的教育，而非理性知识和认

① 瞿葆奎. 教育学文集·课外校外活动［M］. 北京：人民教育出版社，1991：3.
② 全国十二所重点师范大学. 教育学基础［M］. 北京：教育科学出版社，2002：72.

识的堆积。"① 教育对人的个性化功能，表现为激发个体的内在潜能，发挥个体的主体意识，展现个体的主体能力，获得更多的创造价值。

（二）学校教育促进个体特征的发展和独特性形成

由于人的遗传因素存在差异性，带来了人与人之间的千差万别。由于后天的生活环境和教育影响不同，即使遗传素质接近的个体，也会成为不同的个体。通过教育，可以促进人的心理发展的差异性形成，个体差异性也就表现为人的个体特征。教育作为一项有依据、有目的的实践活动，作用于个体的发展，同时尊重个体发展的个性化需求因材施教，从而促进了个体在性格、气质、兴趣、爱好、理想、信念、世界观、价值观、能力、水平各个方面的差异，彰显着具有鲜明个性特征的生命个体。个体通过后天的教育培养，不仅在性格、气质、思维、情感、意志等方面的个性特征，而且还体现为个体在专业技能和职业特征等方面的独特性。

（三）学校教育促进个体生命的意义彰显和价值实现

人的生命本质是一个创造性的存在，它总是在不断地创造过程中生成自己、发展自己、完善自己。正是个体生命的这种生生不息的创造精神和永恒坚毅的创造意志，以及个体通过对自己人生的不断创造和超越，促使人不断地思考生命的意义，不断地实现生命的价值，不断地追求生命的完美，不断地创造生命的辉煌，从而使人生成为一种美好的享受。② 作为个体的生命存在，每个人的生命都是独特的、唯一的、不能替代的、不可复制的、无法让渡的。每个生命个体的意义彰显和价值实现，必然要与其他的生命个体打交道，必然要在社会的生产关系中找到自己的存在价值；人在一定的领域里发挥其独特的作用，通过参与社会生活，为社会、为人类的发展做出贡献来实现个体生命价值。贡献的大小与人的智力、才识、能力、水平的高低密切相关。越是品德高尚、知识渊博、才华卓越的人，越是能够为他人、为社会做出更大的贡献，越是能够创造出生命的辉煌，越是能够展现出其生命的价值。

三、学校教育在个体社会化过程中的作用

社会化和个性化是人自身发展的两个不同方面。个体在出生后的发展中，习得社会文化规范、价值观念和行为习惯等，并借以适应社会、参与社会的过程成为人的社会化过程，这个过程的结果是把一个具有生物特性的人赋予各种社会关系，使其成为具有社会特性的人。

（一）学校教育促进人的价值观念的社会化

人是一个能够使用劳动工具，能够进行语言交流，能够通过交往建立人际关系和组织系统，共同推动个人与社会发展的生物体。人的行为是由其价值观念所支配的。而人的价值观念是个体通过习得社会行为规范而形成的，也就是说，人的价值观念是

---

① 雅斯贝尔斯. 什么是教育［M］. 邹进，译. 北京：生活·读书·新知三联书店，1991：4.
② 刘济良. 生命教育论［M］. 北京：中国社会科学出版社，2004：284.

社会的价值规范在个体头脑中的反映。

学校拥有受过专门训练的教师，有着根据人与社会发展需要而确定的教育目的，有着通过研究而得以选择的教育内容，有着系统严密的教育计划，有着生动多样的教育组织形式，有着处处体现社会规范的师生关系与校园氛围。因此，学校是个体社会化的重要场所。

接受学校教育的过程是儿童认识世界、掌握知识、涵育自我的过程，也是儿童体认社会、锤炼本领、培养使命的阶段。不同社会发展阶段的学校教育，代表一定的社会发展要求，培育适应社会发展需要的人才，传承社会主流文化，传递社会核心价值观念。从宏观而言，学校教育的方针政策与培养目标，符合适应社会发展的现实需求，也符合引领社会未来发展的需要；从中观来看，学校的办学思想、教育理念及管理方式，符合社会发展的要求；具体到微观层次来说，教育活动设计、学校内部管理及校园文化氛围，也体现了社会的规范要求。在学校教育过程中，通过教师引导、同伴影响及个体自主探究，儿童习得知识、获得技能、提高能力，从而培养儿童对待自身和他人的情感、态度与价值观。这些价值观念，是儿童进行人际交往、社会生活的必备条件。通过接受和认同社会的文化价值观念与行为规范要求，儿童不断地内化社会文化和促进个体的社会化发展。

（二）学校教育促进人的行为方式的社会化

个体通过接受和认同一定的社会文化价值观念与社会行为规范，形成社会性的发展目标。人要在社会生活中更顺利地生活，就要掌握成为社会成员所必需的生存技能。比如，要具备基本的生活技能，需要人际交往技能，还要掌握一定的职业技能。人生活在不同的社会场景中，在不同场景中要扮演不同角色，学会认同特定场景中个体的身份及其所体现的角色，自觉地按照每种身份和角色的行为要求进行为人处事、人际交往、和谐共生，这是个体社会化的最终体现。

教育是人与人精神契合，文化得以传递的活动。① 学校教育通过儿童传递社会规范，帮助儿童认识社会规范的意义、内容及方式，通过个体内化为行为方式，防止个体行为违背或偏离社会规范要求。在学校教育中，通过不同的组织形式引导学生掌握人际交往技能。例如，儿童生活的集体主要是班集体，班级的班风与舆论氛围是儿童成长的重要因素，儿童通过与班级同学、与教师交往，习得人际交往的经验和技能，为其走出班级、走出学校、走向社会，面对不同情况下的人际交往打下了必备基础。事实上，在儿童的心理问题中，因人际交往能力产生的问题与冲突是一个不容忽视的事实。此外，作为正在成长中的儿童，学校教育要为他们未来的职业做准备。通过培养儿童的职业意识、职业角色，促进儿童根据自己的兴趣、爱好、能力、性格等特点，选择合适的职业发展方向。在高等教育、成人教育阶段，学校进一步培养个体的职业角色意识与知识技能，帮助个体实现职业理想，推动个人发展和社会进步。

人的发展与完善，就在于社会化和个性化二者的和谐与统一。没有人的社会化及

---

① 雅斯贝尔斯．什么是教育［M］．邹进，译．北京：生活·读书·新知三联书店，1991：2.

其发展，个体将难以适应社会、参与社会、自主创造于社会，从而导致各个不同的个体在社会中失去共有的基础和赖以相互交往的基本规范。而没有人的个性化及其发展，个体的观念和行为就会千人一面，其自身的才智及潜能难以充分自由地发挥。不止如此，对个性的束缚和压抑，不仅会造成个性自主自立和创造性的萎缩，而且还会在活动源泉上影响社会文化的进步，使发展的内在生机和活力匮乏。由此可见，失去社会化的个性化，极易导致个体的过分自由；失去个性化的社会化，极易导致社会创造活力的抑制，单纯强调或重视人的社会化价值或人的个性化价值，都是不可取的。人的社会化，应是个性化了的社会化；人的个性化，也应是社会了的个性化。①

历年真题

【4.9】简答题：为什么教育对人的发展起主导作用？

【4.10】简答题：简述学校教育在人的发展中起主导作用的具体表现。

答案解析
4.9—4.10

重点提示

学习时首先要认识学校教育在人的身心发展中的主导作用及其原因。分别认识学校教育在个体个性化和社会化过程中的作用。学校教育促进人的个性化作用，主要体现在：学校教育促进人的主体意识和主体能力发展；学校教育促进个体特征的发展和独特性的形成；学校教育促进个体生命的意义彰显和价值实现。

本章小结

人的发展是一个受多种因素影响的复杂的现象与过程。研究影响个体发展的遗传因素、环境因素、教育因素和个人因素，不仅要知道这些因素对人的发展分别起着什么样的作用，而且还要知道每个因素之间有着怎样的联系。更重要的是，作为以教书育人为己任的教师，我们应更加清楚教育与人发展的关系。通过分析学校教育在人的身心发展中的主导作用，如何把握学校教育在人的身心发展中发挥主导作用的前提条件，学校教育如何有效地促进人的发展，是我们在理论研究与实践探索中需要加以关注的问题。

① 全国十二所重点师范大学．教育学基础［M］．北京：教育科学出版社，2002：72－73.

☞ 本章要点回顾

- 教育与人的发展
  - 人的身心发展的一般规律
    - 顺序性 — 顺序性特征及教育如何适应
    - 阶段性 — 阶段性特征及教育如何适应
    - 不均衡性 — 不均衡性特征及教育如何适应
    - 个别差异性 — 个别差异性特征及教育如何适应
    - 稳定性和可变性 — 稳定性和可变性特征及教育如何适应
  - 影响人的身心发展的因素
    - 遗传因素的作用 — 必要条件；遗传因素具有可塑性
    - 环境因素的作用 — 环境因素分类；环境影响个体发展的可能与限制
    - 教育因素的作用
    - 个体因素的作用 — 个体因素分类；个体主观能动性的作用
  - 学校教育在人的身心发展中的作用
    - 在人的身心发展中的主导作用 — 原因与具体表现；发挥主导作用的条件
    - 在个体个性化中过程的作用 — 促进人的主体意识和主体能力的发展；促进个体特征的发展和独特性的形成；促进个体生命的意义彰显和价值实现
    - 在人的社会化过程中的作用 — 个人发展与社会发展的关系；学校教育促进人的社会化的具体体现（促进人的价值观念和行为方式的社会化）

第五章

教育目的与培养目标

☞ 学习完本章，应该做到：

◎ 熟记与理解教育目的、教育方针、培养目标的含义，知道三者的关系。
◎ 熟记教育目的的七种基本观点与代表人物。
◎ 熟记我国当前的教育目的、教育方针与实现教育目的的要求。
◎ 了解马克思的全面发展学说，知道“五育”的内容与相互关系。
◎ 了解我国中学的培养目标。

☞ 学习本章时，重点内容为：

本章的学习重点主要是对教育目的、教育方针、培养目标三个概念的准确理解，侧重记忆与理解马克思的全面发展学说，特别是“五育”的内容与相互关系。注意七种关于教育目的的基本理论，特别是马克思的全面发展理论。

☞ 学习本章时，具体方法为：

本章的学习以理解与记忆为主。首先要熟记教育目的的内涵，厘清教育目的、教育方针、培养目标的联系与区别；其次，知道教育目的的七种基本理论，明确各自的观点与代表人物；最后，也是特别重要的是熟悉我国现阶段的教育目的、内容构成与基本特点。特别留意“五育”的内涵与关系。

【引子】

成人比成才更重要

陕西省渭南市教育研究所教科研室主任张登，先后获得省市两级教学能手、市级师德先进个人、特级教师、市第八批有突出贡献拔尖人才等荣誉。

1999 年，他刚到大荔县冯村中学任教时，分到了一个几乎汇集了全年级所有捣蛋鬼的班，既当语文老师又任班主任。起初班上的十多个“不听话”的学生让他感到头疼，但后来他认识到，要“相信学生，相信他会成功”。此后，他便“重用”这些调皮的学生，有针对性地与这些学生谈心，并给他们充分的信任，发挥这些学生与其他学生相比能更好交流沟通的优势。

当时班上有个学生特别爱打架，还总是和校外人员打架。针对这名学生的情况，他便安排其当班级团支书，后来这名学生变化很大，也爱学习了，在当年高考中还考取了一所二本院校，如今已在河南一政府部门工作。

相比成绩底子好的班级，他更愿意带成绩一般的班，“因为我始终认为，教育是改变人的工作，与取得优异的成绩相比，成人比成才更加重要”①。

---

① 卫楠．教育是改变人的工作　成人比成才更重要［N］．华商报，2017-04-11（E2）．

教育到底是为了什么？学校应该是教人做人还是教人成才？对这些问题的不同理解就会形成不同的教育观念，采取不同的教育行为。陕西省渭南市教育研究所教科研室主任张登认为："与取得优异的成绩相比，成人比成才更加重要。"就是说，教育的目的是成人而不仅仅是成才。那么，什么是教育目的？历史上有哪些不同的教育目的观？我国的教育目的与中学的教育目标又是怎样的？这一章试图对这些问题做出回答。

第一节　教育目的概述

"教育目的是教育理论和实践中的核心问题，任何教育改革，都是从教育目的的思考开始的，都是从对培养什么样的受教育者的定位和构想开始的，并以此为指向和归宿。"[①] 那么何谓教育目的？

一、教育目的的内涵

（一）教育目的概念的不同表述

教育理论界对教育目的这一概念有着各种不同的界定或表述。譬如，教育目的就是指"把受教育者培养成为一定社会的人的总要求"[②]；"所谓教育目的，是指社会对教育所要造就的社会个体的质量规格的总的设想或规定"[③]；"所谓教育目的就是人们在进行教育活动之前，在头脑中预先存在着的活动过程及结束时所要取得的结果，它指明教育要达到的标准或要求，说明办教育为的是什么，培养人要达到什么样的规格"[④]；"简单说，它是人们在观念上、思想上对教育活动的设计以及借助一定教育手段通过一定的教育途径去达到某种结果的设计"[⑤]；教育目的是"培养人的总目标，关系到把受教育者培养成为什么样的社会角色和具有什么样素质的根本性质问题"[⑥]；"教育目的是对教育对象所要达到的规格和要求做出的规定"[⑦] 等。

以上种种表述从不同侧面揭示了教育目的的特征，或繁或简地界定了教育目的的基本内涵。首先，教育目的是对教育的一种预期要求、设想或规定，是通过教育活动去达到的价值追求；其次，它关注的是受教育者个体的总体发展规格，是对个人发展的综合素质要求，同时也以对受教育者个体素质的理解与把握为前提；再次，它具有社会性，体现了社会发展对受教育者的基本要求；最后，在形式上，它表现为教育思想、教育观念或教育理念，影响和指引人们的教育实践。有学者基于上述认识，对教

① 扈中平．教育目的应定位于培养"人"［J］．北京大学教育评论，2004（3）：24.

② 中国大百科全书·教育［M］．北京：中国大百科全书出版社，1985：122.

③ 王道俊，王汉澜．教育学［M］．北京：人民教育出版社，1989：95.

④ 黄济，王策三．现代教育论［M］．北京：人民教育出版社，1996：214.

⑤ 孙喜亭．教育原理［M］．北京：北京师范大学出版社，1993：154.

⑥ 顾明远．教育大词典（增订合编本）：上册［M］．上海：上海教育出版社，1997：765.

⑦ 郑金洲．教育通论［M］．上海：华东师范大学出版社，2000：183.

育目的的定义做出这样的界定："所谓教育目的，就是根据一定社会需要和对人的认识而形成的关于教育对象的总体发展规格的预期设想或规定，它以观念或思想的形式存在并发挥作用。"① 综上所述，教育目的是指人们根据社会发展的要求和人自身发展需要，以观念或理念形式体现出来的指导教育实践活动的关于受教育者素质总体发展规格的预期设想或规定。

（二）教育目的与教育方针、培养目标

为了准确地理解教育目的这个概念，必须厘清教育目的与教育方针、教育目标的关系。

1. 教育目的

教育目的（aim），是指教育所要培养的人的质量和规格的总要求，即解决把受教育者培养成什么样的人的问题。一般由两部分内容组成：一是规定教育所要培养的人才具有什么样的社会功能，即是否具有为社会的政治、经济、生产力发展服务的价值；二是规定教育所要培养的人才具有什么样的素质，即具有怎样的个体身心内在素质及其结构合理与否。

2. 教育方针

教育方针（principle），在一些国家或某些时期也称为"教育大旨"（如日本）或教育宗旨（如我国清末至中华人民共和国成立前）。它是国家或政党在一定的历史时期根据社会政治、经济发展的要求，为实现教育目的而规定的教育工作的总原则和行动指南（指针）。它是制定各项教育政策的根本依据。它一般包括三个组成部分：一是指明教育的性质和服务方向；二是规定教育目的，即教育总的培养目标；三是指出实现教育目标的根本途径。在阶级社会里，教育方针是根据不同时期占统治地位的阶级对教育方向的规定和对培养人才的总的要求而制定的，是统治阶级在教育方面意志的体现，是统治阶级教育意图的整合物，具有行政法规的效力。可见，教育方针具有阶级政治性、行政法令性以及规范性、时代性、发展性等特点。

3. 教育目标

教育目标（goals），在不同的场景有不同的理解。从目前的应用上看，它有两种含义。一种是教育培养目标，或称培养目标，它是根据教育目的确定的各级各类学校或不同专业培养人才的具体要求，是这些学校或专业培养受教育者的身心素质的具体标准。另一种是作为预期的教育（教学）效果的教育目标或教学目标，"它是一个从国外引进的概念，相对'教育目的'，它是分析的、列举的，而目的则是概括的、统举的。教育目标是指教育过程中的一系列发展目标体系，这一层次的目标，按照学生身心发展顺序加以组合，是实现培养目标的直接依据和评价标准"②。这种教育目标，"也称教学目标，它是预期的教学效果，既可以是一门课程的目标，也可以是一个教学单元或一节课的目标。对于教师而言，常遇到的是后一类目标"③。美国当代心理学家、教育

---

① 扈中平，等．现代教育学［M］．北京：高等教育出版社，2000：162.

② 郑金洲．教育通论［M］．上海：华东师范大学出版社，2000：211.

③ 同上。

家布鲁姆在《教育目标分类学》中所述的“教育目标”就是这种含义的教育目标。他把教育目标分为认知、情感和动作技能三个领域，其中认知领域的教育目标又分为：知识、领会、运用、分析、综合、评价等①。这些目标又是前一种含义“培养目标”的具体化。

历年真题

答案解析 5.1—5.2

【5.1】在教育目标分类中，美国教育心理学家布鲁姆就学生学习结果划分的三大领域是（　　）。

A. 知识、技能和技巧　　B. 知识、理解和应用技能

C. 认知、情感和动作技能　　D. 认知、应用和评价功能

【5.2】辨析题：教育目的和培养目标是同一概念。

从三者的联系看，教育目的和教育方针在对社会性质的规定上具有内在一致性，都含有“为谁（哪个阶级，哪个社会）培养人”的规定性，都是一定社会（国家或地区）各级各类教育在其性质和方向上不得违背的根本指导原则。培养目标是教育目的的具体化。教育目的决定培养目标，同时，教育目的只有与各级各类学校的具体实际结合，才能落到实处，才具有可操作性。教育方针包括教育宗旨和培养目标，是教育目标体系中较高层次的“教育目标”，具有较大程度的普遍性和理想化特征，当然“培养目标”比“教育方针”更为具体一些。根据美国教育哲学家谢弗勒对于教育语言的分析，它们同属于“教育口号”（educational slogan）。我国台湾地区有学者认为，关于教育“终极目的之论，之所以被视为空泛迂腐，乃是因为将之口号化的缘故”②。谢弗勒认为，“教育口号若欲使之落实，必须加以澄清，使之精细化，否则便流于空洞，且易滋生误解、误用或有误导的作用”③。英国教育哲学家彼得斯认为，教育效果的获得依赖于设计达成教育目的的“程序原理”（principles of procedure）。他认为，“历代思想家的教育目的论，大抵是大而无当的，往往过于空泛，对实际工作无所帮助。思想家所揭示的那些终极目的，细究起来，大概是大同小异的。他们理论上的不同之处，主要是在于达到这些抽象之教育目的的程序和方法”。“故教育工作者真正应该在意或认真思考的，是如何设计那达成教育目的之‘程序原理’。”④ 即把教育目的分解为若干培养目标，并按既定教育目的与目标评估教育实体与教育过程的实绩。教育目的的实现，依赖于各个层次、诸方面的培养目标的达成。

从三者的区别来看，教育目的是基于对社会发展和人的发展的认识而产生的教育结果预期，既具有客观性和现实性特点，又具有主观性和超前性（理想性）的特点，教育目的一般指包含“为谁培养人”“培养什么样的人”的问题；而教育方针

---

① B. S. 布鲁姆，等. 教育目标分类学：第一分册［M］. 罗黎辉，丁证霖，等译. 上海：华东师范大学出版社，1986：10.

② 陈乃臣. 教育哲学［M］. 台北：心理出版社，1992：248.

③ 同上。

④ 同上书，第246页。

除此之外，还含有“怎样培养人”的问题和教育事业发展的基本原则，其内涵更加丰富，更具有明显的阶级性、政治性和政策规定性，在一定时期内具有必须贯彻的强制性。教育目的是理论术语、学术性概念，而教育方针是工作术语、政治性概念。此外，教育目的是各级各类教育培养人的总的质量标准和总的规格要求，具有一般性。培养目标则是不同级别、不同类型、不同层次、不同专业教育的具体目标，具有特殊性。

“三者相对来说，教育目的具有核心指导性、概括统一性；教育方针具有指令性、政治指向性；教育目标具有具体多样性、实践操作性。教育目的、教育方针、教育目标相互联系、结合，共同构成国家的完整的教育目标体系。”①

重点提示

教育目的是指人们根据社会发展的要求和人自身发展需要，以观念或理念形式体现出来的指导教育实践活动的关于受教育者素质总体发展规格的预期设想或规定。教育目的与教育方针、教育目标既有联系又有区别。学习时要注意三者的特点和关联。

二、教育目的的意义

教育目的对一切教育活动都有指导意义，是教育工作的出发点和依据，也是教育工作期望的理想归宿，是落实教育任务、确定教育内容、选择教育方法和手段、检查和评价教育效果的根据。具体来说，教育目的的意义主要表现在以下几个方面。

1. 定向作用

教育目的指明受教育者的发展方向，引导受教育者的发展过程，有效促进受教育者的发展。教育目的是根据社会发展和受教育者身心发展需要而制定的对教育活动的总要求，对受教育者预定的发展方向和教育过程进行了设计或规定，指明受教育者的发展方向，引导受教育者的发展过程，能保证学校、家庭、社会等各方面和学校各部门形成共识，以有效地促进受教育者的发展。

2. 指导作用

教育目的预定教育的理想结果，对教育活动起指导、支配作用。教育目的是教育活动的出发点和依据，为教育活动预定理想的结果，指导和支配教育工作的始终，是一切教育活动的出发点和落脚点，对教育活动具有指导和统领作用。

3. 评价作用

教育目的是国家或阶级、政党人才利益的集中体现，能全方位地规范教育活动的方方面面，是教育行政机关和学校管理部门确定教育内容和指导、检查、评估学校教育教学工作的依据。

① 赖志奎，方善森．现代教育理论与实践［M］．杭州：杭州大学出版社，1996：66.

4. 激励作用

教育目的为教师的教育和教学工作提供了努力的方向，能规范教师的教育教学活动，理想的预期结果还能对教育者和受教育者产生强大的激励作用，有助于提高教育工作的效果和效率。

5. 变革作用

教育目的有利于教育行政机关、学校管理部门和教育工作者端正教育思想，促进教育改革。教育目的是教育理论和教育实践的核心内容。学习和研究教育目的，有利于教育工作者端正教育思想，自觉投入教育改革，从而促进教育改革和发展。

三、教育目的的确定

教育目的是由教育主体确定的，体现着人的主观意志，其确定又必须根据社会发展的客观需要和受教育者身心发展的特点进行。一定社会的生产力和科学技术发展水平，社会生产关系、政治观点、政治制度，受教育者身心发展状况，理论和研究水平是确定教育目的的重要依据。

（一）生产力和科学技术发展水平

生产力是社会发展中最活跃的因素，对社会发展起着最终的决定作用，从而也是制约教育目的的最终决定因素。不同社会发展阶段、不同时代，由于生产力和科学技术发展水平不同，对人才规格、类型和具体的素质要求也不相同，教育目的的具体内容自然也就有所不同。

（二）社会生产关系、政治观点、政治制度

教育目的属社会意识形态范畴，与社会政治经济有着直接的制约关系。社会的生产关系、政治观点和政治制度直接决定着教育目的的社会性质。不同社会、不同阶级、不同政党的人才标准不同，教育目的便会有所不同。在阶级社会里，统治阶级的教育目的取决于统治阶级的政治利益和经济利益。因此，教育目的具有鲜明的阶级性。

（三）受教育者身心发展状况

教育是培养人的专门活动，教育目的作为一种发展指向，必须考虑各具特色、差异巨大的不同受教育者能够实现的可能性，否则就无法促进人的身心发展。如果教育目的不符合人的身心发展的需要和特点，教育效用就很难发挥，教育为社会需要服务的愿望也就会落空。

（四）理论和研究水平

是否具有切实可行、科学的理论基础，以及人们对社会发展和人自身发展的认识、研究水平等是影响教育目的确立的重要因素。比如，马克思主义关于人的全面发展的学说就为我国社会主义教育目的的确立奠定了坚实的理论基础。

答案解析5.3

历年真题

【5.3】辨析题：教育既然是培养人的活动，教育目的就只能按照人的发展需求确定。

重点提示

教育目的具有定向、指导、评价、激励和变革作用。教育目的的确定受社会生产力和科学技术发展水平，社会生产关系、政治观点、政治制度以及受教育者身心发展状况，理论研究水平的制约。

第二节 教育目的的相关理论

教育目的的提出和确定，一方面要反映客观的需要，有客观的依据；另一方面它是思想的产物，离不开一定的世界观和方法论。探讨教育目的的相关理论基础有利于我们形成正确的教育目的观。

一、个人本位论与社会本位论

（一）个人本位论

个人本位论坚信人生来就具有健全的本能，就是真善美的体现。主张教育目的是根据人的本性和发展需要来确定的；重视人的价值，强调个人价值高于社会价值；教育的根本目的在于使人的本性、本能得到自然发展，使其需要得到满足。

这种教育目的观的源头可以追溯到古希腊时期的智者学派。正如智者学派代表人物普罗泰戈拉所言："人是万物存在的尺度。"① 他主张教育的目的不在于国家利益和社会发展，而在于发展人的个性和理性，使人成为真正的人。这是个人本位论的理论萌芽。18 世纪和 19 世纪初是这一理论的全盛时期，主要代表人物有法国的卢梭、瑞士的裴斯泰洛齐、德国的康德和福禄贝尔等。

答案解析
5.4—5.5

历年真题

【5.4】简述个人本位论的主要观点。

【5.5】在教育目的的价值取向上，主张教育是为了使人增长智慧、发展才干、生活更加充实幸福的观点属于（　　）。

A. 个人本位论　　B. 社会本位论　　C. 知识本位论　　D. 能力本位论

① 朱德全，易连云．教育学概论［M］．重庆：西南师范大学出版社，2003：109.

（二）社会本位论

社会本位论认为个人的发展有赖于社会、受社会的制约，主张教育目的应根据社会需要来确定；促使个人社会化，适应社会需要；培养符合国家根本精神的有用公民。教育的一切活动都应服从和服务于社会需要，教育除了社会目的之外，没有其他目的。古希腊时期的柏拉图和我国战国时期的荀子，19 世纪的孔德、迪尔凯姆、纳托尔普、凯兴斯坦纳等都持这种观点。

从理论上讲，个人本位教育目的观和社会本位教育目的观都有其合理的一面，但同时也存在片面、过激的一面。只有将社会发展需要与人的发展需要结合起来才是科学的，确定教育目的应反映出社会需要和个体发展之间的辩证统一。

历年真题

【5.6】德国教育家凯兴斯坦纳曾提出过“造就合格公民”的教育目的。这种教育目的论属于（　　）。

A. 个人本位论　　B. 社会本位论　　C. 集体本位论　　D. 个别差异性

答案解析5.6

重点提示

个人本位论以卢梭、裴斯泰洛齐、康德等为代表，强调教育目的应以个人需要为本，以个人自身完善和发展为出发点。社会本位论以孔德、迪尔凯姆等为代表，强调教育目的应根据社会需要来确定，促使个人社会化。

考点拓展5.1

二、文化本位论与生活本位论

（一）文化本位论

文化本位论强调教育目的要围绕文化来展开，认为教育活动就是一种文化活动，其最终目的在于唤醒人们的意识，使其能够自觉地追求理想价值，创造新文化。文化本位论认为教育活动所要培养的“与其说是善于处理当前问题的务实的人，不如说是有丰富教养、能在风云突变的时代潮流中不失本质因素和永恒因素的有教养的人”[1]。文化本位论的主要特点是：第一，崇尚精神，关注生命价值；第二，强调文化，倡导人与精神文化的融合。文化教育学在论述教育目的的同时，希望通过文化陶冶和文化理解来促进人的和谐发展，即通过文化来说明人，通过人去界定文化。其主要代表人物是德国的狄尔泰和斯普朗格。

（二）生活本位论

生活本位论主张教育要和生活相联系，最具代表性的是英国哲学家、教育家斯宾

---

① 钟启泉. 现代教育学基础［M］. 上海：上海教育出版社，1986：129.

塞提出的教育准备生活说和美国教育家杜威提出的教育适应生活说。斯宾塞提出："为我们的完美生活做准备是教育应尽的职责，而批判一门教学科目的唯一合理办法就是看它对这个职责尽到什么程度。"① 而杜威则认为："教育是生活的过程，而不是将来生活的准备。"② 他主张把教育理解为教育生活，并提出"教育即生活"。虽然这两种观点都存在一定的局限性，但是对于我们重新认识教育的目的和价值具有重要的启发意义。生活本位论把教育生活看作是生活，把生活理解为生长，认为教育的目的就是生长，这种观点的偏颇之处在于没有为生长建立一个正确的标准。因为，生长是方向性的，是具有好坏之别的。这是我们在分析生活本位论教育目的观时需要注意的。

重点提示

文化本位论以狄尔泰和斯普朗格为代表，强调教育目的要围绕文化来展开，最终目的在于唤醒人们的意识。社会本位论以斯宾塞、杜威为代表，强调教育应为生活做好准备、适应社会生活。

三、人文主义目的观与科学主义目的观

（一）人文主义目的观

人文主义目的观是以人为中心和以人自身的发展与完善为出发点和归宿的教育目的观。认为人性是美好的，并且是永恒不变的，教育的本质和根本目的是培育人性。另外，在人文主义教育者看来，人区别于动物的本质特征就是人的理性，唯独人才具有理性，所以对人的教育要尽可能地实现或显示人的理性或心灵。人文主义非常注重个人价值，认为个人价值高于社会价值，其最高层次是个人的自我完善和自我实现，是形成完善的人性和获得美好精神生活。因此，人文主义在价值观上表现为重个人轻社会、重内在轻外在、重精神轻物质、重人文轻科学。其代表人物是美国心理学家马斯洛和罗杰斯。

（二）科学主义目的观

科学主义目的观是以社会性需要为出发点和归宿、以科学为中心的功利性教育目的观，它是伴随着科学的发展以及科学功能的日益显现而产生的。代表流派是实用主义教育和学科结构主义教育。由于受实用主义教育思想的影响，科学主义目的观特别强调教育的变化性以及教育的有用性。他们认为人性是可塑的，教育必然要随着社会的发展变化而发展变化。学校教育应该更实际些，要增加更多的活动，设置较多的职业课程和技术课程，培养学生适应社会和职业的能力。科学主义目的观有下列特点：第一，重视教育目的的社会适应性；第二，重视教育目的的社会功利性；第三，重视

---

① 吴式颖．外国教育史教程［M］．南京：江苏人民出版社，1982：124.

② 同上书，第163页。

科学教育，强调提高学生广泛的适应能力和发展学生的智力。科学教育反对强调基础知识的掌握，更反对去掌握烦琐的事实材料，而是更加重视让学生掌握比较抽象的基础理论和科学原理。

重点提示

> 人文主义目的观以马斯洛和罗杰斯为代表，强调教育的根本目的是培育人性。科学主义目的观强调教育应以社会性需要为出发点和归宿。

四、马克思主义的全面发展学说

马克思关于人的全面发展学说的基本观点包括以下三点。第一，人的发展同社会生产的发展相一致。马克思曾经说过："个人怎么样表现自己的生活，他们自己也就怎么样。因此，他们是什么样的，这同他们的生产是一致的——既和他们生产什么一致，也和他们怎样生产一致，因此，个人是什么样，这取决于他们进行生产的物质条件。"[1] 第二，社会分工造成了人的片面发展，现代工业要求人的全面发展。现代生产的发展，尤其是现代科学技术的广泛应用，客观上要求逐步打破传统的脑力劳动和体力劳动的分工，趋于脑体结合。第三，教育是实现人的全面发展的重要途径。教育让他们摆脱现代分工对每个人造成的片面性。同时马克思还指出，教育与生产劳动相结合不仅是改造社会的有力手段，也是培养全面发展的人的重要途径。这一学说确立了科学的人的发展观，指明了人的发展的必然规律，它为确定社会主义教育目的提供了正确的方法论的指导和重要的理论依据。[2] 因此，理解和应用、发展和创造马克思主义全面发展学说，是教育工作者的重要任务。

历年真题

【5.7】马克思主义认为，实现人的全面发展的根本途径是（　　）。

A. 教育与生产劳动相结合　　B. 知识分子与工人农民相结合

C. 普通教育与职业教育相结合　　D. 学校教育与社会教育相结合

答案解析5.7

重点提示

> 目前关于教育目的的理论主要有：个人本位论、社会本位论、文化本位论、生活本位论、人文主义目的观、科学主义目的观、马克思主义的全面发展学说等。学习时注意牢记各种观点的名称、代表人物和基本观点。一般以选择题的形式出现。

---

[1] 涂艳国．教育学导论［M］．武汉：华中师范大学出版社，2011：102.

[2] 南京师范大学教育系．教育学［M］．北京：人民教育出版社，1984：172.

第三节　我国的教育目的和中学培养目标

一、我国的教育目的

中华人民共和国第十二届全国人民代表大会常务委员会第十八次会议于 2015 年 12 月 27 日通过了修改后的《中华人民共和国教育法》，明确规定我国的教育目的是“教育必须为社会主义现代化建设服务、为人民服务，必须与生产劳动和社会实践相结合，培养德、智、体、美等方面全面发展的社会主义建设者和接班人”。

（一）我国教育目的的内涵

《中华人民共和国教育法》规定的教育目的的内涵可以从下列几个方面进行理解。

1. 为社会主义现代化建设服务

这是教育目的的政治方向问题。“为社会主义现代化建设服务”明确规定了我国教育的社会主义方向。我国是社会主义国家，通过教育所培养的各级各类的建设者和接班人，不论他们在社会中扮演什么角色，他们都是国家的主人，是社会主义的建设者，他们都要参与社会劳动，这既是他们谋生的必要手段，也是为他人、为社会做贡献的基本形式，同时还是他们为社会主义现代化建设服务的具体表现。

2. 为人民服务

这是教育目的的社会价值问题。“为人民服务”是我党的根本宗旨。中国共产党是人民利益和愿望的代表，只有全心全意为人民服务才能得到人民的拥护和支持。教育的目的之一就是为人民过上美好的生活而努力。为人民服务是每个知识分子的基本职责和终生奋斗的目标。

3. 德、智、体、美全面发展和个性成长

这是对受教育者身心素质的要求。教育目的中提出的“德、智、体、美等方面全面发展”是指受教育者个体在品德、智力、体质以及审美能力和劳动能力诸方面都得到发展，也就是受教育者个性的全面发展。因为，品德、智力、体质、审美能力和劳动能力等素质要素在受教育者个体身上的特殊结合是各不相同的，由此构成了他们的个性特点，表现出各自不同的全面发展的个性。可见，个人的全面发展和个性发展是辩证统一的。因此，我们讲的全面发展，绝不是要求每个受教育者各方面平均发展，成为同一模式的人，而是包括个性的多样性和丰富性。因此，教育要使受教育者都能根据自身的特点，发展有益的个性。

4. 社会主义事业的建设者和接班人

“建设者”和“接班人”是教育目的表述中的主题中心词。我们要培养的“建设者”和“接班人”是统一的。它要求受教育者同时具有“建设者”和“接班人”的基本特质，既有建设之才，又有接班之能，德才兼备。它要求教育所培养的人将来无论从事何种职业或工作——是从事以体力劳动为主的还是从事以脑力劳动为主的职业或工作，都应当成为社会主义事业的合格建设者，同时又应当是坚持走社会主义道路的可靠接班人。

（二）我国教育目的的基本特征

我国现阶段的教育目的有下列一些基本特征。

1. 以马克思的“全面发展学说”为理论基础

马克思关于人的“全面发展学说”通过对生产过程中作为劳动力的人的特征和属性的历史考察，确立了关于人的发展的科学理论，指出“人的本质并不是单个人所固有的抽象物。在其现实性上，它是一切社会关系的总和”①，认为人是通过实践活动而获得自身发展的，人的全面发展是社会生产发展的普遍规律。马克思关于人的全面发展的学说为我国确定社会主义的教育目的提供了科学的价值观和正确认识、处理社会与个人发展关系的方法论。从我国教育目的的表述可以看出，我们始终坚持德、智、体、美等方面全面发展的方向，始终强调教育与生产劳动相结合的方针。这就是我们落实马克思关于人的全面发展学说的表现。

历年真题

答案解析5.8

【5.8】确立我国教育目的的理论基础是（　　）。

A. 素质教育理论　　B. 马克思关于人的全面发展理论

C. 创新教育理论　　D. 生活教育理论

2. 以社会主义为方向

我国是社会主义国家，教育自然要为社会主义建设服务，这是我国教育性质的根本所在。教育的根本目的就是为社会主义现代化建设培养各种人才。中华人民共和国成立后，我国在不同时期有不同的教育目的，无论我国发展的各个时期工作重点有什么不同，我国教育目的所规定的社会主义性质却始终没有变。这在各个时期所提出的教育目的中均有表现，如“有社会主义觉悟的有文化的劳动者”“社会主义人才”“社会主义建设者和接班人”，等等。

3. 以“为人民服务”为宗旨

为人民服务，是指“为人民的利益而工作的思想和行为”，由毛泽东在 1944 年 9 月 8 日在张思德的追悼大会上提出。为人民服务不仅是共产主义道德的基本特征和规范之一，也是中国共产党党员和中华人民共和国国家机关及其工作人员的法定义务。任何社会主义事业的建设者和接班人都应确立为人民服务的思想，所以在 2015 年 12 月 27 日修订的《中华人民共和国教育法》中新加了这项内容。

4. 以德、智、体、美、劳全面发展为内容

这是我国人才培养的规格标准，是教育目的中对受教育者身心素质的要求。我们历来主张培养的人必须德才兼备，既要有崇高的理想、道德和革命人生观，又要有丰富的科学文化知识和技术。同时，要有健康的体魄，具备高尚的审美情趣，表现美、

---

① 马克思恩格斯全集：1 卷［M］. 北京：人民出版社，1972：18.

创造美的能力以及劳动观点和生产劳动技能。

5. 以培养建设者和接班人为目标

我国是社会主义国家，劳动是每一个有劳动能力的公民的光荣职责。不论人们承担什么社会角色，都要参加社会劳动，这既是个人谋生、自立、自强的手段，也是个人为他人、为社会做贡献的形式。我国各时期教育目的所要求培养的人才，都是服务于社会主义的“劳动者”“建设者”“接班人”。

6. 以提高全民族素质为终极目标

我国教育目的不仅包含对人的全面发展的要求，而且还含有对整个民族素质全面提高的要求。提高全民族的素质，是我国当今社会发展赋予教育的根本宗旨，是我国当代教育的重要使命；提高全民族的素质，促进经济建设和社会发展，也是我国教育目的所蕴含的一个重要方面。

重点提示

中华人民共和国成立后，我国在不同时期有不同的教育目的，必须牢记《中华人民共和国教育法》中规定的教育目的，同时要熟记并理解教育目的的内涵与特点。

二、全面发展教育

（一）概念

在准确理解“全面发展教育”概念之前首先要明确“人的全面发展”的概念。

1. 人的全面发展

人的全面发展是马克思主义关于人的全面发展学说中的一个重要概念，它是针对旧式分工所造成的体脑分离与人的体力和智力的片面发展而言的，具有发展性。其内涵是指人的体力和智力的充分发展，后扩展为包括人的道德意向和志趣、个性的发展，亦即人在德、智、体、美等方面的充分发展。

2. 全面发展教育

人的全面发展与全面发展教育既有联系，但又是内涵不同的两个概念。前者是指教育要实现的目的，它的内涵是教育要把人培养成什么样的人；后者是指教育要实施的内容，其内涵是对受教育者实施哪些方面的教育。实现人的全面发展必须施以使人的身心得到全面发展的教育。实现人的全面发展是实施全面发展教育的目的，而实施全面发展的教育则是实现人的全面发展的手段和途径。

（二）内容

关于全面发展教育的构成，目前还有“三育说”“四育说”“五育说”，甚至“六育说”“七育说”“八育说”等不同的观点。“三育说”是指德育、智育、体育，“四育说”是指德育、智育、体育、美育，“五育说”是指德育、智育、体育、美育、劳动技术教育，还有在“五育说”的基础上加上心育（心理教育）、法制教育等。但多数人认为我国中小学实施的全面发展教育包含德育、智育、体育、美育、劳动技术教育这“五育”。

1.“五育”的构成

（1）德育。德育，即思想品德教育，它包括政治教育、思想教育和品德教育三个方面。它是指教育者根据一定社会的要求和青少年、儿童思想品德形成发展的规律，有目的、有计划地对学生施加系统的政治、思想和道德影响，并指导学生通过积极的活动、体验、身体力行，将一定的社会意识和道德规范转化为个体的思想品德的活动。其任务是教育和引导学生领悟政治观点，培养学生坚定正确的政治立场；教育和指导学生学习马克思主义，形成科学的世界观和人生观；组织和指导学生的道德行为实践，培养良好的道德品质和行为习惯。德育集中体现了社会主义教育的政治方向，对学生的全面发展起着导向和动力的作用。

（2）智育。智育，即智能教育，是指以系统的科学知识和技能武装学生、发展学生智力的教育。其任务是向学生传授并教育引导学生掌握系统的现代文化科学基础知识和基本技能，发展学生智力，指导学生学习方法，教会学生学习，培养和提高学生的自学能力。智育是全面发展教育的重要组成部分，它在帮助学生认识客观世界、提高分析和解决问题能力、掌握从事社会主义现代化建设的实际本领和个性全面发展中起着重要作用。

（3）体育。体育，即身体素质教育，是指组织和指导学生锻炼身体，增强身体素质，提高健康水平和运动能力的教育。其任务是向学生传授体育运动的知识和技能，发展学生的体力和运动能力，增强学生的身体素质，同时培养学生锻炼身体和讲究卫生的良好习惯，促进学生身体健康发展。体力和体质的发展是个性全面发展的生理基础。青少年儿童体质的优劣关系到国家的未来、民族的兴衰，直接影响着我国社会主义现代化的建设。因此，体育作为全面发展教育的组成部分，是进行全面发展教育的基础，在培养全面发展的人的过程中起着重要作用。1925 年，毛泽东同志在《体育之研究》一文中曾明确指出：“体育之道，配德育与智育，而德智皆寄于体，无体是无德智也。”“体者，载知识之车而寓道德之舍也”。这辩证地阐述了体育对智育、德育所起的作用。

（4）美育。美育，即美学教育，又称审美教育，它是指培养学生正确的审美观，发展学生感受美、鉴赏美和创造美的能力，以及培养学生高尚的情操、高雅的情趣和文明的素养的教育。其任务是培养学生对自然美、生活美和艺术美的正确审美观，发展其感受美、鉴赏美的能力，培养学生创造美的兴趣和才能，同时促进学生养成高雅情趣，培养高尚情操和良好文明素质，实现“心灵美、语言美、行为美、环境美”。美育渗透到人的全面发展教育的各个方面，它对净化学生心灵、激励学生热爱生活、陶冶学生性情、促进学生追求真善美——形成高尚情操和文明素质、实现身心和谐发展具有特殊的作用。同时，美育也是社会主义精神文明建设的重要内容，它在促进社会主义精神文明和物质文明建设方面起着重要作用。

（5）劳动技术教育。劳动技术教育，亦称生产劳动技术教育，它是指培养学生劳动观点，并组织和引导学生参加社会生产实践，形成劳动习惯，从而初步掌握现代生产劳动的基础知识、基本原理和基本技能的教育。其任务是向学生传授并使学生初步掌握现代生产技术的基础知识、基本原理和基本技能，学会使用一般的劳动工具；组织学生参加生产劳动实践、接触社会、接触工农，培养学生正确的劳动观点、良好的劳动习惯、热爱劳动人民的思想感情、热爱劳动和劳动成果（包括热爱公共财物）的优良品质，为学生今后就业和生活打下劳动技术知识、劳动技能、劳动态度以及一定的生活自主自理自立能力的基础。劳动技术教育的实施，有助于促进学生实现理论知识学习与实践运用相结合、脑力劳动和体力劳动相结合、学以致用，有助于促进学生的知识和能力和谐健康的发展，有助于学生为将来生活与就业打好一定的基础。在现代教育发展中，劳动技术教育将起着日益重要的作用。

2. “五育”的关系

“五育”既各有其相对独立性，又具有内在联系，它们共同构成我国的全面发展教育。

首先，“五育”中的各育都针对人的身心素质发展的某一方面，都有自己独特的任务、作用和特殊的教育方法、手段，不能相互取代。如德育针对的是学生的品德培养，关注重点是政治思想、人生价值、行为方式、为人处世等；智育针对的是学生的智能提升，关注重点是知识、能力等；体育针对的是学生体质的增强，关注重点是身体素质、卫生习惯等；美育针对的是学生的美感养成，关注重点是欣赏能力、生活情趣、精神境界等；劳动技术教育针对的是学生的劳动锻炼，关注重点是劳动意识、劳动技能、职业生活等。“五育”中的各育都有独特的功能和作用，教育实践中应坚持“五育并举”，任何一育都不能偏废。

其次，“五育”中的各育又相互依存、相互渗透、相互促进，共同构成一个整体，每一育都是全面发展教育中必不可少的构成部分。例如，德育为人的发展提供方向和动力，保证各育效果的性质；智育为各育目标的实现提供必要的科学知识基础和智力基础；体育为各育实施提供身体条件；美育为各育的实施提供审美保证，是全面教育的升华；劳动技术教育为各育的实施提供手段，劳动技术教育可以促进脑力劳动与体力劳动结合，使学生手脑并用、理论联系实际，是全面发展的手段。在思想上、在研究中可以把各育分离开来，但在实践中每一育都不可能相互孤立地对学生发生作用，必须要树立整体观念，把各育作为整体的一部分来认识。只有综合设计教育活动，发挥教育的整体功能，才能真正提高教育的实效。

历年真题

【5.9】辨析题：全面发展就是指学生德、智、体诸方面平均发展。

答案解析5.9

（三）实施

考点拓展5.2

实施全面发展教育是实现我国社会主义教育目的的必然要求。在教育实践中应特别注意以下几个问题：

1. 正确处理“五育”关系，科学设计教育活动

我们强调“五育并举”，但这并不意味着在教育实践中平均用力，应根据各育的特点和人的身心发展规律，进行科学设计、合理安排。如各育的内容选择、课时比例、

教育方法和手段、效果评价方法和手段等都应充分考虑各育的特点和不同阶段学生发展的特点。各育相互依存、互为条件，但各育的实施需要不同的身心发展基础、不同的教育教学条件和方法，它们的效果也会以不同的方式体现。比如，在全面发展教育中德育是导向和动力，因而强调德育为先或德育为首，但这并不是说要用更多的课时学习德育知识，因为德育是渗透在教育全过程的，它既涉及认知，更涉及情感、意志和行为习惯等，是不能完全依靠课程学习解决问题的。

2. 正确认识全面发展和个性发展的关系

在教育实践中有人会以个性发展否定全面发展，将两者对立起来。事实上，全面发展与个性发展是一致的、统一的。我们所指的全面发展是每个人的全面发展，即“个性的全面发展”。我们所指的个性是指每个人在全面发展过程中由于客观存在的各种差异而形成的各不相同的个性，是全面发展的自然结果，即“全面发展的个性”。马克思主义的全面发展有一个重要的维度是自由发展，是以个人合乎本性的自由发展为条件的。所以，全面发展不等于平均发展或平面的发展，不是整齐划一的发展，不是也不可能是每个人同样的发展。因为不同个体所处环境不同，具有的自身素质和客观条件也不同，因而必然会形成不同的个性、兴趣和特长。全面发展是对人的普遍、统一的基本要求，个性发展是教育的必然结果。教育实践中要在全面发展这一基本要求的基础上，因材施教，在充分发挥每个学生长处的同时求得学生的全面、和谐发展。

3. 坚持以人为本，充分发挥师生潜能

党的十七大报告指出：科学发展观第一要义是发展，核心是以人为本，基本要求是全面协调可持续，根本方法是统筹兼顾。教育是专门培养人的活动，实施全面发展教育必须用科学发展观为指导，坚持以人为本。只有这样才能实现人的全面发展的目标，办人民满意的教育。坚持以人为本就是要把教育的重点转向人本身，在教育过程中把人的全面发展放在中心地位，就是要顺应人的禀赋，以人的个性发展需要为本，最大限度地挖掘、发展人的潜能，完整而全面地关注人的发展。以人为本首先就是要以学生的发展为本，要面向全体学生，尊重学生的差异和个性，促进学生全面、和谐发展。其次就是要依靠教师，激发全体教师的责任心和积极性，发挥全体教师的智慧和才能。

4. 树立崇高理想，培养学生创新精神和实践能力

科学的世界观、人生观、价值观，优良的道德品质，具有为国家、社会的美好前途奋斗的精神等，既是社会对年轻一代的必然要求，又是年轻一代成长的内在需要。实施全面发展教育首先要解决学生的学习方向、学习动力等问题，激发学生的学习欲望。其次要重视培养学生的创新精神和实践能力。创新精神包括创新意识、创新兴趣、创新胆量、创新决心以及相关的思维活动，是进行创新活动必须具备的一些心理特征。创新精神需要具有良好的知识基础和科学素养、敏锐的观察力、准确的判断力、独立的思考和分析决策能力、高超的信息处理能力和进行发明创造、改革、革新的意志、信心、勇气和智慧等。实践能力，指运用所学知识解决实际问题的能力、直接的生产劳动和社会实践的能力等。重视实践、重视实践能力的培养既是知识学习的需要，更是培养全面发展的人的途径。

5. 确定合理的培养目标，促进学生生动活泼、主动发展

教育目的是对人的理想设计，是教育努力的方向，它对教育实践发挥着价值引

导作用，是对各级各类学校的统一要求。培养目标是教育目的的具体化，从各级各类教育的实际出发，提出既与教育目的的指导方向一致，又符合教育实际需要的目标，将教育目的的指导性与培养目标的现实性统一起来，才能真正指导教育活动。培养目标的确立除了考虑落实教育目的之外，还应结合各级各类学校教育的性质和任务，以及特定教育对象的身心特点及规律。确定合理的培养目标才能使教育目的真正落到实处。

重点提示

我国教育目的的理论基础是马克思的全面发展学说，构成要素是德、智、体、美、劳，特别注意“五育”中的美育与体育，以及“五育”之间的关系与教育目的的实现路径。

三、我国中学的培养目标

我国的基础教育一般分为小学、初中、高中三个阶段，其中小学和初中被确定为义务教育阶段。义务教育是指依据国家法律规定，适龄儿童和青少年必须接受，国家、社会、学校和家庭必须予以保证的一定程度和年限的国民教育。所以义务教育是一种强制教育，或称强迫教育，是普及国民教育最强有力的手段。随着教育改革的全面推进，我国基础教育的结构、培养目标和课程设置均已发生了变化，义务教育正向着九年一贯制迈进。

（一）九年义务教育的培养目标

根据 2001 年教育部颁布的《基础教育课程改革纲要（试行）》的规定，九年义务教育的培养目标是：“具有爱国主义、集体主义精神，热爱社会主义，继承和发扬中华民族的优秀传统和革命传统；具有社会主义民主法治意识，遵守国家法律和社会公德；逐步形成正确的世界观、人生观、价值观；具有社会责任感，努力为人民服务；具有初步的创新精神、实践能力、科学素养和人文素养以及环境意识；具有适应终身学习的知识基础、基本技能和方法；具有健壮的体魄和良好的心理素质，养成健康的审美情趣和生活方式，成为有理想、有道德、有文化、有纪律的一代新人。”

初中阶段具体的培养目标如下：①

（1）德育方面：具有爱祖国、爱人民、爱劳动、爱科学、爱社会主义的思想感情，初步了解辩证唯物主义、历史唯物主义的基本观点，初步具有为人民服务和集体主义的思想，具有守信、勤奋、自立、合作、乐观、进取等良好的品德和个性品质，遵纪守法，养成文明礼貌的行为习惯，具有分辨是非和自我教育的能力。

（2）智育方面：使学生掌握必要的文化科学技术知识和基本技能，具有一定的自学能力、动手操作能力，以及运用所学知识分析和解决问题的能力，初步具有实事求

---

① 傅建明．教育原理与教学技术［M］．广州：广东教育出版社，2005：146.

是的科学态度，掌握一些简单的科学方法。

（3）体育方面：初步掌握锻炼身体的基础知识和正确方法，养成讲究卫生的习惯，具有健康的体魄。

（4）美育方面：具有初步的审美能力，形成健康的志趣和爱好。

（5）劳动技术教育方面：生活自理和参加力所能及的家务劳动，初步掌握一些生产劳动的基础知识和基本技能，了解一些择业的常识，具有正确的劳动态度和良好的劳动习惯。

（二）高中阶段的培养目标

2003 年 3 月 31 日，由教育部制定的《普通高中课程方案（实验）》规定的普通高中教育的培养目标如下：

普通高中教育是在九年义务教育基础上进一步提高国民素质、面向大众的基础教育。普通高中教育为学生的终身发展奠定基础。普通高中教育应全面落实《国务院关于基础教育改革与发展的决定》所确定的基础教育培养目标，并特别强调使学生：

（1）初步形成正确的世界观、人生观、价值观；

（2）热爱社会主义祖国，热爱中国共产党，自觉维护国家尊严和利益，继承中华民族的优秀传统，弘扬民族精神，有为民族振兴和社会进步做贡献的志向与愿望；

（3）具有民主与法制意识，遵守国家法律和社会公德，具有维护社会正义，自觉行使公民的权利，履行公民的义务，对自己的行为负责，具有社会责任感；

（4）具有终身学习的愿望和能力，掌握适应时代发展需要的基础知识和基本技能，学会收集、判断和处理信息，具有初步的科学与人文素养、环境意识、创新精神与实践能力；

（5）具有强健的体魄、顽强的意志，形成积极健康的生活方式和审美情趣，初步具有独立生活的能力、职业意识、创业精神和人生规划能力；

（6）正确认识自己，尊重他人，学会交流与合作，具有团队精神，理解文化的多样性，初步具有面向世界的开放意识。

重点提示

我国高中现行的培养目标是本节的重点，记忆时大致可以根据下列逻辑：三观—国家与民族意识—法制与责任—学习与素养—体艺与能力—人际处理。

本章小结

教育目的与培养目标是教育工作的核心或者说是行动纲领，其制定科学与否直接制约着教育的方向与质量。但是关于“教育目的应该是什么”“教育目的应该由谁来决定”等问题，尽管先哲圣贤们有过大量的研究，但并没有一个明确的答案。原因是影响教育目的的相关因素众多，诸如学生利益、道德意向、公民素质、经济因素、职业因素、对知识的追求等，要对这些因素进行平衡并不是一件容易的事。因此，基于

“教育应该是怎样的”逻辑，本章试图回答“教育目的与培养目标应该是怎样的”问题。

☞ 本章要点回顾

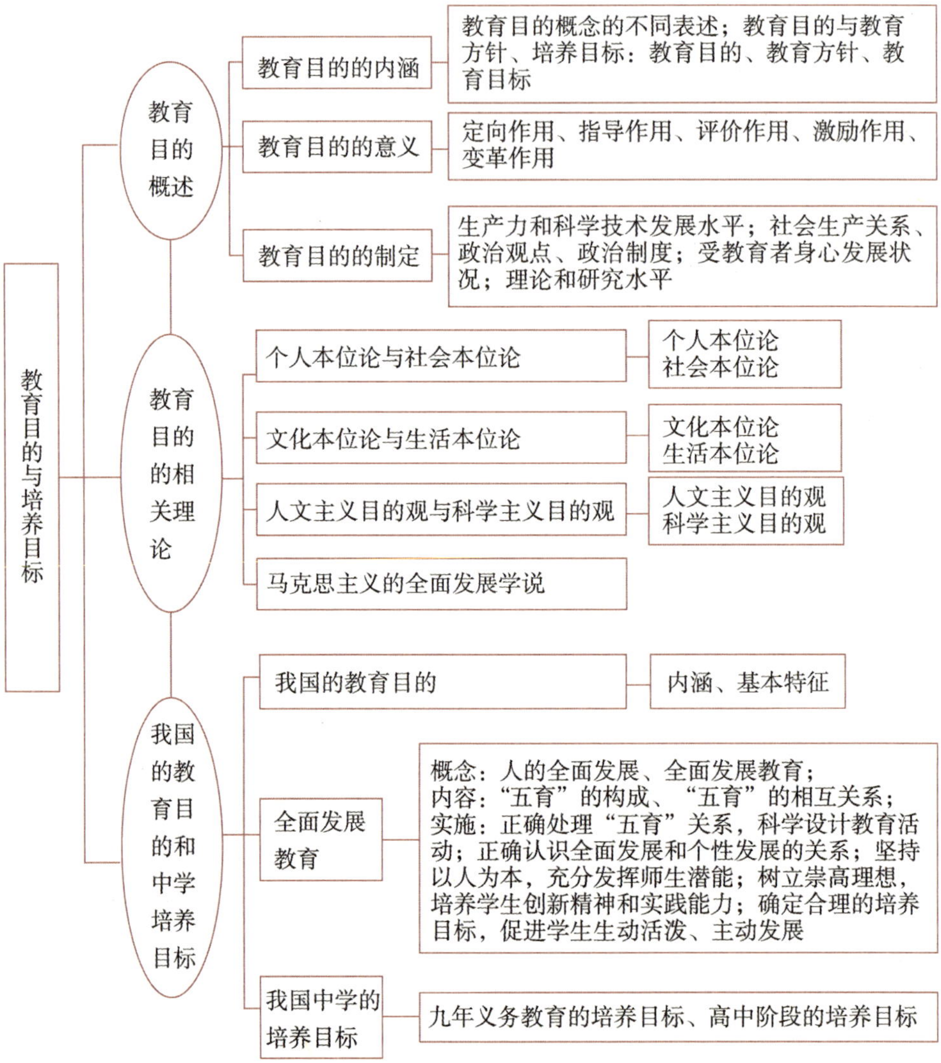

第六章

中学课程

☞ 学习完本章，应该做到：

◎ 准确识记课程的概念与课程的表现形式，熟悉课程论的几种流派及其观点。

◎ 熟记课程类型的含义与特点，并能够对相关课程进行分类。

◎ 了解课程资源含义与特点，知道课程开发原则与开发模式。

◎ 识记我国基础教育课程改革的理念、目标与具体内容，能够分析评判基础教育课程改革现状。

◎ 了解基础教育课程改革的发展趋势。

☞ 学习本章时，重点内容为：

准确了解课程广义与狭义的概念，特别是广义上课程的概念；知道课程文本的表现形式；掌握按照不同标准划分的课程类型，熟悉课程开发的含义及模式，树立课程开发意识与责任；重点掌握我国基础教育课程改革的理念、目标与具体内容。

☞ 学习本章时，具体方法为：

本章主要由两大部分构成：一是课程基本理论，二是我国基础教育课程改革。课程基本理论部分的学习主要沿着学习课程含义与表现形式、几种典型的课程流派以及不同的课程类型进行。我国基础教育课程改革部分，首先学习基础教育课程改革的背景与历程，以及基础教育课程改革的理念与目标；然后学习在理念与目标指导下形成的基础教育课程改革的主要内容；最后学习在国际化背景下基础教育课程改革的发展趋势。

【引子】

动物学校

在很久很久以前，动物们决定创办一所学校以应付日益变化的世界的需要。在这所学校里，教授一组由跑、跳、爬、游泳、飞行等科目组成的活动课程。为了便于管理，所有的动物必须学习所有的科目。

第一批学员有鸭子、兔子、松鼠、鹰以及泥鳅。

鸭子在游泳这门课上表现相当突出，甚至比它的老师还要好，可飞行课只能勉强及格，而对于跑步则感到非常吃力。由于跑得慢，它不得不每天放学后仍留在学校里，放弃心爱的游泳以腾出时间练习跑步。它不停地练呀练呀，脚掌都磨破了，终于获得了勉强及格的成绩。而它的游泳科目，由于长期得不到练习，期末时只获得了中等成绩。学校对中等成绩是能够接受的。所以除了鸭子本人以外没有人在乎这一点。

兔子在刚开学时是班里跑得最快的，但由于在游泳科目中有太多的功课要做，结果它的精神都快崩溃了。

松鼠的成绩一向是班里最出色的，但它对飞行科目感到非常沮丧，因为它的老师只许它从地面上起飞，而不允许从树顶上起飞。由于它非常喜欢跳跃，并花了很多时间致力于发明一种跳跃的游戏，结果期末时爬行科目只得了一个 C，跑步只得了一个 D。

鹰由于活泼爱动受到老师们严格管制。在爬行科目的一次测验中，它战胜了所有的同学，第一个到达了树的顶端，但它用的是自己的方法而不是老师所教的那种，因此它并没有得到老师的表扬。

学期结束公布成绩，表现普普通通的泥鳅同学，由于游泳还马马虎虎，跑、跳、爬成绩一般，也能飞一点，因此它的成绩是班里最高的。毕业典礼那天，泥鳅作为全体学员的唯一代表在大会上发了言。[①]

看到“课程”两字，你首先想到的或许是教科书，或许是课表中所列的科目。但课程是一个极其宽泛的概念，也是学校教育系统中最重要、最繁难的教育问题之一。[②]说其重要，是由于课程是学校实现教育目标的关键；说其繁难，是由于学校中的每一个人都是这个世界的唯一，课程如何促进每一个学生的发展就显得极为复杂。动物学校所设的科目之所以只能培养出整齐划一的庸才，是因为动物学校仅仅从便于管理的角度出发，将重要、繁难的课程问题简化为固定科目，这些科目犹如“普罗克拉斯提之床”（the Procrustean bed），束缚了动物们的发展。那么，对于未来的教师而言，课程到底是什么？如何设计促进学生发展的课程呢？

第一节　课程与课程流派

一、课程概念

（一）课程的词源分析

“课程”一词的含义十分宽泛，远远超出学校教育的范围。宋朝朱熹在《朱子全书》中频频提及“课程”，如“宽着期限，紧着课程”“小立课程，大作工夫”等。朱熹说的“课程”主要是指“功课及其进程”，这与今天日常语言中“课程”的意义已极为相近。在我国，“课程”的指称有四个层面：一是指“为实现学校教育目标而选择的教育内容的总和”；二是“泛指课业的进程”；三是指“学科的同义词”，如语文课程、数学课程等；四是指以一定时间为单位的“一节课”。

在西方，英国著名教育家斯宾塞在 1859 年《什么知识最有价值》中最早提出“课程”（currieulunl）一词，意指“教学内容的系统组织”。该词源于拉丁语（currere），意为“跑”“跑道”。根据这个词源，西方最常见的课程定义是“学习的进程”，简称“学程”。在西方国家，课程作为一个术语概念，有三个层面的指称：一是指“一组课

① 胡东芳．动物学校［J］．内蒙古教育，2000，（10）：13.

② 钟启泉．现代课程论（新版）［M］．上海：上海教育出版社，2003：3.

程”；二是指“课程系统”，包括课程规划、课程实施和课程评价等部分，又称为课程工程；三是指“课程研究领域”（即中文的“课程论”）。所以，古今中外对“课程”一词含义的理解是基本一致的，即“课程是指学校教学的科目及其进程”。

（二）课程的不同定义

关于课程的定义，不同的学者有不同的观点，下面摘要介绍。

1. 课程即教学科目

把课程等同于教学科目，在历史上由来已久。我国古代的课程有礼、乐、射、御、书、数“六艺”，欧洲中世纪初的课程有文法学、修辞学、辩证法、算术、几何、音乐、天文学“七艺”。事实上，西方学校是在“七艺”的基础上增加其他学科，而逐渐形成现代学校课程体系的。斯宾塞最初把教学内容的系统组织定为课程的内涵，实质上是确立了课程即知识或系统化的知识的观点；教师把有价值的知识系统化，形成一定的科目或学科，将这些学科的知识传授给学生，以实现教育目标。

2. 课程即学习结果或目标

课程即预期的学习结果或目标。一些学者认为，课程应该直接关注预期的学习结果或目标，即要把重点从手段转向目的，因而教育教学目标的选择和制定成为核心任务。这就要求课程应事先制定一套有结构、有序列的学习目标，然后，围绕预定的教育教学目标而选择、组织学习经验，实施教育教学活动，并进行教育教学评价。持这种课程观的主要有博比特、泰勒、加涅等人。

3. 课程即“计划”

课程即“教育计划”或“学习计划”。这一计划包含了教育、教学的目标、内容、活动和评价等，甚至把教学方法和教学设计等都组合到了一起。这种观点是20世纪50年代以来较为流行的观点，其主要代表人物有麦克唐纳、斯滕豪斯等。我国的吴杰教授持这种观点：“课程是指一定学科有目的的有计划的教学进程。这个进程有量和质方面的要求，它也泛指各级各类学校某级学生所应学习的学科总和及其进程和安排。”

4. 课程即“经验”

20世纪20年代，进步主义教育思潮盛行。受美国实用主义教育家杜威的教育思想影响，当时的观点强调尊重儿童的兴趣与需要，发展儿童的个性，主张以儿童的生活经验为课程。持这种课程观的人把课程看作学生在教育环境中与教师、材料等相互作用的所有经验，这种“经验”实质上包含了“活动”“学习经验”“学习活动”等内涵。而“经验”又分为两种情况：一是强调教育者有意识（有目的、有计划）提供的经验；二是泛指儿童习得的教育性经验，如“课程即儿童在学校的经验”等。

5. 课程即活动

课程即活动观点认为“课程最大弊端是与儿童生活不相沟通，学科科目相互联系的中心点不是科学，而是儿童本身的社会活动”。该观点认为课程应通过研究成人的活动，识别各种社会需要，把它们转化成课程目标，再进一步把这些目标转化成学生的学习活动。这种取向的重点是放在学生做些什么上，而不是放在教材体现的学科体系上。以活动为取向的课程，注重课程与社会生活的联系，强调学生在学习中的主动性，是一种探究性的教学。

总之，我们可以从广义和狭义两个方面理解课程。广义的课程是指学生在校期间所学内容的总和及其进程安排，即指学生在学校获得的全部经验，如中学课程。广义的课程主要包括三个方面的内容：首先，学校德、智、体全部的教育教学内容；其次，各门学科、课内教学和课外活动、家庭作业和社会实践活动；最后，各门学科的目的、内容及要求，学科设置的顺序和课时分配，学年和周学时计划安排等。狭义的课程特指某一门学科。我们所研究的通常是广义的课程。

（三）课程的表现形式

课程的内容是构成课程的基本要素，是课程内在结构的核心部分。课程的内容按照不同的文本形式主要体现为课程计划、课程标准、教科书等。

1. 课程计划

课程计划是课程内容的具体表现形式之一，它是根据教育目的和不同类型学校的教育任务，由国家教育主管部门制定的有关学校教育教学工作的指导性文件。它规定不同课程类型相互结构的方式（如学科课程、活动课程及综合课程在课程计划中的地位及所占的比例等），也规定了不同课程在管理及学习方式方面的要求，以及所占比例（如必修课与选修课的比例）；同时，对学校的教学、生产劳动、课外活动等做出全面安排，具体规定了学校应设置的学科、学科开设的顺序及课时分配，并对学期、学年、假期进行划分。课程计划体现了国家对学校的统一要求，是学校办学的基本依据。我国基础教育课程改革实施以来，已用“课程计划”取代过去的“教学计划”。

课程计划的基本内容由培养目标、课程设置、考试考查、实施要求四个部分组成，具体包括七个方面：①培养目标，即预期的课程学习结果；②课程设置，即某一级或某一类学校应开设哪些学科；③学科开设顺序和各学科的主要任务；④课时分配，根据学科的性质、作用、任务、内容的分量和难易程度，恰当地分配各门学科的授课时数；⑤学年和学周安排，包括学年阶段的划分、各个学期的教学周数、学生参加生产劳动的时间等；⑥考试考查的科目、要求、方法；⑦执行计划的若干实施要求。

2. 课程标准

课程标准是国家课程标准的简称，是根据课程计划以纲要的形式规定的某一学科的课程性质、课程目标、内容标准、实施建议的指导性文件。我国基础教育课程改革实施以来，已用“课程标准”取代过去的“教学大纲”。课程标准是教材编写、教学、评估和考试命题的依据，是国家管理和评价课程的基础。课程标准体现着国家对不同阶段的学生在知识与技能、过程与方法、情感态度与价值观等方面的基本要求，规定着各门课程的性质、目标、内容框架，同时提出教学建议和评价建议。

课程标准一般分为“前言”“课程目标”“内容标准”“实施建议”“附录”等五个部分。

3. 教科书

教科书又称课本，是根据课程标准系统阐述学科内容的教学用书，是课程标准的具体化。凡在课程计划中规定的课程，一般都有相应的教科书。

教科书是教学内容选择和组织的物化形态，教科书规定的内容限定了教学的范围，成为师生双方进行教学的最重要资源。教科书不等于教材，教科书只是教材的重要组成部分。教材概念的范围大于教科书，它包括文字教材和音像材料。文字教材，包括教科书、教学参考书、学生的自学指导书等；音像教材，包括影片、幻灯片、光盘、网络资源等。

答案解析 6.1—6.2

历年真题

【6.1】简述课程内容的三种文本表现形式。

【6.2】编写教材（教科书）的直接依据是（　　）。

A. 课程计划　　B. 课程目标　　C. 课程标准　　D. 课程说明

考点拓展 6.1—6.2

二、课程理论主要流派

（一）人本主义课程论

人本主义课程论的主要代表人物有杜威、马斯洛、罗杰斯。卢梭的自然主义教育思想对人本主义的课程论有重大贡献。19 世纪末 20 世纪初，对教育、课程改革产生巨大影响的是杜威。20 世纪 70 年代以后，以美国心理学家马斯洛、罗杰斯为代表的人本主义课程论掀起一个新的高潮。马斯洛、罗杰斯强调教育应培养“自我实现的人格”，这种人格是情绪、感情、态度、价值等的“情意发展”与理智、知识、理解等“认知发展”的统一。

人本主义课程论以追求人的和谐发展为目标，希望人的本性、人的尊严、人的潜能在教育过程中得到实现和发展，强调不能以成人的标准判断儿童，应该研究和尊重儿童的心理发展特征，满足儿童心理发展的要求，为儿童的价值实现创造条件。

人本主义课程论以人本主义心理学为基础，其主要观点如下。

1. 教育的根本价值是实现人的潜能和满足人的需要

人本主义课程论敏锐地指出，结构主义课程对培养社会和科技精英目的的追求，导致了人的畸形化，遗失了人的价值。因此，课程必须走出英才教育思想的笼罩，建立新的教育价值。人是具有心理潜能的，潜能的实现具有内在的倾向性；需要是潜能的自然表现，潜能是价值的基础，需要表现着价值。所以，课程的教育价值就是实现人的潜能和满足人的需要。

2. 教育的根本目的是培养“完人”

人本主义课程论指出，结构主义课程培养出来的是人格不健全的人，教育的目的是培养人格健全、和谐发展和获得自由的“完人”。这样的“完人”，首先是其多种多样的潜能得以发挥，表现为各个层次的需要得以和谐实现；其次是情意发展与认识发展的和谐统一，包括情感、感情和情绪的发展，认知、理智和行为的发展，以及情意与认知、感情与理智、情绪与行为发展的统一。

3. 主张平行课程与并行课程

为了实现人本主义课程论的教育价值和目的，需要建立和实施平行的课程体系，包括学术性课程、社会体验课程和自我实现课程。进而，一种人本主义的并行课程整合模式应运而生，它由知识课程、情意课程和体验整合课程有机结合而成。

4. 组织意义学习

罗杰斯指出，人类学习有两种类型：一种是无意义学习，如无意义音节的学习，这类学习只涉及心智，不涉及感情或个人意义，与“完人”无关；另一种是有意义学习，是指一种使个体的行为、态度、个性以及在未来选择行动方针时发生重大变化的学习，这不仅仅是一种增长知识的学习，而且是一种与每个人的各部分经验都融合在一起的学习。

（二）学科中心课程论

学科中心课程论的主要代表人物为美国教育心理学家布鲁纳。赫尔巴特、斯宾塞的教育思想对学科中心课程论有重要影响。布鲁纳认为，一门学科的概念、原理及其相互关系是一门学科的基本结构，是组成一门学科的核心，知识结构应成为教育的重点。布鲁纳进而提出结构主义的课程设计思想，强调教学主要是讲清学科的基本概念、基本原理和基本结构，主张将教材的逻辑组织（学科结构）与心理组织（不同年龄阶段的智力的内部结构）相结合。

学科中心课程论的主张是，学校课程应以学科的分类为基础，以学科教学为核心，以掌握学科的基本知识、基本规律和相应的技能为目标。该课程流派的主要观点包括：第一，知识是课程的核心；第二，学校课程应以学科分类为基础；第三，学校教学以分科教学为核心；第四，以学科基本结构的掌握为目标；第五，学科专家在课程开发中起重要作用。

（三）社会再造主义课程论

社会再造主义课程论的主要代表有法国的涂尔干、美国的布拉梅尔德、巴西的弗莱雷等。

社会再造主义课程论关心的是课程与社会政治、经济发展的关系。该课程流派的主要观点包括：第一，社会改造是课程的核心；第二，学校课程应以建造新的社会秩序为方向，应该把学生看作社会的一员；第三，课程知识应该有助于学生的社会反思，课程的价值既不能根据学科知识本身的逻辑来判断，也不能根据学生的兴趣、需要来判断，而应该有助于学生的社会反思，唤醒学生的社会意识、社会责任和社会使命；第四，社会问题而非知识问题才是课程的核心问题；第五，吸收不同社会群体参与到课程开发中来。

（四）存在主义课程论

存在主义课程论的主要代表人物是美国的奈勒。该课程流派的主要观点如下。

（1）课程最终要由学生的需求决定。

（2）教材是学生自我实现和自我发展的手段。奈勒认为，不能把教材看作是为学生谋求职业做准备的手段，也不能把其看作是进行心智训练的材料，而应当把它们看作是用来作为自我发展和自我实现的手段；不能使学生受教材的支配，而应该使学生成为教材的主宰。

（3）人文学科应该成为课程的重点。人文学科比其他学科更深刻、更直接地表现了人的本性及人与世界的关系，更能洞察和发展人存在的意义。

（五）后现代主义课程论

后现代主义课程论的主要代表人物是美国学者多尔。多尔在批判泰勒课程模式是现代主义封闭课程体系的产物和典型的基础上，提出了后现代课程的标准（“4R”）。该标准具有如下特征。

1. 丰富性（Richness）

丰富性这个术语不仅与课程的深度、课程作为意义的载体有关，还与课程的多种可能性或解释有关。例如，社会学科包括人类学、经济学、历史、心理学以及社会学等，主要通过对话和协商的方式解释其丰富性。这种丰富性能使各种领域进行合作的、对话性质的探索，因而它与现代主义的观点是不一样的，它体现了一种开放性的特点。

2. 循环性（Recursion）

循环性与现代主义观念下的重复迥然不同。重复是为了提高固定僵化的业绩，其框架是封闭式的；而循环性旨在发展能力，其框架是开放式的。

3. 关联性（Relation）

关联性主要表现在两个方面。一是教育方面，后现代课程的标准称它为教育上的关联。它强调在构建课程时要考虑一整套的关系，在课程结构上也要强调其中的关系。二是文化方面。该标准指出有关文化的和宇宙论的关系，虽然在课程之外，但会形成一个更大的网络，课程就在其中形成。

4. 严密性（Rigor）

严密性与通常理解的意思有别，实际上是指概念的重新界定。严密性在这里意味着一种有意识的企图，去查找自己或别人重视的假设，并且协调讨论这些假设中的有关细节，这样进行对话才会有意义，才会有改造价值。

重点提示

> 广义的课程是指学生在校期间所学内容的总和及其进程安排，即指学生在学校获得的全部经验。课程内容的文本形式表现为课程计划、课程标准与教科书三种。

第二节 课程类型与课程开发

<table>
<tr><td rowspan="12">课程门类</td><td colspan="9">年级</td><td rowspan="2">年课时总计（比例）</td></tr>
<tr><td>一</td><td>二</td><td>三</td><td>四</td><td>五</td><td>六</td><td>七</td><td>八</td><td>九</td></tr>
<tr><td>品德与生活</td><td>品德与生活</td><td>品德与社会</td><td>品德与社会</td><td>品德与社会</td><td>品德与社会</td><td>思想品德</td><td>思想品德</td><td>思想品德</td><td>7%～9%</td></tr>
<tr><td>—</td><td>—</td><td>—</td><td>—</td><td>—</td><td>—</td><td colspan="3">历史与社会（或选择历史、地理）</td><td>3%～4%</td></tr>
<tr><td></td><td></td><td>科学</td><td>科学</td><td>科学</td><td>科学</td><td colspan="3">科学（或选择生物、物理、化学）</td><td>7%～9%</td></tr>
<tr><td>语文</td><td>语文</td><td>语文</td><td>语文</td><td>语文</td><td>语文</td><td>语文</td><td>语文</td><td>语文</td><td>20%～22%</td></tr>
<tr><td>数学</td><td>数学</td><td>数学</td><td>数学</td><td>数学</td><td>数学</td><td>数学</td><td>数学</td><td>数学</td><td>13%～15%</td></tr>
<tr><td></td><td></td><td>外语</td><td>外语</td><td>外语</td><td>外语</td><td>外语</td><td>外语</td><td>外语</td><td>6%～8%</td></tr>
<tr><td>体育</td><td>体育</td><td>体育</td><td>体育</td><td>体育</td><td>体育</td><td>体育与健康</td><td>体育与健康</td><td>体育与健康</td><td>10%～11%</td></tr>
<tr><td colspan="9">艺术（或选择音乐、美术）</td><td>9%～11%</td></tr>
<tr><td colspan="9">综合实践活动</td><td>6%～8%</td></tr>
<tr><td colspan="9">地方与学校课程</td><td>16%～20%</td></tr>
<tr><td>周总课时数</td><td>26</td><td>26</td><td>30</td><td>30</td><td>30</td><td>30</td><td>34</td><td>34</td><td>34</td><td>274</td></tr>
<tr><td>学年总课时</td><td>910</td><td>910</td><td>1050</td><td>1050</td><td>1050</td><td>1050</td><td>1190</td><td>1190</td><td>1122</td><td>9522</td></tr>
</table>

资料来源：中华人民共和国教育部《九年义务教育全日制小学、初级中学课程计划（试行）》。

上表是我国九年一贯制义务教育课程设置及比例。如何认识这些课程的类别？这些不同类别课程具有哪些特点？同学们熟知的信息技术教育、研究性学习、社区服务与社会实践以及劳动与技术教育等属于哪类课程呢？为了实施好以上课程，应如何开发相关课程资源？这些是本节的主要内容。

一、分科课程、活动课程与综合课程

分科课程、活动课程和综合课程是课程内容编制的不同方式，都是根据学科结构体系划分科目，产生于不同的历史时期，也有着各自存在的理论与实践依据。

（一）分科课程

分科课程就是由各自具有独立体系、彼此缺乏联系的学科或科目所组成的课程，也称作“科目本位课程”。传统的学科课程就是分科课程，如我国古代的“六艺”和欧洲中世纪的“七艺”，特点是强调不同学科门类之间的相对独立性、学科逻辑体系的完整性、学生获得知识体系的严密与逻辑性。

分科课程自产生至今已有几百年的历史，而依然占有支配地位，有着自身的优势，主要表现在：①强调知识的类别性和安排学科的计划性，便于学生掌握系统的间接经验，便于教师的教学。②注重学科内部的逻辑性。各学科内容具有内在的逻辑联系，同一学科在不同的教育阶段既有程度的差别，又有前后的衔接。③强调不同学科的不同价值，主张以具有不同价值的学科去满足学生发展的不同需求。④便于教学测量。分科课程的考评标准划一，内容稳定。

但分科课程也不断受到质疑或抨击，其缺点也比较明显：①割裂了不同学科之间的联系。分科课程由于重视各科内部的逻辑联系，人为地割裂了不同学科之间的联系。②不利于发挥学生的主动性。以知识为中心，在教学过程中，教师势必会偏重知识方面并且是间接知识的教学，相应地就会忽视学生的直接经验和个体知识的获取。③不利于学生解决实际问题能力的提高。学习是分门别类地进行的，对儿童来说，很难将学习的成果进行综合和统一，会限制学生实际能力的提高。④不利于教师之间的合作。

（二）活动课程

活动课程又称经验课程、生活课程或儿童中心课程，是为打破学科逻辑界限，从儿童的兴趣和需要出发，以活动为中心的课程。活动课程的特点是强调学生在课程中的地位，强调经验的价值，强调生活的重要性，强调学生通过系列活动去学习、去体验生活，从而获得直接经验和锻炼能力。

18 世纪末到 19 世纪的法国启蒙主义教育家卢梭的“自然教育”思想，瑞士教育家裴斯泰洛齐的“教育适应自然”原则，对活动课程理论的建立产生了重大的影响。美国的实用主义教育家杜威为活动课程奠定了系统的理论基础。进入 20 世纪 70 年代后，受“人本主义心理学”的影响，经验课程更加强调其体验性，称为“体验课程”。

活动课程具有如下优点：① 有利于激发学生的兴趣，② 有利于开阔学生的视野，③ 有助于提高学生的实践能力。但活动课程在具体的实施过程中，也表现出不可避免的弊端：① 活动课程在强调儿童的经验、强调活动的同时，容易忽略系统知识的学习，往往从以知识为中心滑向另一极端——以儿童为中心，致使知识的系统传授大大减弱；② 活动课程强调“活动”的价值，强调在“活动”中培养儿童的思维能力、创造性，但在实践过程中，“活动”往往容易成为一些简单的、随心所欲的机械操作，儿童的思维、想象和品质得不到应有的发展；③ 活动课程对教师的要求比较高，所以在实际操作中对教师的素质提出了很大的挑战。

（三）综合课程

综合课程是打破分科课程的界限，采用各种有机整合的形式，把有关联的学科及教学系统中的各要素及各成分整合成为有机整体的新型课程。目前，综合课程的主要种类有：①相关课程——让两个或两个以上的科目建立共同关系，但各科目仍保持原来的独立状态；②融合课程——将有关科目合并成为一个新的学科，合并后原来的科目不再单独存在。综合课程的特点是知识内容以一定的方式、主题、问题与源于真实世界的情境相联系，其宗旨在于使学生掌握综合性知识并形成解决问题的能力。

综合课程的优点主要体现在：①目标的整体性。目标通常指向学生知识的增广与统整、能力的培养和提高、知情意行的协调发展等。②内容的跨学科性。有助于融合知识的分化，使学生形成完整的知识图景，在未知知识面前能举一反三、触类旁通。③实施方式的灵活性。综合课程结构体系相对灵活，可以容纳较多的新内容，及时反映科技的新动态。④学科门类的简约性。综合课程可以克服学科门类繁多，学生学业负担过重的弊端。目前综合课程的实施也有诸多制约因素，主要体现在：①师资素质的制约。综合课程由于打破了学科知识的局限，相应地对教师的知识和能力结构也提出了更高的要求。②教材的制约。几门学科合并后各科原本的体系被破除，需要一种新的线索统率，以什么为线索，怎样组织，这是一个非常复杂的问题。③综合课程不可能像分科课程那样让学生深入到各学科进行系统学习，学生对于系统知识的掌握明显不及分科课程。

历年真题

答案解析 6.3—6.4

【6.3】在中学阶段开设语文、数学、物理、化学等课程属于（　　）。

A. 分科课程　　B. 综合课程　　C. 活动课程　　D. 社会课程

【6.4】简答题：简述活动课程的特点。

二、国家课程、地方课程与校本课程

考点拓展 6.3—6.4

根据课程管理、设计、开发的主体不同，可以将课程分为国家课程、地方课程和校本课程。

（一）国家课程

国家课程是国家规定的课程，它集中体现一个国家的意志，专门为培养未来的公民而设计，是依据未来公民接受教育之后所要达到的共同素质而开发的课程。它根据不同教育阶段的性质与培养目标，制定各个领域或学科的课程标准或教学大纲，编写教科书。国家课程是一个国家基础教育课程计划框架中的主体部分，也是衡量一个国家基础教育质量的重要标志。它体现了国家的意志，是决定一个国家基础教育质量的主要因素，因此，国家课程具有统一规定性和强制性。

国家课程是一个国家基础教育课程方案的主体部分，对于基础教育的发展，特别是人才培养的质量和规格具有决定性作用。国家课程明确规定了学生在接受学校教育期间应达到的标准，它为学校和社会各界提供了清楚、具体的教育质量标准，从总体上规定了不同学段的教育目标，这种目标具有强制性和统一性，有助于在国家层次上形成一个连续的课程框架，从而使不同学段之间具有较强的连贯性。但国家课程由于标准、规划过于统一，因而同时也存在缺乏普遍适应性、课程内容容易脱离学校和学生实际、难以发挥教师的积极性等问题。

（二）地方课程

地方课程又称为地方本位课程或地方取向课程。它是地方教育主管部门以国家课程标准为基础，在一定的教育思想和课程观念指导下，根据地方社会发展及其对学生发展的特殊需要，充分利用地方课程资源所设计的课程。地方课程也有广义和狭义之分。广义的地方课程是指在某一地方实施和管理的课程，既包括地方对本地国家课程的管理和实施，也包括地方自主开发的只在本地实施的课程；狭义的地方课程专指地方自主开发、实施的课程。地方课程的特点是：在国家课程的基本精神指导下进行的，可以满足学生多样化的发展需要，更好地达到或实现国家课程所确定的目标，能够促进国家课程的有效实施，弥补国家课程的空缺，加强教育和地方的联系，调动地方参与课程的积极性。

（三）校本课程

校本课程是由学校自己开发和实施的课程。校本课程是通过对本校学生进行科学评估，充分利用当地社区和学校的课程资源而开发的课程，具有选择性。其目的是尽量满足各社区、学校和学生之间客观存在的差异性。我国自新基础教育课程改革以来，开始试行国家、地方、学校三级课程管理制度，课程决策权部分下放到学校。2000 年教育部基础教育司制定的《全日制普通高级中学课程计划（试验修订稿）》规定：地方和学校安排的选修课占周课时累计数的 10.8%～18.6%，改变了以前学校、教师在课程开发中完全被动、接受的角色，在原则上肯定了学校和教师在课程开发中的权利和地位。

校本课程与国家课程和地方课程相比，在开发和管理上主要表现出自发、自愿，自我控制和地方控制，回应内部需要，利用自身资源，内部评价等特点。与此特点相对应，校本课程具有如下意义：①课程弹性更大，更容易整合与现实生活相关的新内容；②有助于提高教师的专业动机、工作兴趣和职业满意度；③可以体现出学校的办学特色；④有利于满足学生的不同兴趣和需要等。

答案解析6.5

历年真题

【6.5】目前，我国在基础教育课程管理制度方面，推行的是（　　）。

A. 国家统一管理制度　　B. 学校校本管理制度

C. 国家和地方二级管理制度　　D. 国家、地方、学校三级管理制度

考点拓展6.5

三、显性课程与隐性课程

以课程的表现形态是否纳入教学计划为标准，学校课程又可分为显性课程与隐性课程。

（一）显性课程

显性课程又称正规课程或公开课程，是指为实现一定的教育目标而正式列入学校教学计划的各门学科以及有目的、有组织的活动。它按照预先编制的课表实施，是教材编辑、学校施教、学生学习的主要依据。学生通过考核后可以获得特定教育学历或

资格证书。

显性课程具有明确的目的性、组织性、计划性，管理、实施、评价比较规范，容易引起学校、教师和学生的重视，易于保证课程实施质量。

（二）隐性课程

隐性课程又称隐蔽课程、自发课程或潜隐课程等，与显性课程相对应。它包括物质、文化和社会关系结构等方面，会自觉和不自觉地的对学生产生影响，是一种非计划的学习活动，是学生在学校情境中有意无意地获得的经验。瑞典著名教育家胡森将隐性课程解释为：那些在课程指导和学校政策方面不十分明确的部分，但却是学校教育过程中不可缺少且行之有效的组成部分。也就是说，那些课内外间接的、隐蔽的、通过受教育者无意识发生作用的教育影响因素都可视为隐性课程。美国教育家杜威在 1916 年出版的《民主主义与教育》和 1938 年出版的《经验与教育》两部专著中，曾经指出学校建筑、上课时间表、年级组别的划分、考试与升级的规定以及校规等构成了学校的组织形态，而依据其目的与需要而设计的学校活动就是课程。与显性课程相对，隐性课程以内隐的、间接的方式影响学生，不作为获得特定教育学历或资格证书的必备条件。

四、必修课程与选修课程

根据课程计划对课程实施的要求，课程可分为必修课程和选修课程。在基础教育领域，必修课程主要是指同年级的所有学生都必须学习的公共课程，是为保证所有学生的基本学力而开发的课程，可分为国家规定的必修课、地方规定的必修课与学校规定的必修课等。必修课程的根本特性是强制性，是社会权威在课程中的体现。必修课程所具有的功能是多方面的，它可以选择传递主流文化；帮助学生掌握系统化的知识，形成特定的技能、能力和态度；促进社会政治、经济、科技的发展；帮助学生获取某一教育程度的文凭和某种职业资格；促进学生的体质、认知、情感和技能的发展。

选修课则是学生可以按照一定规则自由选择学习的课程种类。学生可以根据自己的特点与发展方向进行选择。选修课可以满足学生的兴趣、爱好，培养和发展学生的个性。我国幅员辽阔、民族众多，选修课程的设置可以适应各地区经济文化的差异，适应不同学校的特点，满足学生个性差异的发展。

历年真题

答案解析6.6

【6.6】校风、教风和学风是学校文化的重要构成部分。就课程类型而言，它们属于（　　）。

A. 学科课程　　B. 活动课程　　C. 显性课程　　D. 隐性课程

五、课程资源与开发

课程资源是国家基础教育课程改革所提出的一个重要概念。没有课程资源的广泛支持，再美好的课程改革设想也很难变成中学的实际教育成果。无论是国家课程的创造性实施，还是地方课程和校本课程的建设，都应该充分发挥当地社区和学校的课程资源优势，为促进学生个性的健康和多样化发展服务。

（一）课程资源的含义、特点

课程资源与课程存在着十分密切的关系，没有课程资源也就没有课程，有课程就一定有课程资源作为前提。

1. 课程资源的含义

课程资源是指形成课程的要素来源以及实施课程的必要而直接的条件。例如，知识、技能、经验、活动方式与方法、情感态度与价值观以及培养目标等方面的因素，就是课程的要素来源。它们的特点是作用于课程，并且能够成为课程的要素。又如，直接决定课程实施范围和水平的人力、物力和财力，时间和环境，以及对于课程的认识状况等因素，就属于课程的实施条件。它们的特点是作用于课程，却并不是形成课程本身的直接来源，但它们在很大程度上决定着课程的实施范围和水平。现实中的许多课程资源往往既包含课程的要素来源，又包含课程实施的条件，如图书馆、博物馆、实验室、互联网、人力和环境等课程资源就是如此。可以说在教育活动中可以开发与利用的资源是多种多样的，但需要明确的是，并不是所有的资源都是课程资源，只有那些进入课程、与教学活动联系起来的资源才是现实的课程资源。

2. 课程资源的特点

（1）多样性。

教材无疑是重要的课程资源，但课程资源绝不仅仅是教材，也绝不仅仅限于学校内部。课程资源涉及学生学习与生活环境中一切有利于达成课程目标的资源，它分散于学校内外的方方面面，因而课程资源具有广泛多样的特点。在不同的地域，可以开发与利用的课程资源不同，其构成形式和表现形态各异；在不同的文化背景下，人们的价值观念、道德意识、风俗习惯、宗教信仰等具有独特性，相应的课程资源各具特色；学校性质、规模、位置、传统以及教师素质和办学水平的不同，学校和教师可以开发与利用的课程资源自然有差异；学生个体的家庭背景、智力水平、生活经历的不同，可供开发与利用的课程资源必然会有所区别。

（2）价值潜在性。

多种多样的资源为学校和教师因地制宜地开发与利用提供了广阔的空间。尽管如此，我们应该注意的是，只有那些真正进入课程、与教育教学活动联系起来的资源，才是现实的课程资源。从这种意义上看，一切可能的课程资源都具有价值潜在性的特点。

（3）多质性。

同一资源对于不同课程具有不同的用途和价值。例如，动植物资源，可以成为学生学习生物学知识的资源，也可以成为学习环境学、生态学知识的资源，还可以成为学生调查、统计的资源。如学校附近的山，既可以用于体育课程中的体育锻炼，也可以用于劳动技术教育中的植树绿化；既可以在艺术教育中陶冶学生的情操，也可以在生物课中用来调查动植物的种类。课程资源的这一特点，要求教师独具慧眼，善于挖掘课程资源的多种利用价值。

（二）课程开发模式

在课程开发的历史上，最著名的有泰勒提出的目标模式、施瓦布提出的实践模式和斯滕豪斯提出的过程模式。

1. 目标模式

目标模式的代表性人物是“现代课程理论之父”拉尔夫·泰勒。泰勒在 1949 年出版的《课程与教学的基本原理》（*Basic Principles of Curriculum and Instruction*）一书中提出了课程开发的基本程序和方法。泰勒提出课程开发的四个基本问题：学校应该达到哪些教育目标，学校应该提供哪些教育经验才能达到这些目标，这些经验如何才能有效地加以组织，如何确定这些目标正在得到实现。这四个基本问题后来被人们称为“泰勒原理”（Tyler’s Rationale）。泰勒主张，目标具有引导课程选择和组织以及评价的主要功能，目标一经决定，接着要选择学习经验以达成所定目标。关于如何选择学习经验，泰勒提出了学习经验的组织要素和结构要素。组织要素是指课程的概念、技能和价值。结构要素可分为三个层次：最基本的层次由个别科目、广域课程、核心课程等组成，中间层次是指以一学期、一学年为单位的科目，最低层次的结构通常为课、课题或单元。评价阶段，在于检查课程的实际效果与预期的教育目标之间的差距。评价至少要有两次，一次行于课程方案实施前期，另一次则在较后时期。评价不等于笔试，除笔试外，还要通过观察、谈话、收集学生作品等方式来进行。学校对评价的结果必须做出恰当的分析、解释。①

2. 实践模式

美国著名的课程理论专家施瓦布提出的实践模式主要是针对以目标模式为代表的传统课程理论而提出来的。施瓦布认为传统模式太强调课程理论的作用，根据学生的学习目标来衡量课程与教学的成败，只注重最终的学习结果，而没有把课程当作一个动态的实践过程，忽略了学生学习过程本身，忽略了对课程实践过程的评价。实践模式把课程看作由教师、学生、学科内容和环境四要素组成的相互作用、有机的“生态系统”，通过这个“生态系统”要素间相互理解、相互作用，满足学生兴趣需要、提高能力与德性。②

实践模式认为，课程不能脱离教师和学生而制定，不应该将教师和学生孤立于课程之外，强调教师和学生是课程的合法主体和创造者。教师是课程的主要设计者，在课程编制中起主导作用，并且在实施课程的实践中完全有权根据特定的情境，发挥自己的创造性，对课程内容予以合理地取舍、批判。同样，学生也是课程的重要主体和创造者，虽然他们不能直接设计、开发课程，但他们有权对教师提供的课程进行选择，有权质疑学习内容的价值与学习方式。学生把全部生活经验参与到课程改造的过程中，可以让“创造和接受课程变为同一过程，实现学生行为、成长和成熟能力的提高”。

施瓦布还提出课程审议观点，指出教师、学生、学科内容与环境四个基本要素之间相互作用、相互影响是课程审议的核心内容。教师是确定课程目的和解决问题过程

---

① 拉尔夫·泰勒．课程与教学的基本原理［M］．罗康，译．北京：中国轻工业出版社，2014：12.

② 全国十二所重点师范大学．教育学基础［M］．3 版．北京：教育科学出版社，2014：12.

中的一个基本要素，是课程审议的第一手信息来源。学生在课程审议中占有重要地位，课程审议必须以学生的实际水平、年龄特征以及个别差异为依据。学科内容是课程审议的来源、对象，是具体课程的“潜能”，通过课程审议成为最终的课程资源。环境包括课堂、学校、家庭、社区、特定的阶级、种族群体等，任何课程审议、决策都必须以对影响学生和学校的环境的理解为基础。

3. 过程模式

在批判、反思目标模式的基础上，英国课程理论家斯滕豪斯在其代表作《课程研究与编制导论》一书中提出了过程模式。斯滕豪斯认为，课程的研究和开发应该是一个动态的、持续发展的过程，课程的设计应是研究、编制、评价合而为一的。过程模式肯定了课程研究的重要性以及课程内容的内在价值，强调学习者应主动参与和探究学习，重视学生思考能力和创造性的培养，强调课程开发关注的应是过程，而不是目的。

课程内容是指那些能够反映学科领域内在价值的概念、原则和方法，应该通过分析公共文化价值，研究知识本质，来寻找有关课程内容的选择原则。他认为知识不是一种现成的让学生接受的东西，而是思考的对象，因此赞同布鲁纳学科基本结构的思想，认为教学要传授学科结构特有的概念和过程。在课程内容组织和教学方面，斯滕豪斯强调既要使之清楚地反映各学科领域的基本概念、过程和方法，又要能被普通教师教给普通学生，因此，他选择了布鲁纳的螺旋式课程组织。这不仅有利于反映知识形式，而且有助于学科知识和能力的统一。

斯滕豪斯认为，课程评价不应以目标的实现情况为依据，而应以在多大程度上反映知识形式、实现程序原则为依据。在学生的学习过程及结果评价中，教师应是一个诊断者、批评家，而不是一位判分者。一方面学习评价应建立在学生的自我评价上，另一方面学习评价应建立在教师的诊断与评析基础之上。斯滕豪斯甚至还明确提出了“教师即研究者”的观点。

答案解析6.7

历年真题

【6.7】1949 年，美国学者泰勒出版的《课程与教学的基本原理》提出了课程编制的“四个基本问题”，形成了著名的“泰勒原理”的课程开发模式，这一模式被称为（　　）。

A. 实践模式　　B. 过程模式　　C. 环境模式　　D. 目标模式

重点提示

在课程类型中，要明确识记这些课程的分类标准与课程类型。如按照课程内容编制的不同方式，课程分为分科课程、活动课程与综合课程；按照课程管理、设计与开发的主体不同，课程分为国家课程、地方课程和校本课程；按照课程的表现形态是否纳入教学计划，课程分为显性课程与隐性课程；按照实施过程中是否具有强制性，课程分为必修课程与选修课程，等等。

第三节　我国基础教育课程改革

一、基础教育课程改革的背景与历程

（一）基础教育课程改革的背景

在经济全球化迅猛发展的今天，“知识经济”已经成长为一种新型的经济形态，直接影响着生产力的发展。以计算机科学为代表的信息产业迅速崛起，推动当今社会朝向信息化社会急速迈进。经济全球化和信息社会化成为21世纪的“主旋律”，对社会政治、经济、文化等各个方面带来了强劲的冲击，也日益向教育领域全面渗透。社会迫切要求教育领域进行相应的革新以做出回应，培养具有创新能力的人才日益为世界各国瞩目。另外，随着我国素质教育的不断深化，原有课程体系的弊端也日益显现。譬如教学内容陈旧、过时，培养目标局限于学生认知的成长而忽视了情意的发展；以学科为中心，忽视学生经验的生长和综合知识的学习；课程设置缺乏弹性，追求统一化和模式化，不能照顾到学生的个体差异，等等。为了适应国际与国内发展趋势，我国开始进行基础教育课程改革。

（二）基础教育课程改革的历程

1. 准备阶段（1999—2001）

为贯彻《中共中央国务院关于深化教育改革 全面推进素质教育的决定》（中发〔1999〕9号），1999年1月，教育部基教司成立了基础教育课程改革专家工作组，共历时两年半，起草了《基础教育课程改革纲要（试行）》，并于2001年正式颁布。同时，从1999年开始，各科标准制定、教材编写，各项专题（如地方课程的管理和开发指南、综合实践活动指南、课程和教材评价、学业评价、高考改革等）的研究和政策制定工作，也都一一展开。2001年，国务院颁发《国务院关于基础教育改革与发展的决定》（国发〔2001〕21号），大力推进基础教育课程改革。

2. 试点实验阶段（2001—2004）

2001年秋季起，在政策性框架设计好之后，义务教育开始了实验、实施的过程。2001年9月，新一轮课程改革的18科课程标准、49册实验教材通过审查，开始在全国38个实验区进行试点实验。

3. 全面推广阶段（2004年至今）

从2004年开始，全国义务教育课程改革进入全面推广阶段。就高中课程改革而言，教育部在2003年3月31日颁布《普通高中课程方案（实验）》和语文等15个学科课程标准（实验）。从2004年9月开始，山东、广东、海南与宁夏四地开始试行“高中新课程改革方案”，从而拉开了我国普通高中新课程背景下新一轮高考改革的帷幕。2005年江苏，2006年辽宁、天津、安徽、浙江、福建，2007年黑龙江、吉林、北京、湖南、陕西，2008年河南、新疆、山西、江西，2009年河北、湖北、内蒙古、云南，2010 年四川、重庆、甘肃、青海、贵州、西藏，2012 年广西，先后实施高中新课程方案。2018 年 1 月 16 日，教育部印发《普通高中课程方案和语文等学科课程标准（2017 年版）》，高中课程进入完善和深化阶段。

二、基础教育课程改革的理念与目标

（一）基础教育课程改革的理念

1. 促进课程的适应性和管理的民主化

学校教育是在具体的情境之中发生的，理想的课程应该能够与具体的学校情境相适应，只有照顾到学校情境和学生经验的差异性，才能更好地实现课程改革的理想。地方课程和学校课程保证了学校教育的差异性，与国家课程的统一性形成了互补。为了保障新课程能够适应各地区、各学校的差异，新课程体系确立了国家、地方和学校三级课程管理的体制，这是促进课程适应性的重大举措。三级课程管理突破了以往课程权力过于集中、难以适应地方与学校具体情境的弊端，推进了课程的适应性和课程管理民主化的进程。

2. 重建课程结构与倡导和谐发展的教育

整体设置九年一贯制的义务教育课程，小学阶段以综合课程为主，初中阶段设置分科与综合相结合的课程，高中阶段以分科课程为主。同时，从小学至高中阶段设置综合实践活动并作为必修课程。要求农村中学课程要为当地社会经济发展服务，试行通过“绿色证书”教育及其他技术培训获得“双证”的做法；对于城市普通中学，则要求逐步开设职业技术课程。在重建课程结构时，强调综合性，加强选择性，并确保均衡性，倡导一种和谐发展的教育。

3. 提升学生的主体性和注重学生经验

关注学生作为“整体的人”的发展。“整体的人”包括两层含义，即人的完整性和生活的完整性。人的完整性意味着人是一个智力和人格和谐发展的有机整体，生活的完整性意味着学生的生活是学习生活和日常生活有机交融的整体世界。人的完整性根植于生活的完整性，并丰富和改善生活的完整性。因此，国家、地方和学校要为学生提供谋求其整体发展的课程。

统整学生的生活世界与科学世界。除了对科学世界（指建立在数理、逻辑结构的基础上，由概念、原理和规则构成的世界）的学习外，对生活世界的探究和意义建构同样重要。为了统整学生的生活世界与科学世界，当前的课程改革提出了“增强课程的生活化、凸显课程的综合化”的理念。

寻求学生在知识建构中的合法性。传统的课程体系和课程内容信奉客观主义知识观，视知识为普遍的、外在于人的、供人接受的真理，这意味着学生个体的建构在既定的课程知识面前毫无价值。新课程改革从建构主义的知识观出发，确立学生在知识建构过程中的合法性与必要性。

（二）基础教育课程改革的目标

《基础教育课程改革纲要（试行）》提出了六项具体目标，内容如下。

1. 课程目标

改变课程过于注重知识传授的倾向，强调形成积极主动的学习态度，使获得基础知识与基本技能的过程同时成为学会学习和形成正确价值观的过程。

2. 课程结构

改变课程结构过于强调学科本位、科目过多和缺乏整合的现状，整体设置九年一贯制的课程门类和课时比例，并设置综合课程，以适应不同地区和学生发展的需求，体现课程结构的均衡性、综合性和选择性。

3. 课程内容

改变课程内容“难、繁、偏、旧”和过于注重书本知识的现状，加强课程内容与学生生活以及现代社会和科技发展的联系，关注学生的学习兴趣和经验，精选终身学习必备的基础知识和技能。

4. 课程实施

改变课程实施过于强调接受学习、死记硬背、机械训练的现状，倡导学生主动参与、乐于探究、勤于动手，培养学生搜集和处理信息的能力、获取新知识的能力、分析和解决问题的能力以及交流与合作的能力。

5. 课程评价

改变课程评价过分强调甄别与选拔的功能，发挥评价促进学生发展、教师提高和改进教学实践的功能。

6. 课程管理

改变课程管理过于集中的状况，实行国家、地方、学校三级课程管理，增强课程对地方、学校及学生的适应性。①

历年真题

【6.8】2001 年我国实施的新课程的核心理念是（ ）。

A. 实现教育现代化　　B. 为了每一个学生的发展

C. 转变旧的学习方式　　D. 倡导建构的学习

答案解析6.8

三、基础教育课程改革的主要内容

基础教育课程改革主要包括以下内容。

考点拓展6.6

（一）课程结构

第一，整体设置九年一贯的义务教育课程。小学阶段以综合课程为主。小学低年级开设品德与生活、语文、数学、体育、艺术（或音乐、美术）等课程；小学三年级始开设品德与社会、语文、数学、科学、外语、综合实践活动、体育、艺术（或音乐、美术）等课程。初中阶段设置分科与综合相结合的课程，主要包括思想品德、语文、数学、外语、科学（或物理、化学、生物）、历史与社会（或历史、地理）、体育与健康、艺术

① 中华人民共和国教育部《基础教育课程改革纲要（试行）》，2001.

（或音乐、美术）以及综合实践活动，积极倡导各地选择综合课程。高中阶段以分科课程为主。为使学生在普遍达到基本要求的前提下实现有个性的发展，积极试行学分制管理。

第二，从小学至高中阶段设置综合实践活动并作为必修课程。内容主要包括：信息技术教育、研究性学习、社区服务与社会实践以及劳动与技术教育。强调学生通过实践，增强探究和创新意识，学习科学研究的方法，发展综合运用知识的能力。农村中学课程要为当地社会经济发展服务，城市普通中学也要逐步开设职业技术课程。

第三，课程的三级管理体制，即实行国家、地方和学校三级管理。教育部总体规划基础教育课程；省级教育行政部门制订本地实施国家课程的计划，规划、开发地方课程；学校在执行国家和地方课程的同时，结合当地社会、经济发展的具体情况和学校的实际，研制、开发或选用适合本校的课程。总的课时比例为：国家课程占80%～84%，地方和学校安排的课程占16%～20%。

第四，教材研究和编写采取开放的组织方式，任何个人、团体、机构经资格审查，皆可组织教材的编写，通过审定可供各学校选用。由教育部课程教材研究所编写、人民教育出版社出版的义务教育新教材，目前通过审查，根据教育部的部署，已在部分地区、部分学校实验。

第五，建立促进学生全面发展的课程评价体系。评价不仅要关注学生的学业成绩，而且要发现和发展学生多方面的潜能，了解学生发展中的需求，帮助学生认识自我、建立自信。发挥评价的教育功能，促进学生在原有水平上的发展。建立促进教师不断提高的评价体系。

（二）教学过程

第一，教师在教学过程中应与学生积极互动、共同发展，要处理好传授知识与培养能力的关系，注重培养学生的独立性和自主性，引导学生质疑、调查、探究，在实践中学习，促进学生在教师指导下主动地、富有个性地学习。教师应尊重学生的人格，关注个体差异，满足不同学生的学习需要，创设能引导学生主动参与的教育环境，激发学生的学习积极性，培养学生掌握和运用知识的态度和能力，使每位学生都能得到充分的发展。

第二，大力推进信息技术在教学过程中的普遍应用，促进信息技术与学科课程的整合，逐步实现教学内容的呈现方式、学生的学习方式、教师的教学方式和师生互动方式的变革，充分发挥信息技术的优势，为学生的学习和发展提供丰富多彩的教育环境和有力的学习工具。

（三）课程评价

第一，建立促进学生全面发展的评价体系。评价不仅要关注学生的学业成绩，而且要发现和发展学生多方面的潜能，了解学生发展中的需求，帮助学生认识自我、建立自信。发挥评价的教育功能，促进学生在原有水平上的发展。

第二，建立促进教师不断提高的评价体系。强调教师对自己教学行为的分析与反思，建立以教师自评为主，校长、教师、学生、家长共同参与的评价制度，使教师从多种渠道获得信息，不断提高教学水平。

第三，建立促进课程不断发展的评价体系。周期性地对学校课程执行的情况、课程实施中的问题进行分析评估，调整课程内容、改进教学管理，形成课程不断革新的机制。

（四）改革和完善考试制度

在已经普及九年义务教育的地区，实行小学毕业生免试就近升学的办法。完善初中升高中的考试管理制度，考试内容应加强与社会实际和学生生活经验的联系，重视考查学生分析问题、解决问题的能力，部分学科可实行开卷考试。高中毕业会考改革方案由省级教育行政部门制定，继续实行会考的地方应突出水平考试的性质，减轻学生考试的负担。[①]

历年真题

答案解析 6.9—6.10

【6.9】在我国新一轮基础教育课程改革中，要求义务教育课程实行（　　）。

A. 六三分段设置　B. 五四分段设置　C. 九年整体设置　D. 多种形式设置

【6.10】简答题：简述中小学综合实践活动课的内容。

四、课程改革的发展趋势

考点拓展 6.7—6.9

（一）课程决策权力分配的发展趋势

课程政策变革的核心是课程决策权力分配的变化。课程行政管理体制与一个国家的政治体制有着内在关联。从世界范围看，各国在政治体制上都存在两种倾向：集权化与分权化。相应地，在课程行政管理体制上也存在这两种倾向。课程行政上的集权化和分权化行政体制各有利弊。当今的发展趋势是：集权化的课程行政体制开始重视地方和学校课程开发的自主权，分权化的课程行政体制则开始加强国家对课程开发的干预力度，课程决策的权力分配呈均权化的态势。

课程决策权力分配的均权化本质是教育民主化进程深入的产物。就课程变革的三类权力主体——国家、地方和学校的关系而言，三者既不是彼此对立的，也不是彼此孤立的。课程变革的过程不是国家对地方和学校施加控制的过程，也不是国家、地方和学校我行我素的过程，而是三方达成共识的过程。这三方的每一方面都是课程改革的主体，它们在交往过程中通过相互理解而实现课程变革。一方面强调国家在课程改革中的主导作用，推出有力的国家课程；另一方面又非常强调地方、学校对课程改革的主体参与，倡导因地制宜、丰富多彩的地方课程、校本课程。国家课程是政府为保障国民的基础学力、基本素质而开发的课程。国家课程的水平是政府参与课程改革的主体性发挥程度的基本标志。目前，许多国家都把推出强有力的国家课程视为迎接21世纪挑战的重要举措。

---

① 教育部《基础教育课程改革纲要（试行）》，2001.

（二）课程结构的发展趋势

1. 课程结构的调整

小学和初中阶段诸学科的连续性日益增加；从内容本位转向内容本位与能力本位的多样化结合，以保证学生有效获得知识、技能和能力；吸纳新出现的学科领域。普通高中阶段课程着力发展学生核心素养，使学生具有理想信念和社会责任感、具有科学文化素养和终身学习能力以及具有自主发展能力和沟通合作能力。因此，普通高中课程设置必修课程、选择性必修课程、选修课程三个部分。

2. 课程种类的更新

各国所设置的课程大致包括：工具类学科、社会研究、科学、技术、人文科学、创造和表演艺术、体育与健康教育和职业教育。

3. 正确处理必修课程与选修课程的关系

课程行政体制分权化的国家都有加强必修课程的趋势，以提高学生共同的基础学力，保障基础教育质量。课程行政体制集权化的国家都有加强选修课程的趋势，以适应学生的个性差异，培养学生的创造力，促进学生的个性发展。但不论课程行政体制分权化的国家还是课程行政体制集权化的国家，在选修课程的设置上日益强化质量意识，加强质量监控，并注意恰当处理与必修课程的关系，而不是随意设置。

4. 课程综合化

强调课程综合化是20世纪90年代以来各国课程改革的重要趋势。为什么课程会呈现综合化的趋势？原因主要有：第一，社会发展的要求。各种带有普遍性的问题，如环境问题、生态问题、医药伦理问题、科学危机、贫困问题、粮食问题、核武器威胁、文化冲突等，都不是依靠单一学科能解决的，而要依赖多种学科的共同努力。第二，个性发展的要求。个性发展的标志不是知识的积累和技能的熟练，而是在复杂的情境中做出明智选择和提高解决问题的能力，这需要突破传统的以分科为特点的“学科主义”的条框。第三，知识论的变迁。受各种新的哲学思潮的影响，新的知识论认为，知识并非固定不变、放之四海而皆准的，而是与情境关联、由社会建构的，因此不必固守传统的学科疆域。第四，脑科学研究的进展。脑科学研究指出，脑是以整合的方式而非分散的方式对知识进行加工的，知识越整合越易于学习。

（三）课程实施的发展趋势

当反思20世纪课程改革的历史进程时，发现大多数课程改革的共同失误是往往满足于课程计划的制订，而不关注课程实施的过程。许多国家的课程改革计划并未真正得到实施，原因是教师对课程改革的态度并不像人们想象的那样积极。因此，80年代以来，许多国家的课程改革都重视“课程实施”的研究，把课程实施视为课程改革过程的有机构成。教师不应再被视为国家制订的课程改革计划的忠实执行者，而要成为课程开发者，参与国家课程计划的制订，并且创造性地实施既定的课程计划。课程实施呈现如下发展趋势。

（1）课程实施的“忠实取向”（即衡量教师在课程变革中成功与否的基本标志是教师是否忠实地实施了上级提供的课程，忠实程度越高的教师越成功）正在被“相互适应取向”（即认为课程实施过程是国家、地方与学校彼此之间相互适应的过程）、“创生取向”（ 即认为课程实施过程是师生在具体教学情境中共同合作、创造新的教育经验的过程）所超越。

（2）教师的专业发展是其职业生涯的有机组成部分。通过为教师提供专业发展的机会帮助教师理解课程与教学的变化，这是成功的课程改革的基本保证。

（3）小学和初中阶段的教科书一般是由政府资助提供的，而补充材料通常是由政府和社会机构开发和传播的。在课程信息的传播过程中，信息技术的应用日益增加，多种媒体的作用日益明显。

（4）政府下达的课程要求的弹性日益增大，以使学校能够充分考虑地方的情况和需要，做出更多的决策，用最好的方式实施课程政策。

（5）缺乏高质量的课程资源、充分的基础结构和设施、合格的教师等依然是许多国家课程实施中存在的关键问题。

（6）许多国家优先强调增强教师和学校从事持续进行的“校本评定”的能力。这主要有三个目的：使学校能够更有效地修订教学计划，监控学生的进步，为公共考试提供内在基础。

（四）课程评价的发展趋势

（1）“目标取向的评价”正在被“过程取向的评价”和“主体取向的评价”所超越。“评价即研究”“评价即合作性意义建构”等理念已深入人心。

（2）对课程体系本身的评价成为课程变革过程的有机组成部分，许多国家主张运用多种策略对所推行的课程体系进行评价。其中，把本国的课程推向世界、纳入国际组织、与其他国家或国际组织展开合作性评价被认为是有效的课程评价方法。

（3）对学生的发展评价是课程评价的有机组成部分。

重点提示

学习时重点学习新课改“促进课程的适应性和管理的民主化，重建课程结构与倡导和谐发展的教育，提升学生主体性与注重学生经验”的理念；掌握课程改革在课程目标、课程结构、课程内容、课程实施、课程评价与课程管理等方面的具体目标。

本章小结

课程在学校教育中处于核心地位，教育的目标、价值主要通过课程来体现和实施。对课程概念应在广义层面上理解。很多学者从哲学视角阐述对课程的理解，由于哲学观的不同，因此形成了不同的课程流派，如人本主义课程论、学科中心课程论等。这些课程论的代表人物除了少数人有极端的倾向性以外，都有可借鉴之处。知识经济的发展与世界一体化，要求学校课程类型全面、丰富，因而活动课程、综合课程、地方课程与校本课程、隐性课程与选修课程日益受到重视。我国为了深入实施素质教育、适应知识经济与世界一体化发展，在基础教育阶段，确立了新课程改革在课程目标、课程结构、课程内容、课程实施、课程评价与课程管理等方面的六项具体目标。

☞ 本章要点回顾

- 中学课程
  - 课程与课程流派
    - 课程概念
      - 表现形式：课程计划、课程标准、教科书
    - 课程流派
      - 人本主义课程论、学科中心课程论、社会再造主义课程论、存在主义课程论、后现代主义课程论
  - 课程类型与课程开发
    - 课程类型
      - 分科课程、活动课程与综合课程；国家课程、地方课程与校本课程；显性课程、隐性课程；必修课程与选修课程
    - 课程开发
      - 课程资源；课程开发的三种模式
  - 我国基础教育课程改革
    - 背景与历程
      - 知识经济、世界一体化；我国素质教育的深入实施
      - 准备阶段；试点实验阶段；全面推广阶段
    - 理念与目标
      - 理念：以人为本、以学生发展为本
      - 课程目标、课程结构、课程内容、课堂实施、课程评价、课程管理
    - 主要内容
      - 课程结构、教学过程、课程评价、改革和完善考试制度
    - 发展趋势
      - 课程决策、课程结构、课程实施、课程评价等方面的发展趋势

第七章 中学教学

☞ 学习完本章，应该做到：

◎ 理解教学的意义，了解有关教学过程的各种本质观。

◎ 熟记教学过程的基本规律，并能够运用相关规律分析和解决中学教学中的实际问题。

◎ 知道并熟记中学常用的教学原则和教学方法，并能结合案例进行解释和运用。

◎ 了解教学的基本组织形式，知道教学工作的基本环节及基本要求。

◎ 了解我国当前教学改革的主要观点与趋势。

☞ 学习本章时，重点内容为：

理解教学的定义与本质，熟记四大教学规律，牢记教学原则与落实要求，知道我国中学常用的教学方法与运用时的注意要点，特别注意能够运用相关的规律与原则分析和解决中学教学中的实际问题。了解班级授课制的特征与利弊，知道教学工作的五个基本环节和一堂好课的标准。

☞ 学习本章时，具体方法为：

本章以教学的定义为逻辑起点，探讨教学过程的构成要素与本质，然后描述教学过程的基本规律与教学原则，进而从操作层面介绍课堂教学的组织与常用的教学方法，最后对教学改革趋势做简要的介绍。学习时，可以根据“教学规律—教学原则—教学方法”这条主线梳理本章的知识点，同时兼顾教学的五个基本环节及其要求，重点注意备课、上课与作业布置几个环节。

【引子】

《大教学论》的宣言

夸美纽斯在《大教学论》中写道：“我们敢于应许一种大教学论，就是一种把一切事物教给一切人类的全部艺术，这是一种教起来准有把握，因而准有结果的艺术；并且它又是一种教起来使人感到愉快的艺术，就是说，它不会使教员感到烦恼，或使学生感到厌恶，它能使教员和学生全都得到最大的快乐；此外，它又是一种教得彻底、不肤浅、不铺张，却能使人获得真实的知识、高尚的行谊和最深刻的虔信的艺术。”①

夸美纽斯作为教学论学科的奠基人，直指教学的完美境界，提出的建议完整而实用，引导了整个现代教学的发展。怎样才能把人类文化传递给学生呢？教学怎样才能既愉快，又迅速和彻底呢？夸美纽斯所关心的问题，其实也是每个教师都需要关心的问题。从本章开始，我们将集中讨论和学习教学的理论和技术。

① 夸美纽斯．大教学论［M］．北京：人民教育出版社，1984：3.

第一节　教学与教学过程

一、教学概述

（一）教学的概念

在我国，早在殷商时期的甲骨文就出现了“教”与“学”二字，“教学”一词最早见于《尚书·兑命》中的“斅學半”。在古代个别教学的组织形式下，教与学不分，以学代教。教学即学习，是指通过教人而学，以提高自己。这是我国“教学”一词最早的语义。①

1. 教学的定义

教学是在教育目的规范下，由教师的教与学生的学共同组成的一种教育活动。在这一活动中，学生在教师有目的、有计划、有组织的指导下，积极主动地掌握系统的科学文化基础知识和基本技能，发展智力、体力，陶冶品德、美感，形成全面发展的个性。教学具有下列基本特点：

（1）以培养全面发展的人为根本目的。教学是学校实现教育目的，进行全面发展教育的基本途径。教学通过系统知识技能的传授和掌握，促进学生身心的发展。

（2）由教师的教与学生的学两方面活动组成。教学是师生双方的共同活动，教学双方在活动中相互作用。教师是教学的组织与引领者，学生是教学的对象。一般来说，教师教的质量决定学生学的质量，起主导作用，但是学生又是学习的主体与发展的主体。因此，学生的学习应在教师的指导下进行，教师的教应为学生的学服务。

（3）教学具有多种形态，是共性与多样性的统一。教学具有课内、课外、小组、个别化等多种形态。备课、上课、作业、练习、辅导、评定等都属于教学活动。随着现代社会的发展，教学既可以通过师生间、学生间的各种直接交往活动进行，也可以通过广播、电视、录音、录像、网络等远距离教学手段开展。

2. 教学与教育、智育、上课、自学的关系

（1）教学与教育的关系。

教学与教育是部分与整体的关系。教育包括教学，教学只是学校进行教育的一个基本途径。在学校教育中，除了教学以外，还可以通过课外活动、生产劳动、社会实践等途径对学生进行教育。

（2）教学与智育的关系。

智育是全面发展教育的一个组成部分，主要通过教学来实现，但智育也需要通过课外与校外活动等途径才能全面实现。教学不仅是智育的实施途径，而且也是德育、

---

① 施良方，崔允漷．教学理论：课堂教学的原理、策略与研究［M］．上海：华东师范大学出版社，1999：5.

美育、体育、劳动技术教育的实施途径。

（3）教学与上课的关系。

教学与上课是整体与部分的关系。教学既包括上课，又包括备课、课外作业的布置与批改、课外辅导、学生学业成绩的检查和评定等一系列环节。上课是教学工作的中心环节，教学任务主要是通过上课完成的。

（4）教学与自学的关系。

教学与自学的关系比较复杂，因为学生的自学有两种：一种是在教学过程内，在教师指导下的自学。它包括配合教学进行的预习、复习、自习和作业，是教学的组成部分。另一种是在教学过程以外，学生自主进行的自学，其内容广泛。教学不包括这种学生自主进行的自学。

（二）教学的意义

1. 教学是实现教育目的的基本途径

教学能够有目的、有计划、有组织地将包括德育、智育、体育、美育和劳动技术教育在内的教育的各个组成部分的基础知识、基本技能与基本规范传授给学生，为他们在智能、品德、美感、体质和综合实践能力等方面的发展奠定坚实的基础。

答案解析7.1

历年真题

【7.1】辨析题：教学是实现学校的教育目的的基本途径。

2. 教学是学校工作的中心环节

学校是专门培养人的场所，教学在学校教育工作中所占时间最多，涉及面最广，对学生发展的影响最全面深刻，对学校教育质量的影响也最大。因此，教学在学校工作中居于中心地位。学校工作以教学为中心并不等于教学是唯一、教学就是一切。首先，教学以书本知识的传授为主，具有一定的局限性，这就需要把教学与课外活动、生产劳动、社会实践等教育活动结合起来。其次，教学工作的有效开展需要德育、后勤工作等的密切配合。因此，要办好学校，就必须坚持“教学为主，全面安排”的原则。

3. 教学是使学生适应并促进社会发展的有力手段

教学作为一种专门组织起来传递人类知识经验的活动，能够使学生的认识突破时间和空间以及个人直接经验的局限，有计划、较简捷地将人类积累的科学文化知识转化为学生个人的精神财富，促进学生的身心发展，使学生的个体发展能在较短时间内达到人类发展的一般水平，为其从事各种社会实践并创造新的知识经验奠定基础。

（三）教学的任务

1. 引导学生掌握科学文化基础知识，形成基本技能、技巧

教学的首要任务是使学生掌握系统的科学文化基础知识，形成基本技能、技巧，其他任务的实现都是在完成这一任务的过程中和基础上进行的。其中，基础知识和基

本技能通常被称为“双基”。所谓基础知识，是指形成各门科学的基本事实，相应的基本概念、原理和公式及其系统等。技能是指学生运用所掌握的知识去完成某种实际任务的能力，而基本技能则是指各门学科中最主要、最常用的技能，如语文和外语的阅读、写作技能，数学的运算技能等。

2. 发展学生的智力，培养学生的创造能力

教学的任务不能仅止于使学生掌握知识，还要着力发展学生的智力。特别是要通过发展性教学，启发诱导学生进行推理、证明、探索和发现，培养学生独立学习的能力、分析和解决问题的能力，以适应科学技术发展的时代要求。

3. 增强学生体力，提高学生的健康水平

体力主要是指身体的正常发育成长与身体各个器官的活动能力。教学不但要适应学生身心的发展水平和需要，减轻学生过重的学业负担，而且同时还要使学生掌握锻炼身体的知识和技能，养成锻炼身体的习惯，达到增强体质、促进发展的目的。

4. 培养学生良好的思想品德和高尚的审美情趣，奠定学生的科学世界观基础

教学具有教育性，因此教学在使学生形成科学的世界观、培养优良的道德品质方面起着重要作用。学生在教学中进行的学习和交往，是他们生活中认识世界和进行社会交往的组成部分。他们在掌握自然科学、社会科学知识的过程中，将提高自己的道德修养和审美情趣；在班级的集体活动中，将依据一定的规范和要求来调节自己的思想和行为。这都为学生形成科学的世界观提供了坚实基础。

5. 促进学生的个性发展

现代教学论关注学生的个性发展，以马克思主义关于人的全面发展学说为指导，协调学生的知识、智力、兴趣、情感、意志、性格等各方面因素，追求教学与教育的统一，促进学生个性的发展。因此，通过教学，激发每个学生的主体能动性，不仅能使他们有现代科技文化知识，而且有主观能动性、独立性和开拓创新性，有强烈的竞争意识、平等观念和合作精神。

历年真题

答案解析 7.2—7.3

【7.2】辨析题：教学的任务就是传授科学文化基础知识，培养基本技能技巧。

【7.3】教师不能满足于“授之以鱼”，更要做到“授之以渔”。这强调教学应重视(　　)。

A. 传授知识　　B. 发展能力　　C. 培养个性　　D. 形成品德

重点提示

教学是由教师的教与学生的学组成的双边活动，在此活动中教师起主导作用，学生占主体地位，根本目的是培养全面发展的人。教学是实现教育目的的基本途径，是学校教育的中心工作。学习时应重点关注教学的本质，注意教学与教育、智育、上课、自学的关系。此部分内容多为选择题和辨析题。

二、教学过程

教学过程是教师根据一定社会的要求和学生身心发展的特点，通过有目的、有计划地指导学生掌握系统的科学文化基础知识和基本技能，发展学生的智力和体力，培养学生的良好品德和健康个性，使其形成科学世界观的过程。

（一）教学过程的基本构成要素和主要矛盾

对于教学过程的构成要素的界定，学术界一直存在争论，其中包括“三要素说”（教师、学生、教学内容），“四要素说”（教师、学生、教学内容和教学手段），“五要素说”（教师、学生、内容、方法和媒体），“六要素说”（教师、学生、内容、方法、媒体与目的），“七要素说”（学生、目的、课程、方法、环境、反馈和教师）和“三三构成说”（教学过程由三个构成要素和三个影响要素整合而成，其中三个构成要素是学生、教师和内容，三个影响要素是目的、方法和环境）等。

一般认为，教师、学生、教学内容是构成教学过程的基本要素。教师在教学活动中起主导作用，是教学活动的设计者、组织者和实施者；学生是学习的主体，也是教学活动的对象；教学内容作为教和学双边活动的中介，使教和学双方发生相互作用。

教学过程存在诸多矛盾，其中教师提出的教学任务同学生完成这些任务的需要、实际水平之间的矛盾（即学生与其所学知识之间的矛盾）是教学过程的主要矛盾，这个矛盾的解决与否，直接关系到教学工作的成败。

（二）教学过程的本质

1. 关于教学过程本质的探讨

（1）特殊认识说。

教学是一个认识过程，又有其特殊性。教学是教师教学生认识世界，使学生获得发展的特殊认识形式，教育性、间接性和有领导是它区别于其他认识活动的主要特点。

特殊认识说是关于教学过程本质的经典性学说，它源于苏联教育家凯洛夫以马克思主义认识论为理论基础的关于教学过程本质的认识。这一学说在我国具有广泛而持久的影响力，也是迄今为止认同者最多的教学过程本质观。

（2）发展说。

教学是促进学生身心发展的过程。教学的根本目的在于培养人，促进学生德、智、体全面发展。

促进学生发展是教学的基本目的和重要功能，从这个角度说，它有合理性。面对新的科技革命，突出学生发展这个主题，更富有时代意义。但是，把教学概括为发展，无法把教学与同样能促进学生发展的文体活动、社会实践活动等区分开来。

（3）实践说。

教学是一种特殊的实践活动。具体来说，有的人把教学视为教师的社会实践，是教师对学生进行指导、转变和塑造的活动；有的人则把教学视为师生共同的实践活动。

从教师角度说，教学就是帮助学生认识世界和促进学生发展的过程，是教师的社会实践。但是，把教学视为实践，容易将教学混同于一般的社会实践活动，难以描述教学的特性。

（4）交往说。

教学是特殊的交往活动。关于教学与交往的关系，有多种不同认识，有的把交往视为教学背景，有的把交往视为教学手段和教学方法，有的把交往视为教学内容乃至目标。交往说主张交往就是教学，教学即交往。

这种观点强调从关系角度来把握教学本质，师生关系是教学的基本关系，师生交往是教学的前提条件，因此，交往说自有其道理。不过，有人的地方就有交往，因此，难以界定教学交往的特殊性。

（5）认识发展说。

教学过程不仅是在教师的引导下学生自觉地认识世界的一种特殊认识过程，而且也是以此为基础促进学生身心全面发展的过程。在教学过程中，教师通过传授知识技能而使学生形成和发展各种能力和个性品质。

认识发展说是对特殊认识说的一种扩展，它不仅看到了教学过程中学生认识活动的一面，而且也意识到了通过认识活动使学生各方面得到发展的一面。但是，这种观点只罗列了教学的任务，并没有对教学过程进行科学的抽象，因此不能完整而确切地揭示教学过程的本质。

（6）认识实践说。

教学过程不仅是学生在教师的指导下掌握人类已有的知识经验，发展认识和改造客观世界的技能、能力的过程，也是师生共同参与改造主观世界、促进个性形成、推动个体社会化的一种实践过程。

将“实践观”引入教学过程本质的探讨，分析了教学过程中实践活动的特殊性，是对“特殊认识说”和“实践说”的发展。但是，它没有揭示出教学过程这一特殊的实践活动不同于其他社会实践活动的特殊性。

（7）多重本质说。

既然教学过程是多层次、多类型的，那么教学过程的本质也应该是多级别、多类型的，由此提出教学过程有认识论、心理学、生理学、伦理学和经济学五个方面的本质。

多重本质说从多学科角度对教学过程进行分析研究，有利于打开人们的思路。然而，从哲学上分析，一个事物区别于另一个事物的本质是独一无二的，一个事物只有一个本质。多重本质说以“质”代替了“本质”，没有从整体上对教学过程进行合理的综合和深刻的把握。

2. 教学过程的本质

（1）教学过程是一种认识过程。

教学过程主要是一种认识过程，具有人类一般认识过程的共同性，表现在：第一，认识的总目的是一致的，都是通过认识客观世界，掌握科学真理，最终达到能动地改造客观世界和主观世界的目的；第二，认识的基本规律和阶段具有一致性，都遵循感性认识和理性认识相统一、认识和实践相统一的普遍性规律。

（2）教学过程是一种特殊的认识过程。

教学过程不同于一般认识过程的显著特点包括：

① 认识的间接性。教学过程主要是学生掌握人类长期积累起来的科学文化知识，以此为中介来间接地认识客观世界。

② 认识的交往性。教学活动是由教师的教和学生的学组成的双边活动，必然离不开教学双方的交往。同时，学生之间在学习过程中也普遍存在交往。

③ 认识的教育性。教学具有教育性，知识的掌握、品德的形成与健全人格的养成统一于教学过程当中，学生进行认识的过程同时也是接受德、智、体、美等全面发展教育的过程。

④ 认识的引导性。教学过程中学生的认识需要在具有知识和教学能力的教师引导下进行，而不能完全独立完成。

⑤ 认识的简捷性。人类一般的认识活动往往需要经过一个漫长的过程，而学生通过间接经验认识世界可以减少探索的时间，避免探索的弯路，尽快掌握人类文化的精华。

答案解析7.4

历年真题

【7.4】教育过程是一种特殊的认识过程，它区别于一般认识过程的显著特点是（　　）。

A. 直接性、引导性和简捷性　　B. 直接性、被动性和简捷性

C. 间接性、被动性和简捷性　　D. 间接性、引导性和简捷性

（三）教学过程的基本规律

1. 直接经验与间接经验相统一的规律

（1）直接经验与间接经验相统一的含义。

人们认识客观事物主要有两种途径：获取直接经验和获取间接经验。教学活动是学生认识客观世界的过程，要以间接经验为主，以直接经验为基础，将二者有机结合起来。间接经验与直接经验相结合，反映了教学中传授系统的科学文化知识与丰富学生感性知识的关系、理论与实践的关系、知与行的关系。

（2）直接经验与间接经验在教学过程中的关系。

① 学生以学习间接经验为主。间接经验即他人的认识成果，主要指人类在长期认识过程中所积累起来的一切经验，主要是书本知识。学习间接经验是学生认识客观世界的基本途径。借助间接经验认识世界，是认识上的捷径，可以在最短的时间掌握大量的知识，开拓新的认识领域。学生的任务是学习和继承已有的认识成果，把他人的认识转化为自己的认识，把人类的认识转化为个体的认识。

② 学生学习间接经验要以直接经验为基础。直接经验是个人的经验，是每个个体在认识、探索和改造世界的过程中，在自身活动中体悟、感知和概括出来的经验。教育心理学研究表明，个体在认识新事物之前，必须将新事物与自己已有的经验建立联系，否则个体很难形成对新事物的有意义理解和比较牢固的记忆。因此，要使人类的知识经验转化为学生真正理解掌握的知识，必须依靠个人以往

积累的或现时获得的感性经验。

（3）直接经验与间接经验有机结合。

正确处理直接经验与间接经验的关系，必须防止两种倾向：一种是过分强调书本知识的传授和学习，忽视引导学生通过实践活动、亲身参与、独立探索去积累经验、获取知识的倾向；另一种是只强调学生通过自己探索去发现、积累知识，忽视书本知识的学习和教师的系统讲授。在教学过程中，教师要注意把二者有机地结合起来。

历年真题

答案解析7.5

【7.5】在学校教育中，学生对客观世界的认识主要借助的是（　　）。

A. 生产经验　　B. 生活经验　　C. 直接经验　　D. 间接经验

2. 掌握知识与发展能力相统一的规律

（1）掌握知识与发展能力相统一的含义。

知识与能力是两个不同的概念，知识是人们对客观世界的认识，能力是人们完成某种体力或脑力活动的主观条件。教学过程既是向学生传授知识的过程，又是发展学生智力和能力的过程，二者相互依存、相互促进，统一在同一教学活动中。

（2）掌握知识与发展能力在教学过程中的关系。

① 掌握知识是发展能力的基础。在教学过程中，学生能力的发展依赖于他们对知识的掌握，可以说学生能力的发展是在掌握知识的过程中实现的。能力活动的具体内容必然是一定的知识，离开了知识，能力的发展就成了无源之水、无本之木。人们常说的"无知必无能"是很有道理的，没有知识，学生的正确观点就难以形成，学生分析、思考问题就没有依据，学生的创造发展将失去基础。因此，掌握知识是发展能力的基础。

② 发展能力是掌握知识的重要条件。学生获得知识的过程必须借助注意、观察、思考、想象和记忆等能力，否则就不可能掌握相应的知识。例如，在教学过程中，如果学生没有一定的注意力，不能将注意力（指向）集中于一定的对象，那么在学习中就会视而不见、听而不闻，貌似听课，实则神离，自然也不能学到相应的知识了。

③ 掌握知识与发展能力可以相互转化。学生在学习知识的同时，可以发展自身的能力。同样，能力的高低会对学习过程产生重要影响。可见，知识和能力可以相互转化。研究这种转化的过程和条件，有助于学生的全面发展。

（3）掌握知识和发展能力的有机结合。

在教学过程中，是以传授知识为主，还是以发展能力为主，教育史上曾存在形式教育论和实质教育论之争。形式教育论者认为，教学的主要任务在于发展学生的智力，至于学科内容的实用意义则无关紧要。实质教育论者认为，教学的主要任务在于传授给学生有用的知识，至于学生的智力则无须进行特别的培养和训练。在教学过程中，既不能像形式教育论者那样，只强调训练学生的思维形式，忽视知识的传授；也不能像实质教育论者那样，只向学生传授对实际生活有用的知识，忽视对学生认知能力的训练。在教学中，只有把二者有机地结合起来，才能提高教学质量。

答案解析
7.6—7.7

历年真题

【7.6】在教学过程中，强调知识的传授而忽视能力培养的理论是（　　）。

A. 形式教育论　　B. 实质教育论　　C. 传统教育论　　D. 现代教育论

【7.7】辨析题：知识的多少与能力的高低成正比。

考点拓展
7.1—7.3

3. 教师的主导作用与学生的主体作用相统一的规律

（1）教师的主导作用与学生的主体作用相统一的含义。

教学活动是由教师的教和学生的学组成的双边活动。在教学过程中，教师的教和学生的学两者相互依存、缺一不可。教学是教师教学生去学，学生是教师组织的教学活动中的学习主体，教师对学生的学习起主导、指导作用。

（2）教师的主导作用与学生的主体作用在教学过程中的关系。

① 充分发挥教师的主导作用。教师是对教学工作全面负责的人，是教学活动的领导者、组织者，是学生学习的指导者和学习质量的检查者，能够引导学生朝着社会所期望的方向发展，使学生成为社会所需要的人才。教学任务的制定，教学内容的安排，教学方法的选择，教学组织形式的确定和教学活动的组织，都要由教师来完成。

② 充分发挥学生主体参与教学的能动性。学生是有主观能动性的人，在教学中，学生不只是教学的对象，而且是学习主体与发展主体。教师的教固然重要，但对学生来说毕竟是外因，外因只有通过内因才能起作用。因为学生对外部信息的选择具有能动性、自觉性，学生对外部信息进行内部加工时具有独立性、创造性。

③ 教师的主导作用与学生的主体作用相互促进。教师的主导作用要依赖学生主动性的发挥。学生学习的主动性、积极性越高，说明教师的主导作用发挥得越好。反过来，发挥学生的主动性要依赖教师的主导作用来实现。只有教师、学生两个方面互相配合，才能收到最佳的教学效果。

（3）教师的主导作用与学生的主体作用辩证统一。

在教学过程中，既不能只重视教师的作用，忽略学生学习的主动性和创造性，又不能只强调学生的作用，使学生陷入盲目探索状态，学不到系统的知识，应把二者有机结合起来。

答案解析7.8

历年真题

【7.8】材料分析题：

在一节语文课上，老师正在带领学生学习课文。该课文的主要内容是说，冬天下雪了，大雪将整个原野都覆盖起来。清晨，很多动物都出来了，纷纷用自己的足或者爪子在雪地上画出了美丽的图画。老师在完成教学任务后，向学生提出了一个问题：“为什么青蛙和蛇没出来？”不一会儿，有一个同学站起来回答说：“因为青蛙和蛇没有毛衣，怕冷，所以没有出来。”老师听了不高兴，用严厉的口吻说：“不知道就不要乱说。”让这个学生坐下后，又问全班同学：“谁知道？”这个时候，教室里安静极了，再也没有人回答。看到这种情形，老师说：“我告诉你们，青蛙和蛇是冷血动物，冬天需要冬眠，所以不能出来。”

考点拓展7.4

问题：

试运用教师的主导作用与学生的主体作用的必然联系的理论来评价这位老师教学的得失。

4. 传授知识与思想品德教育相统一的规律

（1）传授知识与思想品德教育相统一的含义。

传授知识与思想品德教育相统一规律，又称教学的教育性规律。在教学过程中，学生的认识过程同时也是接受德、智、体全面发展教育的过程，就是说教学总是有教育性的。最早提出教学的教育性命题的是德国教育家赫尔巴特。

（2）传授知识与思想品德教育之间的关系。

①知识是思想品德形成的基础。学生思想品德的提高有赖于其对科学文化知识的掌握。首先，科学的世界观和先进的思想都要有一定的科学文化知识作为基础。其次，知识学习的本身是艰苦的劳动过程。在这个过程中，不仅能使学生获得知识，还能集中注意力、诱发兴趣、加强情感、锻炼思维、培养创造精神、坚定对理想的追求，而且还能培养学生不怕困难、努力学习、热爱集体、遵守纪律的意志品质。

②良好的思想品德是学习的推动力。学生掌握知识的过程是一个能动的认识过程。他们的思想品德状况、学习目的，对学习起着决定性的作用。学生的思想品德越好，学习目的越明确，学习活动就会越自觉。他们的动机、兴趣、情感等个性品质就会与社会需求联系起来，成为为社会做贡献的积极动机，建立以祖国需要为中心的兴趣，以良好的心态对待学习，用顽强的意志克服学习中的困难，促进知识的学习和掌握。

（3）传授知识和思想品德教育有机结合。

在教学中遵循传授知识和思想品德教育相统一的规律必须防止两种倾向：一是脱离知识进行思想品德教育的倾向。这会使思想品德教育成为无源之水、无本之木，不仅不利于学生品德的提高，而且还会影响系统知识的教学。二是只强调传授知识，却忽视思想品德教育。不能认为学生学习了知识以后，思想品德自然会随之提高。教学的教育性必须要经过教师对学生施加积极影响，必须通过启发、激励，只有使学生对所学知识产生积极的态度时，教学的教育性才能得以实现。在教学过程中，要注意把二者有机地结合起来。

历年真题

【7.9】简答题：教学过程有哪些基本规律可循？

答案解析7.9

（四）教学过程的基本阶段

1. 激发动机

动机是激励人们去行动的主观原因，它以愿望、兴趣和理想等形式表现出来。人的各种活动是由不同的动机引起的。学习动机往往与兴趣、求知欲和责任感联系在一起。教师要使学生明确学习目的，激发学生学习的责任感和积极性。

2. 领会知识

领会知识包括使学生感知教材和理解教材。

（1）感知教材。学生领会知识的过程是一个由感性认识上升到理性认识的过程，对于书本知识，学生只有具备了必要的感性认识后，才能真正理解。因此，教师就要引导学生通过感知形成清晰的表象和鲜明的观点，这是学生学习知识、形成概念的基础，同时还必须结合感知教材不断发展学生的智力、情感和态度等。感知的来源包括学生已有的知识经验，直观教具的演示、参观或实验，教师形象而生动的语言描述和学生的再造想象以及社会生产、生活实践。

（2）理解教材。理解教材是教学过程中学生掌握知识的中心环节。在教学过程中，教师要善于引导学生在感知的基础上，运用分析、比较、综合、抽象、概括、归纳、演绎等思维方法和推理形式，形成概念、原理，真正认识事物的本质和规律。理解教材可以有两种思维途径：一是从具体形象思维向抽象逻辑思维过渡；二是从已知到未知，不必都从感知具体事物开始。

答案解析7.10

历年真题

【7.10】教学过程中学生掌握知识的中心环节是（　　）。

A. 感知与评价　　B. 理解教材　　C. 巩固知识　　D. 运用知识

3. 巩固知识

巩固所学的知识是教学过程的一个必要环节，往往渗透在教学的全过程，不一定是一个独立的环节。在教学过程中，学生只有及时练习和复习才能对理解了的课程内容牢固掌握，使它们真正成为自己的精神财富。教师要注意通过知识的巩固提高学生的记忆力。在教学中，教师要向学生提出记忆的任务，培养他们记忆的兴趣和自觉性；要指导学生掌握记忆的方法，使学生善于在理解的基础上记忆；要养成学生边阅读、边思考、边记忆的习惯；要使学生学会正确分配复习时间等办法。

4. 运用知识

学生在知识巩固之后，需要加以应用，将所学内容运用于学习实践、生活实际当中，这样既可以加深理解和巩固所学的知识，又可以形成技能、技巧，培养学生应用知识于实践的能力。因此，中学教学要重视运用知识，培养学生的技能技巧。在教学过程中，学生运用知识，主要通过教学性实践，大多数采取反复练习的方法来实现，如完成各种书面或口头作业、实验等；还可以组织学生参加一些社会实践活动，从中培养他们独立思考、独立解决问题的能力以及知识迁移的能力和创造能力。

5. 检查知识

检查知识是指教师通过作业、提问、测验等方式对学生的学习效果进行考察的过程。它是促进学生成长、提高课堂教学质量的重要手段，具有检验教学效果、诊断教学问题、提供反馈信息、引导教学方向、调控教学进程的功能，可以帮助学生了解自己掌握知识技能的情况，发现学习上的问题，及时调节自己的学习方式，改进学习方法，提高学习效率。

重点提示

教师、学生、教学内容是构成教学过程的基本要素。教学过程是一种特殊的认识过程。教学过程有四大规律：直接经验与间接经验相统一的规律、掌握知识与发展能力相统一的规律、教师的主导作用与学生的主体作用相统一的规律、传授知识与思想教育相统一的规律（教学的教育性规律）。学习时应重点关注教学过程的本质和教学过程的四大规律。这部分内容可以出选择题、辨析题、简答题和材料分析题。

第二节　教学原则与教学方法

一、教学原则

教学原则是根据一定的教学目的和教学过程规律而制定的指导教学工作的基本准则和要求。它是人们在长期的教学实践中总结出来的，贯穿于各项教学活动之中。教学原则的正确和灵活运用，是提高教学质量的重要保证。

（一）教学原则与教学规律的关系

教学原则与教学规律是既有区别又有联系的两个概念。二者的区别是：教学规律是教学过程中内在的、本质的必然联系，是不以人们的意志为转移的客观存在，人们只能去发现它、掌握它，但不能制造它；教学原则是人们主观制定的，并反映人们对教学工作的基本要求。二者的联系是：教学原则是教学规律的集中反映，教学原则的制定必须符合教学规律。教学原则和教学规律的关系很复杂，根据一条规律可以提出几个教学原则，有的教学原则也能反映几条规律，对规律的认识有助于我们提出科学的原则，并对已有的原则加以矫正。

（二）我国中学常用的教学原则

1. 直观性原则

直观性原则是指在教学过程中通过学生观察所学事物或教师语言的形象描述，引导学生形成对所学事物、过程的清晰表象，丰富感性知识，从而正确理解书本知识和发展认识能力。

荀子说“不闻不若闻之，闻之不若见之”“闻之而不见，虽博必谬”，提出了在学习中不仅要“闻之”，更要“见之”，才能“博而不谬”。夸美纽斯率先提出了教学中的直观性原则。他在《大教学论》中指出，应该尽可能地把事物本身或代替它的图像放在面前，让学生去看看、摸摸、听听、闻闻等。乌申斯基指出："一般来说，儿童是依靠形式、颜色、声音和感觉来进行思维的。"他还指出："逻辑不是别的东西，而是自然界里的事物和现象的联系在我们头脑中的反映。"贯彻直观性原则的基本要求如下：

（1）正确选用直观时机和直观手段。在教学中，教师要根据教学的任务、内容和学生的年龄特征正确选用直观的时机和直观手段。不同学科、不同教材和不同年级的教学对象，采用的直观时机和手段都不一样。如在一般情况下，较低年级的教学和较抽象的学科选择直观教学较多。直观手段一般包括实物直观（如实物、标本、实习、实验、教学性参观等），模像直观（如图片、图表、模型、幻灯片、录像带等），言语直观（如形象化的语言描述）等三类。

（2）直观教具的演示与语言讲解结合。教学中的直观不是让学生自发地看，而是要在教师的指导下有目的地观察。教师通过提出问题引导学生去把握事物的特征，发现事物之间的联系；通过讲解以解答学生在观察中的疑惑，获得较全面的感性知识，从而更深刻地掌握理性知识。

（3）重视运用言语直观。教师用语言做生动的讲解、形象的描述，能够给学生以感性知识，使学生的头脑中形成生动的表象或意象。

（4）防止为了直观而直观的偏向。直观教学是手段，不是目的。在教学中，直观要服从于明确的教学目的。教师不能为了直观而直观，从而失去了直观教学的意义。

答案解析
7.11—7.12

历年真题

【7.11】在教学过程中，张老师经常运用形象的语言描述，引导学生形成所学事物、过程的清晰表象，丰富他们的感性知识，从而使他们正确理解知识和提高认识能力。张老师遵循的教学原则是（　　）。

A. 循序渐进原则　B. 直观性原则　C. 因材施教原则　D. 启发性原则

【7.12】辨析题：直观教学是教学手段，也是教学目的。

考点拓展
7.5—7.6

2. 启发性原则

启发性原则是指教学要充分调动学生的积极性和主动性，引导他们通过独立思考、积极探索，生动活泼地学习，自觉地掌握科学知识，发展分析问题和解决问题的能力。"产婆术"（苏格拉底）、"不愤不启，不悱不发"（孔子）、"道而弗牵，强而弗抑，开而弗达"（《学记》）、"一个坏的教师奉送真理，一个好的教师则教人发现真理"（第斯多惠）等都蕴含着启发性原则的思想。贯彻启发性原则的具体要求如下：

（1）充分调动学生学习的自觉性和主动性。调动学生内在的学习自觉性和主动性是启发的首要问题。学生学习的自觉性和主动性受许多因素的影响，其中最重要的是明确学习的目的、任务、学习动机，还有学生的好奇心、兴趣、爱好、求知欲等。教师要善于因势利导，使学生许多一时的欲望和兴趣，汇集和发展为推动学习的持久动力。

（2）设置问题情境，启发学生积极思考。教师应有意识地创设一定的问题情境激发学生思维活动的积极性。问题可以由教师提出或激发学生自己提出，然后教师因势利导，使学生的认识逐步深入，以获取新知。教师在启发学生思考的过程中，要有耐心，给学生以思考的时间；要有重点，不能蜻蜓点水；要深入下去，引导学生去获取新知识；不仅要启发学生理解知识，而且要启发学生理解学习的过程，掌握获取知识的方法。

（3）培养学生独立解决问题的能力。教师不仅要引导学生动脑，而且要引导他们动手。教师要善于启发诱导学生将知识创造性地用于实际，给他们布置由易到难的各种作业，或提供素材、情境、条件和提出要求，让他们去独立探索，克服困难、解决问题，别出心裁地完成作业，以便发展他们的创造才能。

（4）发扬教学民主，建立和谐的师生关系。发扬教学民主，创造宽松、和谐、民主、平等、坦率、活跃的课堂教学氛围，是贯彻启发性教学原则的重要条件。它包括建立民主平等的师生关系和生生关系，创造民主和谐的教学气氛，鼓励和尊重学生发表不同见解，允许学生向教师提问质疑等。

历年真题

答案解析7.13

【7.13】材料分析题：

《念奴娇·赤壁怀古》教学片段：

王老师：这首词的上阕重点在写景，下阕引出了周瑜这一人物，作者的用意何在？

学生甲：苏轼在上阕已经提到“江山如画，一时多少豪杰”，这里塑造周瑜的形象是为了照应上阕，因为周瑜就是一个英雄豪杰。另外，是为了把周瑜这一英雄豪杰与自己做对比，“早生华发”与“人生如梦”可看出是苏轼对自己的哀叹。

学生乙：我读过周瑜的传记，周瑜指挥赤壁之战时，是他娶小乔十年以后的事，词中“小乔出嫁了，雄姿英发”也许是为了显示周瑜的年轻；“谈笑间，樯橹灰飞烟灭”写出了周瑜儒雅的打扮，与苏轼的“早生华发”相对比；“羽扇纶巾”，描写了周瑜从容的姿态和功业之大，与苏轼的功业无成形成对比。

王老师：两位同学的发言把周瑜在这首词中的人物形象分析得比较完整。我们还学过杜牧的《赤壁》，大家记得吗？

学生：记得！

王老师：好，我们一起朗读一遍。

学生：折戟沉沙铁未销，自将磨洗认前朝。东风不与周郎便，铜雀春深锁二乔。

王老师：在这首诗中杜牧强调赤壁之战的关键是什么？

学生：东风。

王老师：为什么同样是写赤壁之战，战争的关键却不同呢？是不是哪位作者搞错了呢？

学生丙：我认为他们都没有搞错。苏轼塑造周瑜这个人物形象，主要写周瑜在赤壁之战中的重要作用，是为了用周瑜的年轻有为与自己的光阴虚度、壮志未酬做比较。杜牧的诗却把赤壁之战的关键归于东风，假设没有东风之力，周瑜将会一败涂地，可能是突出杜牧自己的雄才伟略吧。

王老师：的确是这样。苏轼的词与杜牧的诗都想表现作者自己的思想，他们对所歌咏的史实评价不同，是因为他们要表达自己不同的抱负。苏轼要借用周瑜来抒发自己有志报国，但是壮志未酬的感慨。杜牧有济世之才，通晓兵法，但是一直没有得到施展才华的机会，所以他感史伤怀，把赤壁之战的功绩归于东风，以抒发自己的怀才不遇之情。

问题：

（1）王老师成功地运用了哪一教学原则？

（2）结合材料，阐述贯彻该原则的基本要求。

3. 理论联系实际的原则

理论联系实际的原则是指教学要以学习基础知识为主导，从理论与实际的联系上去理解知识，注意运用知识分析问题和解决问题，达到学懂会用、学以致用。理论联系实际原则是直接经验与间接经验相统一的教学规律在教学中的体现。贯彻理论联系实际原则的具体要求如下：

（1）书本知识的教学要注重联系实际：一是联系学生的生活经验和已有的知识、能力、志趣、品德的实际，二是联系科学知识在生产建设和社会生活中的运用实际，三是联系当代最新的科研进展和科学成就的实际等。只有注重理论联系实际，教学才能生动活泼，使抽象的书本知识易于被学生理解、吸收，转化为他们有用的精神财富。

（2）重视培养学生运用知识的能力。首先，要重视教学实践，如练习、作业、实验、参观等，这对学生掌握与运用知识、形成技能与技巧以及培养学生对学科的情趣起着关键作用。其次，要重视引导学生参加实际操作和社会实践。教师应当根据教学的需要，组织学生进行参观、访问、社会调查，参加一些课外学科或科技小组的实际操作活动或组织他们从事一些科学观察、实验与发明以及生产劳动等。

（3）正确处理知识教学与技能训练的关系。在教学中，只有将知识教学与技能训练两者结合起来，学生才能深刻理解知识，掌握技能，达到学以致用。如果教师讲、学生听，而无技能的训练，那么就难以判断学生是否理解，即使他们理解了，也缺乏动手能力。

（4）补充必要的乡土教材。我国幅员辽阔，南方与北方、沿海与内地在自然条件、经济和文化发展等各方面都有很大差异。因此，在使用统一的教材时，为了使教学不脱离实际，教学必须补充必要的乡土教材。

4. 科学性与思想性统一的原则

科学性与思想性相统一的原则是指教学要以马克思主义为指导，授予学生科学知识，并结合知识教学对学生进行思想品德和正确的人生观、科学的世界观教育，在教学中做到“教书育人”。贯彻科学性与思想性统一的原则的要求如下：

（1）保证教学的科学性。教师传授的知识应当是科学、正确的，这是教学的最低要求。教师讲授的概念要精确，论证的原理要严密；教师讲课中运用的材料、史实也应是科学、可靠的，不能随意引用；教师的教学方法应当是科学的；教师对教学的组织也应是科学的。

（2）挖掘教材的思想因素，结合教学内容的特点进行思想品德教育。教师要用马克思主义的立场、观点和方法，深入研究课程标准和教材，挖掘教材内在的思想性，有目的地对学生进行情感态度和价值观念的教育。寓教育于教学之中，力图做到水乳交融，而不是油水分离，不要脱离课程内容进行空洞和牵强附会的说教。

（3）在教学各个环节中对学生进行思想品德教育。在课堂教学、课外辅导、批改作业、考试、考查和成绩评定等各个环节都要注意思想品德教育。如在作业批改中，不仅检查知识上的正误，而且要引导学生用正确的观点、方法和实事求是的态度观察社会、分析生活、发表见解。这样才能把传授知识与思想教育有机地深入到教学的每个环节中去，起到潜移默化的教育作用。

（4）教师要不断提高自身的专业水平和道德修养。示范性是教师劳动的特点之一，在教学中，伴随着教学过程，教师自身的价值观、情感及其态度会同课程内容一样，对学生的思想产生深刻的影响。为此，教师应不断提高自身修养，用自己高尚的思想和情感、严谨的治学态度、实事求是的作风来影响学生，体现教学的科学性与思想性。

历年真题

答案解析 7.14—7.15

【7.14】王老师在历史课上讲到了岳飞时，从历史事实出发，高度赞扬了岳飞的爱国主义精神，使同学们受到了感染。王老师的教学主要体现了哪一教学原则？（　　）

A. 科学性与思想性相统一的原则　　B. 直观性原则

C. 启发性原则　　D. 因材施教原则

【7.15】简答题：简述科学性与思想性相统一的教学原则的含义及贯彻这一原则的要求。

考点拓展7.7

5. 巩固性原则

巩固性原则是指教师在教学中要引导学生在理解的基础上牢固地掌握基础知识和基本技能，达到熟练的程度，而且在需要的时候能够准确无误地呈现出来，以利于知识技能的应用。孔子的“学而时习之”“温故而知新”，乌申斯基的“复习是学习之母”都是这个原则的具体运用。贯彻巩固性原则的要求如下：

（1）在理解的基础上巩固。要使学生对知识掌握得牢固，教师首先要在传授时使学生深刻理解并留下极深的印象。在教学中，要引导学生把理解知识和巩固、记忆知识联系起来，当然，强调理解记忆，并不否定在教学中要求学生对一些知识做机械记忆。

（2）合理组织复习，教会学生记忆的方法。复习可以使知识在记忆中强化、熟练，加深学生对知识的理解，提高学生的再造与创造能力。为了组织好复习，教师要向学生提出复习与记忆的任务，安排好复习时间，注意复习方法的多样化，指导学生掌握记忆方法等。

（3）在扩充、改组和运用知识的过程中巩固知识。教师要引导学生通过学习新知识，扩大、加深、改组原有知识，以及积极运用所学知识于实际来巩固知识。这种方法不是要求学生原地踏步、反复温习，而是在前进中巩固，在学习新知识的过程中不断联系、复习已有知识，在运用知识中不断巩固和深化已有的知识与技能。

6. 循序渐进原则

循序渐进原则又叫系统性原则，是指教学要按照学科的逻辑系统和学生的认识发展规律进行，使学生系统地掌握基础知识和基本技能，形成严密的逻辑思维能力。《学记》中“学不躐等”“不陵节而施”“杂施而不孙，则坏乱而不修”都有循序渐进的意思。贯彻循序渐进原则的要求如下：

（1）按教材的逻辑系统进行教学。按课程标准、教科书的体系进行教学是为了保证科学知识的系统性和教学的循序渐进性。但这不是要求教师照本宣科，而是要求教师深入领会教材的系统性，结合学生的认识特点和本班学生的情况，编写一个讲授提纲或教学活动计划，以组织、指导教学的具体进程。

（2）抓主要矛盾，解决好重点与难点的教学。教学循序渐进并不意味着教学要面面俱到，平均使用力量，而是要求区别主次、分清难易、有详有略地教学。注意重点，就是注意要把基本概念、基本技能作为课堂教学的重点，把较多的时间和精力放在重点上，围绕重点对学生进行启发诱导，开展对话、讨论，进行作业与讲评，以保证学生正确掌握基本概念和基本技能。

（3）依据学生的认知规律进行教学。教学不可超越学生的认知规律而进行，如果不顾学生认知的循序性，一味搞突击、求速成、跳跃前进，就会欲速则不达，必将因学生接受不了从而以失败告终。如果循序渐进地进行教学，学生的基础打好了，认知能力提高了，学习进度就会加快，效率就会提高。

（4）引导学生将知识体系化、系统化。教师要经常地、有计划地布置作业和进行复习，检查学生的知识技能；使学生善于合理地安排自己的学习时间，善于有计划地进行学习，善于将所有的知识条理化、系统化，善于系统地进行复习和自我检查。

答案解析7.16

历年真题

【7.16】我国古代教育文献《学记》中要求“学不躐等”“不陵节而施”，提出“杂施而不孙，则坏乱而不修”。这体现了教学应遵循（　　）。

A. 启发性原则　　B. 巩固性原则　　C. 循序渐进原则　D. 因材施教原则

7. 因材施教原则

因材施教原则是指教师要从学生的实际情况出发，依据学生的年龄特征和个体差异，有的放矢地进行有差别的教学，使每位学生都能扬长避短，获得最佳的发展。我国古代的大教育家孔子善于根据学生的不同特点有针对性地进行教育，以发挥学生的各自专长。宋代朱熹把孔子这一经验概括为“孔子施教，各因其材”，这就是“因材施教”的来源。贯彻因材施教原则的要求如下：

（1）从学生的实际出发进行教学。教学中，教师要经常了解和研究学生，既要掌握全班学生的一般特点，如知识水平、认知能力、接受能力、学习动机、动机强度等，又要了解每位学生的具体情况，如个性特点、认知能力、知识基础等。这是教学工作的重点，也是学生知识的生长点、可接受点。教学只有符合学生的发展水平，才能被他们理解和接受。

（2）善于把集体教学与个别教学相联系。教师要处理好一般与个别、集体与个人的关系。教学要从大多数学生的实际出发，按照他们所能接受的程度进行教学，正确处理好难与易、快与慢、多与少的关系，使教学的深度、进度符合学生的接受水平；同时也要善于在集体教学中兼顾个别学生，全面提高教学水平。

（3）针对学生个性特点有区别地进行教学。针对学生的个性特点，教师应采取有效措施使学生得到充分的发展。例如，对有特殊才能的学生，请有关学科的教师或校外专家进行特殊的指导和培养，让学生参加一些相关的课外小组、校外活动、竞赛；在有条件的学校试行按能力分班教学；开设一些选修课以照顾学生的兴趣与爱好；允许成绩优异的学生跳级，使他们的才能获得充分的发展。

历年真题

答案解析7.17

【7.17】“西邻之人有五子焉，一子朴，一子敏，一子盲，一子偻，一子跛，乃使朴者农，敏者贾，盲者卜，偻者绩，跛者纺。”这体现的教学原则是（　　）。

A. 启发性原则　　B. 因材施教原则

C. 循序渐进原则　　D. 直观性原则

8. 量力性原则（可接受性原则）

量力性原则又称可接受性原则，是指教学的内容、方法、分量和进度要适合学生的身心发展，使他们能够接受，但又要有一定的难度，需要他们经过努力才能掌握，以促进学生的身心发展。量力性原则是教育必须适应学生的年龄特征和发展阶段的规律在教学中的反映，也是“最近发展区”理论的反映。贯彻量力性原则的要求如下：

（1）了解学生的发展水平，从实际出发进行教学。年龄特征和发展阶段主要是揭示个体发展的普遍规律，这些普遍规律体现在学生发展的各个方面，而且是极为多样化的。教师要具体地研究学生的发展特点，例如，在学习某种新知识的时候，他们原有的知识准备情况如何，他们的思维或记忆水平是否能够完成这一学习任务，可能发生什么困难，能够达到什么样的理解和掌握程度，等等。教师在这样的研究基础上，才可能真正做到“量力”。

（2）考虑学生认知发展的时代特点。学生的认知发展也是随着时代的变化而不断发生变化的，不同时代的学生有不同的认识特点。教师只有充分认识并理解这种时代特点，才能取得良好的教学效果。

历年真题

答案解析7.18

【7.18】材料分析题：

我就英语课的 Cock & Clock 这篇材料进行了认真备课，对上好这节课充满了信心。当我给学生板书单词“cock（公鸡）”时，一个意想不到的事情发生了。班上一名男孩子突然站了起来，恶作剧般怪声怪气地向我问道：“老师，有没有母鸡啊?”全班立刻哄堂大笑……当时我窘迫极了。作为一名新教师，我从未遇到这种情况，真想找个地缝钻进去。生气归生气，但我并未表现出来，经过短暂的思考，我有了主意。我沉静地看着这个学生，继续对全班同学清晰地说：“同学们，在英语中，有 cock（公鸡），也有 hen（母鸡）、chicken（小鸡）”，同时我将母鸡、小鸡的单词板书下来。对这种做法，同学们感到意外，但他们很安静。我接着说道：“这位提问的同学发现问题，并敢于提出来，我要表扬你，但同时还要批评你，一是发言不举手，二是说话怪声怪气。同学们，你们知道说话的语气对表达词义的作用吗？”我又给同学们举出了几个同样的词语因语气不同可能会表达不同词义的实例。接下来的讲课非常顺利，同学们屏神静气地听讲，连那位顽皮的男孩子也安静地坐着，不好意思地看着我，仿佛是在向我道歉……

问题：材料中的“我”贯彻了哪些教学原则？试加以分析。

重点提示

教学原则是国家教师资格考试的重点部分，占据比较大的分值，学习时必须充分重视。重点注意原则与规律的关系、每条原则的内涵与贯彻要求。特别注意启发性原则、科学性与思想性统一的原则、循序渐进原则（系统性原则）、因材施教原则的理解与运用。本部分一般以选择题、辨析题、材料分析题的形式出现。

二、教学方法

教学方法是指教师和学生为了完成一定的教学任务而在教学过程中采用的方式和手段的总称。它既包括教师的教法，又包括学生的学法，是教法与学法的统一。

（一）教学方法的指导思想

教师在运用教学方法时往往有两种不同的指导思想：一种是注入式，另一种是启发式。

1. 注入式

注入式是指教师从主观出发，把学生看成是一种单纯接受知识的容器，向学生灌注知识，无视学生在学习中的主观能动性。在这种思想指导下，学生的主体地位得不到实现，积极性被扼杀了，主动性也泯灭了。教师仅仅是现成知识的传递者，而学生仅仅是一种接收器。

2. 启发式

启发式是指教师在教学中，尊重学生的主体性，从学生的实际出发，充分调动学生学习的主动性和积极性，教给学生学习的方法，引导学生自己去学习，从而使学生学会学习。在这种思想指导下，学生是一个活生生的人，是教学过程的参与者，是学习的主人。

注入式和启发式是两种根本对立的教学指导思想。它们在关于教师的作用与学生的地位及教学的根本目的方面都有根本的分歧。我们提倡启发式，并将启发式确定为我国教学方法的指导思想。因为启发式教学符合辩证唯物主义提出的内因和外因相互作用的理论，符合学生心理发展的规律，也符合我国教育的根本目的。在教学中，教师无论使用何种教学方法，都应促进学生积极主动地学习。

（二）教学方法的选择与运用依据

1. 教学目的和任务的要求

不同课的教学目的和任务不同，同一节课的不同阶段的教学目的和任务也有区别，因此教师在选择教学方法时，要根据每一节课具体的教学目的和任务，适当地选择教学方法。比如，在学习新知识时，选择讲授法、演示法、谈话法比较适合；在巩固知识、培养技能技巧时，选择练习法比较适合，等等。

2. 课程性质和特点

文理科课程的性质不同，每一门课程也有其自身的特点，在选择教学方法时，教师应明确所讲课程的性质、特点，并据此选择教学方法。比如，讨论法比较适合文科的教学，实验法在理科教学中常用，陈述性的知识采用讲授法比较适宜，程序性的知识则可选用谈话法和讨论法等。

3. 学生的身心特点

不同年级的学生有不同的特点，同一年级的不同班级的学生也有其自身的特点。教育者在选择教学方法时应考虑到学生们的身心特点、原有水平以及他们的文化和社区、家庭背景。比如，讨论法适合于较高年级的教学，演示法在低年级的课堂上常用。

4. 学校的设备条件

选择教学方法时应考虑学校的自然环境，学校所能提供的仪器、图书、设备、设施等物质条件。比如，没有实验室的学校，只能采用演示的方法进行教学；缺少教具的学校，较少采用演示法，只能更多地采用教师讲授等语言传递的方法。

5. 教学的时限

教学时限的多少会直接影响教学方法的选择。教师在备课时，要依据课程计划、课程标准中所规定的课时安排与可利用的时间来确定具体、可行的教学方法。比如，教学时限较少的课，主要采用讲授法比较合适，有利于短时间内完成教学的任务；教学时限较多的课，可以辅之以谈话、讨论等耗时较长但有利于学生更好发展的方法。

6. 教师自身的条件

每位教师的特点各不相同，适合他人的教学方法未必适合自己，教师在选择教学方法时尤其要考虑自身的学识、能力、性格与身体条件，扬长避短，选择能发挥自身优势的教学方法。例如，善讲的教师，可多选用讲授法，通过讲授使学生理解新知识；善演的教师可多采用演示法，通过演示的辅助使学生弄懂知识。

（三）我国中学常用的教学方法

1. 以语言传递为主的教学方法

这一类教学方法运用极为广泛，主要包括讲授法、谈话法和读书指导法三种。

（1）讲授法。

讲授法是指教师运用口头语言，系统连贯地向学生讲授课程内容的方法。具体有讲述（教师向学生叙述事实材料或描述所讲的对象），讲解（教师向学生解释与说明概念、论证公式和原理），讲读（教师在讲述、讲解的过程中，指导学生阅读教科书和参考资料，并进行练习），讲演（教师深入分析和论证事实，做出科学的结论）四种方式。运用讲授法的基本要求如下：

① 讲授内容要有科学性、系统性、思想性。教师运用讲授法时，讲授的内容要突出重点、难点，要系统、全面，有逻辑性，体现教学的科学性。同时，要结合所讲的内容，使学生在思想上有所提高，体现教学的教育性。

② 注意启发。在讲授中善于提问并引导学生分析和思考问题，使他们积极开展认识活动，自觉地领悟知识。

③ 讲究语言艺术。力求语言清晰、准确、简练、形象、条理清楚、通俗易懂；讲授的音量、速度要适度，注意音调的抑扬顿挫；以姿势助说话，提高语言的感染力。

④ 恰当地运用板书和教具。当教师在讲授中需要特别提示，或者用语言难以清晰、准确、形象地描述时，可以借助板书和教具，通过文字、图表或教具的演示，给学生以更加清晰、准确和鲜明的印象。

（2）谈话法。

谈话法也叫问答法，它是教师按一定的教学要求向学生提出问题，要求学生回答，并通过问答的形式引导学生获取或巩固知识的方法。谈话法具体可分为复习谈话和启发谈话两种。复习谈话，是根据学生已学教材向学生提出一系列问题，通过师生问答形式以帮助学生复习、深化、系统化已学的知识。启发谈话，则是通过向学生提出没思考过的问题，一步一步引导他们去深入思考和探索新知识。运用谈话法的基本要求如下：

① 要准备好问题和谈话计划。教师要对谈话的中心和提问的内容做好充足的准备。在上课之前，教师要根据教学内容和学生已有的经验、知识，准备好谈话的问题、顺序，以及如何从一个问题引出和过渡到另一个问题。

② 提出的问题要明确、具体。问题要能引起思维兴奋，即富有挑战性和启发性；问题的难易要因人而异，符合学生的已有认知程度和经验。

③ 要善于启发诱导。当问题提出后，要善于启发学生利用他们已有的知识经验或对直观教具观察获得的感性认识进行分析、思考，研究问题或矛盾的所在，因势利导，让学生一步一步地去获取新知。

④ 教师要掌握提问的技巧。教师的提问应面向全体，应给学生留有足够的思考时间；学生回答问题时，教师要认真倾听；学生回答问题后，教师要及时评价。

⑤ 要做好归纳、小结。通过教师的归纳、小结，可以使学生的知识系统化、科学化，并注意纠正一些不正确的认识，帮助他们准确地掌握知识。

答案解析7.19

历年真题

【7.19】古希腊哲学家苏格拉底创立了“产婆术”。它体现的主要教学方法是(　　)。

A. 讲授法　　B. 讨论法　　C. 谈话法　　D. 演示法

（3）读书指导法。

读书指导法是教师指导学生通过阅读教科书和参考书，培养学生自学能力的一种方法。根据学生独立的程度，读书指导法可分为教师指导性阅读、学生半独立性阅读和学生独立性阅读。指导性阅读的方式可分为预习和复习阅读指导、课堂阅读指导和课外阅读指导。运用读书指导法的基本要求如下：

① 提出明确的目的、要求和思考题。让学生带着任务、问题读书，才能提高学生的自觉性和积极性，自主地掌握学习的方向、要求和质量，自主地调节自己的行为去实现学习目的。

② 教给学生读书的方法。指导学生掌握朗读、默读、背诵的方法以及浏览、通读与精读的技巧，指导学生学会使用目录、序言、注释、图标和工具书的技巧，指导学生学会做记号、提问题、做眉批、做摘要、写摘录以及写读书心得等。

③ 加强评价和辅导。学生在阅读过程中必然会碰上困难、发现问题、产生疑难，需要教师及时指点、解决。学生写的读书心得、做的作业也需要教师及时检查、批改。

④ 适当组织学生交流读书心得。在学生个人阅读的基础上，可以适当组织学生开展讨论、笔谈、办学习园地或交流心得体会，以巩固和增强读书收获，培养学生读书的兴趣爱好。

2. 以直观感知为主的教学方法

这种教学方法具有形象性、具体性、直接性和真实性的特点，主要有演示法和参观法两种。

（1）演示法。

演示法是教师配合讲授和谈话，通过给学生展示实物、教具，演示实验或采用现代化教学手段，使学生获得知识或巩固知识的方法。演示法所使用的工具可分为以下四大类：实物、标本、模型、图片的演示；图表、示意图、地图的演示；实验演示；幻灯、电影、录像的演示。运用演示法的基本要求如下：

① 明确演示目的，做好演示前的准备。演示前，教师要根据教材内容确定演示目的，选好演示教具，做好演示准备。

② 演示时要讲究方法，与讲解相结合。演示时，要紧密配合教学，适时进行，教具过早拿出或用完后迟迟不收藏好都会分散课堂上学生们的注意力。教师要使全班学生都能清楚地观察到演示活动，促使学生综合运用各种感官去充分感知学习对象，以形成正确的观念和表象。此外，演示时要配以讲解，引导学生全神贯注于演示对象的主要特征和重要方面。

③ 演示后引导学生综合分析。演示后，教师要指导学生把观察到的现象同书本知识联系起来，及时地根据观察结果做出明确结论。

历年真题

答案解析7.20

【7.20】陈老师在讲“二氧化碳性质”时，讲台上放着两瓶没有标签的无色气体，其中一瓶是二氧化碳，另一瓶是空气，怎么区分它们呢？陈老师边说边将燃烧的木条分别伸入两个集气瓶中，告诉学生使燃烧木条熄灭的是二氧化碳，使木条继续燃烧的是空气。这种教学方法是（　　）。

A. 实验法　　B. 讲授法　　C. 演示法　　D. 谈话法

考点拓展7.8

（2）参观法。

参观法是教师根据教学目的和要求，组织学生到校外一定的场所，通过接触实际事物获得知识、巩固知识或验证知识，以提高思想认识的一种方法，具体可分为准备性参观、并行性参观和总结性参观三种。准备性参观，是在学习某一新课题之前进行的，目的是为学生学习新课题积累一定的感性材料奠定基础。并行性参观，是在学习新课题过程中进行的，目的是使理论与实践联系更加密切。总结性参观，是在学习新课题之后进行的，目的是帮助学生验证、加深理解、巩固课堂学过的知识。运用参观法的基本要求如下：

① 做好参观的准备。参观前，教师要根据教学目的和要求，确定参观的目的、时间、对象、地点以及参观的重点内容。教师要对学生做好参观动员，让他们了解参观的目的、要求、任务以及注意事项。

② 做好参观的指导。参观时，教师要引导学生收集资料，做好必要记录，也可以请有关人员进行讲解或指导。

③ 总结参观的收获。参观后，教师要根据教学要求和参观计划，指导学生座谈收获、整理材料、找出问题、写出参观心得或报告、及时总结。

3. 以实际训练为主的教学方法

以实际训练为主的教学方法是指以形成技能、技巧，培养行为习惯和发展学生能力为主的教学方法。该方法主要有练习法、实验法和实习作业法三种。

（1）练习法。

练习法是教师根据教学的要求，给学生布置一定的作业，学生在教师的指导下运用所学知识反复完成一定的操作，以巩固知识、形成技能与技巧的方法。练习法是中小学各科教学普遍采用的教学方法。根据培养学生能力的不同，练习法可分为各种口头练习、书面练习、实际操作练习。按学生掌握技能、技巧的进程，练习法可分为模仿性练习、独立性练习、创造性练习。运用练习法的基本要求如下：

① 教师要使学生明确练习的目的和要求，掌握练习的原理和方法。

② 练习的题目要能够促进学生基础知识的积累、巩固以及基本技能的提高。

③ 在练习过程中要注意培养学生自我检查的能力和习惯，并对学生的练习进行及时的检查和反馈。

④ 练习方式要多样化，循序渐进，逐步提高。

（2）实验法。

实验法是指教师引导学生使用一定的仪器和设备，进行独立操作，引起某些事物和现象产生变化，从而使学生获得直接经验，培养学生技能和技巧的教学方法。实验法常用于物理、化学、生物等自然学科的教学。运用实验法的基本要求如下：

① 准备工作充分。实验前，制订实验计划，明确实验课题、实验目的、实验要求和实验程序，做好各种仪器和物品的准备工作以及学生的编组工作。

② 及时、具体地指导。实验时，教师要进行具体指导，包括适当提示实验方法，纠正学生实验中出现的错误，帮助学生克服实验中遇到的困难等。

③ 指导学生进行总结。实验后，教师要指定学生报告其实验的过程和实验结果，然后由教师对实验中的优点和缺点进行讲评，并要求学生写出实验报告。

（3）实习作业法。

实习作业法是指教师根据学科课程标准要求，指导学生运用所学知识在课上或课外进行实际操作，将知识运用于实践的教学方法。这种方法在自然学科的教学中占有重要的地位，如数学课的测量练习、生物课的植物栽培和动物饲养等。运用实习作业法的基本要求如下：

① 实习作业法要在教师的指导下有目的、有计划、有组织地进行。

② 实习时，教师要加强指导。教师要与实际工作者密切配合、共同指导，给学生以具体的帮助，从而保证实习计划的落实，完成实习任务。

③ 实习后，教师要指导学生写出实习报告或体会，并进行评阅和评定。

历年真题

答案解析7.21

【7.21】学生在教师的指导下进行数学的实地测算、地理的地形测绘、生物的植物栽培和动物饲养，属于下列哪一种教学方法？（　　）

A. 实验法　　B. 参观法　　C. 演示法　　D. 实习作业法

4. 以引导探究为主的方法

以引导探究为主的教学方法，是指教师组织和引导学生通过独立探究和研究活动而获得知识的方法。这类方法主要有讨论法和发现法两种。

（1）讨论法。

讨论法是学生在教师指导下为解决某个问题进行探讨、辩论，从而获取知识的一种方法。运用讨论法的基本要求如下：

① 讨论前做好充分准备。讨论前，教师要列出讨论题目，提出讨论要求，指导学生搜集有关资料，写好发言提纲，做好充分准备。

② 讨论中要对学生进行启发诱导。讨论中，教师要注意启发学生独立思考，引导学生围绕主题各抒己见、畅所欲言，并始终紧扣重点、突破难点、联系疑点，要以谦虚好学的态度倾听别人发言并认真做好记录。

③ 讨论结束时要做好小结。讨论结束前，教师要简要概括讨论情况，使学生获得正确的观点和系统的知识，纠正错误、片面或模糊的认识。对疑难和有争论的问题，教师尽量阐明自己的看法，但要允许学生保留意见。

（2）发现法。

发现法又称探索法、研究法，是指学生在教师指导下，对所提出的课题和所提供的材料进行分析、综合、抽象和概括，自行发现并掌握相应的原理和结论的一种教学方法。运用发现法的基本要求如下：

① 依据教材特点和学生实际，确定探究发现的课题和过程。

② 严密组织教学，积极引导学生的发现活动。

③ 努力创设一个有利于学生进行探索发现的良好情境。

5. 以情感陶冶（体验）为主的教学方法

以情感陶冶为主的教学方法是指教师根据一定的教学要求，有计划地使学生处于一种类似真实的活动情境之中，利用其中的教育因素综合地对学生施加影响的一种教学方法。这种方法主要包括欣赏教学法和情境教学法两种。

（1）欣赏教学法。欣赏教学法是指在教学过程中指导学生体验客观事物的真善美的一种教学方法。欣赏教学法一般包括对自然的欣赏、对人生的欣赏和对艺术的欣赏等。

（2）情境教学法。情境教学法是指在教学过程中，教师有目的地引入或创设具有一定情绪色彩的、生动具体的场景，以引起学生产生一定的情感体验，从而帮助学生理解教材，并使学生的心理机能得到发展的教学方法。教师创设的情境一般包括生活展现的情境、图画再现的情境、实物演示的情境、音乐渲染的情境、语言描述的情境等。

历年真题

答案解析7.22

【7.22】材料分析题：

张老师在生物课上讲解植物吸水的知识时，首先要求同学动手做个实验：将两块萝卜分别浸泡在两个分别装有浓盐水和清水的烧杯里，浸泡后取出并观察萝卜的变化、结果发现：泡过浓盐水的萝卜变蔫了，而泡过清水的萝卜变水灵了。张老师用下方示意图显示实验结果：泡过浓盐水的萝卜失去水分，泡过清水的萝卜吸收水分。

考点拓展7.9

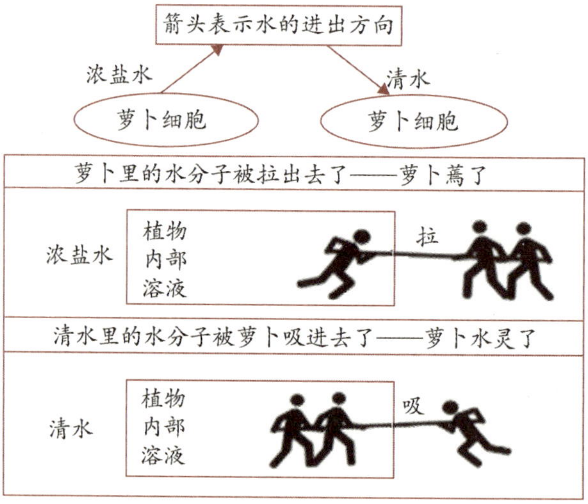

张老师进一步提问：谁能概括出萝卜在什么状态下失水？在什么状态下吸水？

根据同学们的回答，张老师总结说明植物吸水的原理：当植物细胞液浓度小于外界溶液浓度时，细胞就失水；反之，细胞就吸水。接着，张老师布置小组讨论：为什么盐碱地一般种不好庄稼？如果你种的植物出现“烧根”现象，你需要追肥还是浇水，为什么？

最后张老师请各小组汇报讨论结果。

问题：

（1）张老师采用了哪些教学方法？请结合材料加以分析。

（2）张老师贯彻了哪些教学原则？请结合材料加以分析。

（四）国外具有代表性的教学方法

1. 程序教学法

美国心理学家斯金纳的程序教学法要求教育者把教材分为许多小段或问题，编制成按步骤进行的顺序，通过教学机器或程序课本与学习者进行问答或选择，并根据学习者对问题的掌握情况做出反应，向每一位学习者指出下一步应学习什么（继续向前学习，或者后退到某个问题重学一遍）。

2. 发现教学法（发现学习法）

美国心理学家和教育学家布鲁纳倡导的发现教学法的中心思想是教学生学会如何学习，即教给学生解决问题的各种策略，帮助他们知道如何着手学习，其目的是启发学生积极思考，牢固掌握学科内容，成为自立自主的“思想家”。

发现教学法的过程一般是：① 教师创设一定情境，使学生在这个情境中产生矛盾；② 提出问题（课题），并提供一定材料，引导学生自己去分析研究、提出假设；③ 引导学生从理论上或实践上检验假设，如有不同看法，可以展开辩论；④ 对问题做出结论，获得理论知识。

3. 掌握学习法

美国心理学家布鲁姆倡导的掌握学习法，是在“所有学生都能学好”的思想指导下，以集体教学（班级授课制）为基础，辅之以经常、及时的反馈，为学生提供所需的个别化帮助以及所需的额外学习时间，从而使大多数学生达到课程目标所规定的掌握标准。

4. 范例教学法

德国教育家瓦根舍因倡导的范例教学法具体分为四步：①阐明“个”的阶段，即教师对作为范例的“典型事例”进行解释的阶段；②阐明“类型”和“类”的阶段，即教师对范例的类型和种属关系进行讲解的阶段；③掌握规律和范畴的阶段，即教师引导学生掌握与范例同一类知识的联系及规律的阶段；④获得关于世界及生活经验的阶段，即把范例与具体的实际相联系，提高学生创造性运用知识的能力的阶段。

5. 暗示教学法

保加利亚心理学家洛扎诺夫提出的暗示教学法是一种运用心理学、生理学、精神治疗学的知识，精心设计教学环境，通过暗示、联想、想象，调动学习者潜意识，使学生在心情愉快的情况下学习大量材料的一种教学方法。

历年真题

答案解析7.23

【7.23】保加利亚心理学家洛扎诺夫在20世纪60年代创立的一种利用联想、情境、音乐等强化教学效果的方法是（　　）。

A. 纲要信号教学法　B. 探究发现教学法　C. 暗示教学法　D. 范例教学法

重点提示

注入式和启发式是两种对立的教学指导思想。学习时注意牢记国内常用的教学方法，并能根据题干进行判断某种情境下师生运用的是什么方法；熟悉国外有代表性的教学方法。特别注意讲授法、谈话法的具体运用。这部分内容可以出选择题、简答题和材料分析题。

第三节　教学组织

一、教学组织形式

教学组织形式，是指教师和学生为完成特定的教学任务按一定要求组合起来进行活动的结构。

（一）教学组织形式的发展

教学组织形式是随着社会政治经济和科学文化的发展及其对培养人才要求的变化而不断发展和改进的。历史上，影响较大的教学组织形式有个别教学制、群体教学、班级授课制、贝尔－兰卡斯特制、道尔顿制、文纳特卡制、设计教学法等。

1. 个别教学制

个别教学制是历史上最早出现的教学组织形式，是漫长的奴隶社会和封建社会中主要的，甚至是唯一的教学组织形式。中国古代、古希腊和古埃及的学校教学基本上采用这种个别教学的形式。这种个别教学形式在古代学校的普遍采用是与古代社会生产力发展水平较低的状况相适应的。个别教学制是指教师在同一时间以特定内容面向一两位或几位学生进行教学。

2. 群体教学

到了封建社会的后期，随着封建社会持续稳定的发展，受教育者的范围不断扩大，社会积累的知识经验不断增加，学校教育内容逐步增多，促使一些学校寻求一种高效的教学组织形式来代替低效率的个别教学，于是出现了群体教学。我国宋、元、明、清各代的书院和各类官学，以及欧洲中世纪末期的学校教育均采用这种形式进行教学。群体教学的发展，为班级授课制的萌芽奠定了基础。群体教学又称班组教学，是初级的集体教学形式。

3. 班级授课制

班级授课制又称课堂教学，是人类社会发展到一定历史阶段的产物。17 世纪初，在先进的乌克兰兄弟会学校中兴起了班级授课制的组织形式。1632 年，捷克著名教育家夸美纽斯在总结前人和自己实践经验的基础上，出版了《大教学论》，该书最早从理论上对班级授课制进行了阐述，为班级授课制奠定了理论基础。后来，德国教育家赫尔巴特提出了教学过程的形式阶段理论，即明了—联想—系统—方法，班级授课制得以进一步完善而基本定型。以苏联教育学家凯洛夫为代表，提出课的类型和结构的概念，使班级授课制形成一个完整的体系。

我国最早采用班级授课制的是1862年清政府在北京设立的京师同文馆。1902年，清政府颁布《钦定学堂章程》后，班级授课制在全国得到广泛推行。

历年真题

答案解析7.24

【7.24】中国最早采用课堂教学组织形式的是（　　）。

A. 京师大学堂　B. 福建船政学堂　C. 京师同文馆　D. 南洋公学

4. 贝尔-兰卡斯特制

贝尔-兰卡斯特制，也称为导生制，是由英国人贝尔和兰卡斯特在19世纪初共同创建的。这种教学组织形式仍以班级为基础，但教师不直接面向班级全体学生，教师先把教学内容教给年龄较大的学生，而后由学生中间的佼佼者——“导生”去教年幼的或成绩较差的其他学生。这种教学组织形式是在英国工场手工业向大机器生产过渡的过程中，在需要大规模培养学生而师资比较缺乏的情况下出现的。导生“现买现卖”，很难保证基本的教学质量。

5. 道尔顿制

道尔顿制是由美国教育家帕克赫斯特于1920年在马萨诸塞州的道尔顿中学创立的一种典型的自学辅导式的教学组织形式。教师不再在上课时向学生系统讲授教材，而只为学生分别制定自学参考书、布置作业，由学生自学和独立作业，有疑难时才请教师辅导，学生完成一定阶段的学习任务后向教师汇报学习情况和接受考查。老师认为符合要求后，就会将下一个学月的任务再布置下去。在道尔顿制中，教师不强求学生学习进度的一致，学生可根据自己的情况提前或拖后完成任务，教师根据每位学生的具体情况布置新的任务。

6. 文纳特卡制

文纳特卡制是由美国教育家华虚朋于1919年在芝加哥市郊的文纳特卡镇公立中学实行的一种教学组织形式。在文纳特卡制中，课程被分为两部分：一部分按照学科进行，由学生个人自学读、写、算、历史、地理等方面的知识和技能；另一部分通过音乐、艺术、运动、集会以及开办商店、组织自治会等团体活动来培养和发展学生的社会意识。

7. 设计教学法

1918年，美国教育家克伯屈发表了论文《设计教学法》，系统地归纳和阐述了设计教学法的理论，赢得了很大声誉，被称为“设计教学法”之父。设计教学法主张废除班级授课制和教科书，打破传统的学科界限，在教师的指导下，由学生自己决定学习的目的和内容，在自己设计、自己负责任的单元活动中获得有关的知识和能力。具体来说，设计教学法是以项目或课题为中心而设计的教学活动，注重创设问题的情境，让学生在问题情境中，确定解决问题的目标和计划，并加以实施，最后对完成情况进行评价。

8. 分组教学

19世纪末20世纪初，分组教学在一些国家出现，目的是解决班级上课不易照顾学生个别差异的弊病。分组教学是按学生的能力或学习成绩把他们分为水平不同的组进行教学。纵观各国的分组教学，其类型有外部分组和内部分组、能力分组和作业分组等。

外部分组，即取消按年龄编班，改为按学生的能力或某些测验成绩编班。内部分组，即在按年龄编班的班级内，再根据学生的成绩将他们分成若干个不同的小组。能力分组，是根据学生的能力发展水平来进行分组教学的，各组课程相同，但学习年限不同。作业分组，是根据学生的特点和意愿来分组教学的，各组学习年限相同，但课程不同。

9. 特朗普制

特朗普制是美国教育家劳伊德·特朗普于20世纪50年代提出的一种教学组织形式，是指把大班上课、小班讨论和个别自学三种教学形式结合起来的一种教学组织形式，用灵活的时间单位代替固定划一的上课时间，以大约20分钟为计算课时的单位。

答案解析7.25

历年真题

【7.25】把大班上课、小班讨论、个人独立研究结合在一起，并采用灵活的时间单位代替固定划一的上课时间，以大约20分钟为一个课时。这种出现于美国20世纪50年代的教学组织形式是（　　）。

A. 文纳特卡制　　B. 活动课时制　　C. 道尔顿制　　D. 特朗普制

10. 小队教学

小队教学又称协同教学，是第二次世界大战后在美国兴起的一种教学组织形式，后来对世界各国影响较大。小队教学通常是指由一些教师联合组成教学小队，集体研究并编订教学工作计划，分工合作完成教学任务和评价教学效果的教学组织形式。小队教学由三个部分组成：大班教学、独立学习和小组讨论。学生则依据各科的学习能力分组，用三分之一的时间听课，三分之二的时间讨论、研究、做实验和自学。在教学中，骨干教师或具有某一学科专长的教师在大团体内进行教学，其他教师则指导学生在小团体范围内完成作业。

11. 合作学习

合作学习的理念可以追溯到古罗马教育家昆体良有关学生可以从互教中受益的思想。随着社会的发展和学校的变革，合作学习现已成为当代学校非常重要的教学组织形式之一。合作学习也称为小组合作学习，是指学生为了完成共同的任务，进行明确的责任分工的一种互助性学习的组织方式。

（二）现代教学的基本组织形式——班级授课制

1. 班级授课制的概念

班级授课制是把一定数量的学生按年龄和知识程度编成固定的班级，根据周课表和作息时间表，安排教师有计划地向全班学生集体进行教学的一种教学组织形式。

2. 班级授课制的基本特征

（1）以“班”为学生人员的组成单位。通常把年龄和文化程度相同的学生编成一个班级，如果学生人数太多，则再分成若干个平行班。

（2）以“课时”为教学的时间单位。课时也称学时，一个课时是指一堂课的教学时间。当前我国各级学校一堂课的教学时间各有不同，一般为大学 45 ～ 50 分钟、中学 45 分钟、小学 35 ～ 40 分钟。有的学校采用弹性的教学时间，每天长短课时交替进行。课时的长短主要由学科特点和学生身心发展规律决定。

（3）以“课程表”为教学活动的基本周期。课程表具体规定一周内每日上课的科目及其次序、每次上课的起止时间和休息时间。编制课程表有利于学生学习效率的提高以及教学设备的充分利用，有利于教研组活动的积极开展以及教师时间的有效分配。

（4）以“课”为教学活动的基本单位。所谓课，就是在每一个课时内组织的课堂教学活动，即教师在一堂课所规定的时间内，运用各种教学方法和手段，组织学生学习一定分量的教材内容。一堂课既是一门学科全部教学工作的组成部分，又是相对独立的教学段落。课与课的衔接，保证了教学过程的完整性和系统性。

3. 班级授课制的利弊

（1）班级授课制的优点。

① 有利于经济有效地大面积培养人才。由于班级是按年龄、文化程度编排，由教师根据统一的教材对全班进行教学，各门学科均按照一定的教学时间表有计划地、轮流交替地进行，因此无论从时间还是空间来看，它都是使学生在较短的时间内能系统地学习人类丰富知识体系的一种比较经济有效的形式。

② 有利于发挥教师的主导作用。在课堂教学中，教师有目的、有计划、有组织地面对全班学生进行教学。它保证了在整个教学中，每位学生的学习都自始至终在教师的直接指导下进行。

③ 有利于发挥学生集体的作用。班级授课制是分班进行教学的一种集体组织形式。由于学生的学习内容相同、程度相近，因此集体成员彼此之间在学习上、思想上遇到困难和问题时，有利于开展讨论、相互促进、共同提高。

④ 有利于学生多方面的发展。在课堂教学中，开设了德、智、体等方面的课程，由具有专业知识的教师进行讲授。学生可以受到完整的教育，学到系统的知识，身心得到全面发展。

（2）班级授课制的缺点。

① 教学活动多由教师直接做主，学生的主体地位或独立性受到一定的限制。

② 学生的学习主要是接受现成的知识，动手机会少，不利于培养探索精神、提高创造能力和实践能力。

③ 教学面向全班学生，强调的是统一，难以照顾学生的个别差异。

④ 教学内容和教学方法的灵活性有限。

（三）现代教学的辅助组织形式——个别指导与现场教学

1. 个别指导

个别指导，是教师在课堂教学的基础上针对不同学生的情况进行个别指导的教学组织形式。个别指导一般是在学生已有学习的基础上，通过学生的复习、预习和对自己感兴趣的问题的深入学习，发现自己还不明白的问题，然后向老师请教，教师针对学生的具体情况进行个别指导。个别指导主要是通过个别答疑、对个别学生的课外作业和课外阅读进行指导等方式来进行的。它既可以在课内实施，也可以在课外进行。个别指导根据其内容的不同大体可以分为两大类：一是对教材的复习和预习中发现的问题的指导，目的是让学生打下坚实的基础；二是对学科内容相关学习中的疑难问题的指导，目的是拓宽学生的视野，发展学生的思维。

2. 现场教学

现场教学就是把学生带到事物发生、发展的现场进行教学活动，在有关人员的协调下通过现场实物、过程开展的一种教学组织形式。它可以以班级为单位，也可以把班级划分为若干小组进行。根据现场教学的目的和任务，可以将现场教学分为两大类：一类是根据学习某学科知识的需要，组织学生到有关现场进行教学；另一类是学生为了从事某种实践活动，需要到现场学习有关的知识和技能。

（四）现代教学的特殊组织形式——复式教学

复式教学是把两个或两个以上年级的学生编在一个班里，由一位教师分别用不同程度的教材，在同一节课里对不同年级的学生，采取直接教学和自动作业交替的办法进行教学的组织形式。它可以节约师资力量、教室和教学设备等，充分利用教育资源。复式教学适用于教育条件和经济条件都比较落后的山区或边远地区，有利于教育的普及。

重点提示

教学组织形式，是教师和学生为完成特定的教学任务按一定要求组合起来进行活动的结构。班级授课制是现代教学的基本组织形式，个别指导与现场教学是现代教学的辅助组织形式，复式教学是现代教学的特殊组织形式。学习时要注意各种教学组织形式的含义与做法，重点掌握班级授课制的特征与利弊。这部分内容可以出选择题、辨析题、简答题。

二、教学工作的基本环节

教师进行教学工作的基本环节包括：备课，上课，作业布置、检查与批改，课外辅导，学业成绩的检查与评定。其中上课是教学工作的中心环节。

（一）备课

备课是教师根据学科课程标准的要求和本门课程的特点，结合学生的具体情况，选择最合适的表达方法和顺序，以保证学生有效地学习。备课分为个人备课和集体备课两种。个人备课是教师自己钻研学科课程标准和教材的活动。集体备课是由相同学科和相同年级的教师共同钻研教材，解决教材的重点、难点和教学方法等问题的活动。

1. 备课的意义

备课是教师教学工作的起始环节，是上好课的先决条件。

① 备好课可以加强教学的计划性和针对性，有利于教师充分发挥主导作用。

② 备课也是教师学习的过程，通过备课，教师可以丰富自己的知识，更新知识结构。

③ 备课还有助于教师提高自己的教学能力。

2. 备课的要求

（1）做好三个方面的工作。

① 钻研教材（备教材）。钻研教材包括钻研课程标准、教科书和阅读有关的参考资料，查阅各种所需资料及了解最新成果等。课程标准是教师备课的指导文件，教科书是教师备课和上课的主要依据，参考资料是补充。

② 了解学生（备学生）。教师应了解学生的知识基础、学生的能力基础、学生的学习方法和学习习惯、学生的兴趣爱好和价值观。

③ 设计教法（备教法）。设计教法包括：如何组织教材，如何确定课的类型，如何安排每一节课的活动，如何运用各种方法开展教学活动。此外，也要考虑学生的学法，包括预习、课堂学习活动与课外作业等。

（2）写好三种计划。

① 学期（或学年）教学计划。学期教学计划一般在学期（或学年）开始前制订，是以每门学科、每个课题教学日程安排为主要内容的计划，主要包括：学生情况的简要分析、本学期或学年的教学总要求、教科书的章节或课题的教学时数和时间的具体安排、各课题需要运用的教学方法等。

② 单元（或课题）计划。单元计划就是对一单元（课题）教学工作全面安排的计划，主要包括：单元课题名称、教学目的、课时分配、课的类型、教学方法及教学手段的运用等。此外，教师还要考虑课题之间的联系，做好协调工作。

③ 课时计划（教案）。课时计划是教师备课中以课时为单位设计的教学方案，一般包括：班级、学科名称、课题、教学目标、上课时间、课的类型、教学方法、课的进程和时间分配、教具利用和版式设计、教师课后的自我分析等。

历年真题

【7.26】简答题：教师备课的基本要求有哪些？

答案解析7.26

（二）上课

上课是整个教学工作的中心环节，是教师教和学生学的最直接的体现。它不仅是引导学生掌握知识、提高思想、发展能力的关键，也是教师的业务水平、教学能力以及对教育事业态度的集中反映。要提高教学质量，就必须上好课。

1. 课的类型

根据教学的任务进行划分，课可分为传授新知识课（新授课）、巩固知识课（巩固课）、培养技能与技巧课（技能课）、检查知识课（检查课）。但在实际的教学中，有时一节课只完成一个任务，有时一节课则需完成多项任务，所以根据一节课所完成任务的类型数，又可分为单一课和综合课。

根据使用的主要教学方法进行划分，课可分为讲授课、演示课（演示实验或放映幻灯片、录像）、练习课、实验课和复习课。

上述两种分类也是有交叉重叠的，具体表现在两类课型有相对应之处，如新授课多属于讲授课，巩固课多属于复习课，技能课多属于练习课或实验课等。

2. 课的结构

课的结构是指课的基本组成部分及各组成部分进行的顺序、时限和相互关系。受学科特点、教材内容、教学方法和教学对象等因素的制约，不同类型的课有不同的结构。以综合课为例，构成课的基本组成部分有：组织教学、检查复习、讲授新教材、巩固新教材、布置课外作业等。

（1）组织教学。组织教学的目的在于使学生做好上课前的各种准备，如了解学生出勤情况、学习用品准备情况，是不是已从下课时的兴奋状态安静下来，期待新课的学习等，以集中学生的注意力，保证教学能够顺利进行。

（2）检查复习。目的在于复习已学过的教材，对已学过的知识进行巩固和加深，了解学生接受情况，加强新旧知识的联系，培养学生对学业的责任感和按时完成作业的习惯。

（3）讲授新教材。目的在于使学生掌握新知识，这是教学过程中最基本的部分。教师讲授新教材时，要注意教学方法的选择与使用。

（4）巩固新教材。目的在于使学生对所学教材当堂理解、消化并及时巩固，让学生初步运用新知识进行课堂练习，为课外作业做好准备。巩固新教材的工作，可以采取提问、重点复述、练习等方法进行。

（5）布置课外作业。目的在于使学生进一步巩固所学知识，并培养独立学习和工作的能力。教师在向学生布置课外作业时，应说明具体要求，对难度较大的作业，可以适当提示完成作业的方法。教师对学生的课外作业，应当认真地检查、批改和评定。

答案解析7.27

历年真题

【7.27】李老师在语文课上，按照组织教学、检查复习、讲授新教材、巩固新教材、布置课外作业的程序进行教学。这体现了哪种类型的课的结构？（　　）

A. 单一课　　B. 综合课　　C. 练习课　　D. 复习课

3. 一堂好课的基本要求

（1）目标明确。教学目标的制定要符合课程标准的要求及学生的特点，课堂上的一切教学活动应该围绕教学目标来进行。

（2）重点突出。重点突出是指在一节课上教师要把精力主要放在知识体系中的重要内容的教学上，不要对所有的任务和所有的内容平均使用时间和精力。

（3）内容正确。在课堂上所讲授的内容必须具有严密的科学性和高度的思想性；教材呈现的内容、教师讲授的内容必须是科学的、正确的；教师对概念、定理等的表述要准确无误，对原理、定律的论证应确切无疑；对学生回答问题时所反映出的思想和观点要仔细分析。

（4）方法得当。教学方法得当是指教师根据教学任务、内容和学生的特点选择适合的教学方法进行教学。方法本身无所谓好坏，但不同的方法有不同的适用范围，教师上课运用的方法要与教学情境相适合。

（5）表达清晰。表达清晰是指教师上课要坚持用普通话，声音要响亮，使每一位学生都能够听清教师讲授，教师讲课的速度要适合学生的可接受程度，语言要流畅、生动、明白易懂，板书（或课件字幕）要规范、准确、清楚。

（6）组织严密。教学要有严密的计划性和组织性。既有良好的开端，又有和谐、流畅的过程和完善的结尾；讲述、练习、演示和板书等环节井然有序、环环相扣；时间分配科学，按照教学计划的各个步骤，完成各项任务指标；机智地处理“偶发事件”，使课堂教学始终有良好的纪律和秩序。

（7）教态自如。教态是指教师在教学过程中的衣着打扮、仪表风度、行为举止和情感态度等方面的表现。自然、优雅的教态能引起学生对学习的愉悦和积极的情感体验，使各种思维进入学习的最佳状态，从而推动教学的进程。

（8）气氛热烈。这是上好课的最根本的要求。一方面，教师要充分发挥自己的主导作用；另一方面，要创设民主合作、轻松愉快的课堂气氛，引导学生主动参与教学进程中的各项活动，让学生动手、动口、动脑，对学习始终保持浓厚的兴趣。

（三）作业的布置、检查与批改

课外作业是课内作业的继续，是教学工作的有机组成部分。其作用在于加深和加强学生对教材的理解和巩固，进一步掌握相关的技能、技巧。通过作业的检查批改，教师可以及时发现学生知识或技能缺陷，加以纠正，并做出评价，对学生的进一步学习提出建议。此外，课外作业对于培养学生独立思考、勤学苦练、克服困难的品质和自觉完成作业的习惯，都有重要的意义。

1. 作业的形式

（1）阅读作业，如复习、预习教科书，阅读人文社科读物和科学读物等。

（2）口头作业，如口头回答、朗读、复述、背诵等。

（3）书面作业，如演算习题、作文、绘图等。

（4）实践作业，如观察、实验、测量、社会调查等。

2. 布置作业的要求

（1）作业内容要符合教学大纲和教科书的要求，所布置的作业要有启发性、典型性，有助于学生加深理解和巩固所学的知识，并形成技能技巧。

（2）作业分量要适当，难易要适度，作业时间要控制。

（3）作业目的性要明确，要求应具体。

（4）作业指导要讲究方法和策略。

（5）及时检查和批改作业，以便了解学生知识掌握和技能发展的情况，作为改进教学的依据。

（四）课外辅导

课外辅导是在课堂教学规定的时间之外，教师对学生的辅导。课外辅导的目的在于因材施教以及对学生进行学习目的、学习态度和学习方法等方面的个别教育和指导。课外辅导是上课的必要补充，是适应学生个体差异、贯彻因材施教的重要措施。课外辅导要做到：目的明确，针对性强，态度和蔼，重点突出。

（五）学业成绩的检查与评定

学业成绩的检查与评定是教学工作的一个重要环节，对教学工作的顺利进行和教学质量的提高具有重要意义。

1. 学业成绩的检查

学业成绩的检查方式有两种：平时考查和考试。平时考查主要是为了了解学生学习的基础和近期的学习质量，以便为教师决定教学的起点、进度或改革教学服务。平时考查一般有课堂表现记录、批改作业和小测验等。考试是对学生知识、技能等进行总结性检查时所采用的一种方式。考试主要有笔试、口试和实践性考试三种形式。考试的效度，是指一个测验能测出它所要测量的属性或特点的程度，即是否测出了它所要测出的东西。考试的信度，是指一个测验经过多次测量所得结果的一致性程度，以及一次测量所得结果的准确性程度。考试的难度，是指测验包含的试题的难易程度。考试的区分度，是指测验对考生的不同水平能够区分的程度。

2. 学业成绩的评定

评定学生成绩有记分和写评语两种方法。记分是抽象地以数字来表明学生学习成绩水平的方法。常用的记分方法有百分制和等级制。评语能够反映和表达学生学业的具体特点，分析出问题的原因，指出努力的方向。对学生学习情况的小结和总结、实践性的考试、检查学生书面作业和课堂提问等，通常采用写评语的方法。

答案解析7.28

历年真题

【7.28】简答题：简述学校教学活动的基本环节。

重点提示

教学工作包括备课，上课，作业布置、检查与批改，课外辅导，学业成绩的检查与评定六个环节，上课是整个教学工作的中心环节。学习时重点注意备课、上课、作业布置相关的内容。这部分内容可以出选择题、辨析题、简答题。

第四节　教学评价与教学改革

一、教学评价

教学评价是指以教学目标为依据，通过一定的标准和手段，对教学活动及其结果给予价值上的判断，即对教学活动及其结果进行测量、分析和评定的过程。其目的是对课程、教学方法以及学生培养方案做出决策。

（一）教学评价的基本内容

教学评价主要包括对学生学习结果的评价和对教师教学工作的评价，也可以划分为学生学业评价、课堂教学评价和教师评价。

1. 学生学业评价

学生学业评价是指以国家的教育教学目标为依据，运用恰当的、有效的工具和途径，系统地收集学生在各门学科教学和自学的影响下认知行为上的变化信息和证据，并对学生的知识和能力水平进行价值判断的过程。学生学业评价具体可包括学生认知学习的评价、技能学习的评价和情感学习的评价。

2. 课堂教学评价

课堂教学评价是以一定的教学观为依据，运用可操作的科学手段，按照一定的价值标准，对课堂教学的各个要素及其发展变化进行价值判断的过程。课堂教学评价包括对教学目标、教学内容、教学方法、教学过程的组织和师生关系、教学效果等方面的评价。

3. 教师评价

教师评价即根据学校的教育目标和教师的工作任务，运用恰当的评价理论和方法手段对教师个体的工作进行价值判断，进而促进教师的发展。教师评价的主要方法有领导评价、学生评价、同行评价、自我评价、学生成绩分析等。

历年真题

【7.29】辨析题：教学评价就是对学生学业成绩的评价。

答案解析7.29

（二）教学评价的功能

1. 诊断教学问题

通过教学评价，教师可以了解自己的教学目标是否合理，教学方法、教学手段的运用是否得当，教学的重点、难点是否讲解清楚；也可以了解学生在知识、技能和能力等方面已经达到的水平和存在的问题，分析造成学生学习困难的原因，从而调整教学策略，改进教学措施，有针对性地解决教学中存在的各种问题。

2. 提供反馈信息

对于教师而言，教学评价提供的反馈信息，可以帮助他们及时发现自己工作中的薄弱环节，并在此基础上修正、调整和改进教学工作。对于学生而言，肯定的评价可以进一步激发他们学习的积极性，提高学习兴趣；否定的评价则可以帮助他们发现错误及其“症结”所在，以便在教师的指导下“对症下药”，及时纠正。

3. 调控教学方向

在教学过程中，教学评价的内容和标准往往会成为学生学习的内容和标准，从而左右学生学习的方向、学习的重点以及学习时间的分配；教师的教学方向、教学目标、教学重点的确定，教学策略和教学方法的选择，也要受到评价内容和评价标准的制约。

4. 检验教学效果

在教学活动中，教师的教学水平和教学效果如何，学生是否掌握了必备的基础知识和基本技能，预定的教学目标是否实现，这些都必须通过教学评价加以检查和验证。对于学生学习结果的评价，可以作为证明学生知识掌握程度、能力发展水平的证据，也可以作为教育行政部门评价教师教学工作质量的重要依据。

（三）教学评价的类型

1. 诊断性评价、形成性评价和总结性评价

根据教学评价的功能，教学评价可以分为诊断性评价、形成性评价和总结性评价。

（1）诊断性评价。诊断性评价是指在学期开始或一个单元教学开始时，为了了解学生的学习准备状况及影响学习的因素而进行的评价。它包括各种通常所称的摸底考试。

（2）形成性评价。形成性评价是指在教学过程中为改进和完善教学活动而进行的对学生学习过程及结果的评价。它包括在一节课或一个课题的教学中对学生的口头提问和书面测验。

（3）总结性评价。总结性评价也称为终结性评价，是在一个大的学习阶段、一个学期或一门课程结束时对学生学习结果的评价。总结性评价注重考查学生掌握某门学科的整体程度，概括水平较高，测验内容范围较广，常在学期中或学期末进行。

2. 相对性评价、绝对性评价和个体内差异评价

根据评价采用的标准，教学评价可以分为相对性评价、绝对性评价和个体内差异评价。

（1）相对性评价。相对性评价又称为常模参照性评价，是运用常模参照性测验对学生的学习成绩进行的评价。相对性评价主要依据学生个人的学习成绩在该班学生成绩序列或常模中所处的位置来评价和决定其成绩的优劣，而不考虑是否达到教学目标的要求。

答案解析7.30

历年真题

【7.30】陈老师在教学中经常通过口头提问、课堂作业和书面测验等形式对学生的知识和能力进行及时测评与反馈。这种教学评价被称为（　　）。

A. 诊断性评价　　B. 相对性评价　　C. 终结性评价　　D. 形成性评价

考点拓展7.10

（2）绝对性评价。绝对性评价又称为目标参照性评价（标准参照评价），是运用目标参照性测验对学生的学习成绩进行的评价。绝对性评价主要依据教学目标和教材编制试题来测量学生的学业成绩，判断学生是否达到了教学目标的要求，而不以评定学生之间的差异为目的。

（3）个体内差异评价。个体内差异评价是对被评价者的过去和现在进行比较，或将评价对象的不同方面进行比较，是一种从评价对象的实际出发，判断其发展状况的评价方法。

二、教学改革

当代社会正从工业社会向信息社会转型，当代教育正从专才教育向通识教育转变。从重心转移的角度看，当代教学改革主要表现出以下五大趋势。

1. 从重视教师向重视学生转变

随着社会的发展，传统的“教师中心说”受到越来越深刻的批判。人们看到教师并不是支配课堂教学活动的绝对权威，学生虽然是教育的对象，但却是学习活动的主体和主人。教师当然重要，但更重要的是学生。因此，研究学生身心发展的规律，研究学生在课堂情境中的学习规律，并遵循这些规律组织、安排教学，成了当代流行的一般教学观念和教学行为。

2. 从重视知识传授向重视能力培养转变

当代社会，由于科学技术的飞速发展导致“知识爆炸”，知识经验陈旧周期变短，掌握全部或大部分知识既不可能也失去了必要性，重视知识传授的教学观受到了严峻挑战。因此，教学的主要任务不再只是知识的传授，还包括对学生能力的培养，着重培养学生学习、掌握和更新知识的能力，即“授人以渔”。

3. 从重视教法向重视学法转变

在当代社会，人们深刻地认识到，仅仅重视教法已落后于时代的客观要求，教学过程实质上应该是学生主动学习的过程，教学设计的实质是对学生学习目标、学习内容、学习进程、学习方式、学习辅助手段以及学习评价的设计。目前，各种流行而且影响较大的教学方法，比如问题解决法、发现学习法、学导式教学法、掌握学习法、异步教学法等，无不渗透出重视学法的精神。

4. 从重视认知向重视发展转变

在当代社会，人们发现知识甚至智力并不是影响人生成功与否的重要因素，最重要的因素是人的情感，进而提出了“情感智慧”的新概念，该概念与已有的认知智慧概念相互对应。同时，教学中重视体质发展也成了一个亟待解决的现实问题。超越唯一的认知，重视儿童身体、认知和情感全面而和谐的发展，成了当代教学观念的基本精神。

5. 从重视结果向重视过程转变

在当代社会，人们意识到教学结果是重要的，但更重要的是教学过程中学生的切身体验，即学生的认知体验、情感体验以及道德体验等，正是这种体验决定着教学的最终结果。因此，评价时，不仅要注重学习结果，也要注重对动机、态度、情感等的评价。

重点提示

教学评价主要包括学生学业评价、课堂教学评价和教师评价。根据不同的标准可以分成不同的类型。学习时要重点注意教学评价的类型及其判断。这部分可以出选择题、辨析题。

☞ 本章小结

教学是实现教育目的的基本途径，在学校教育中居于中心地位。教学过程即完成教学任务的过程，其本质主要是一种特殊的认识过程，必须遵循直接经验与间接经验相统一的规律（认识的特殊性规律）、掌握知识与发展能力相统一的规律、教师的主导作用与学生的主体作用相统一的规律、传授知识与思想教育相统一的规律（教学的教育性规律）。教学过程通常包括激发动机、领会知识（感知教材和理解教材）、巩固知识、运用知识、检查知识五个阶段。教学工作需要遵循特定的教学原则，运用相应的教学方法，并以一定的教学组织形式为保障来进行。教学活动及其结果如何需要通过教学评价进行测量、分析和评定。一名新时代的教师，必须了解我国当前教学改革的主要观点与趋势。

☞ 本章要点回顾

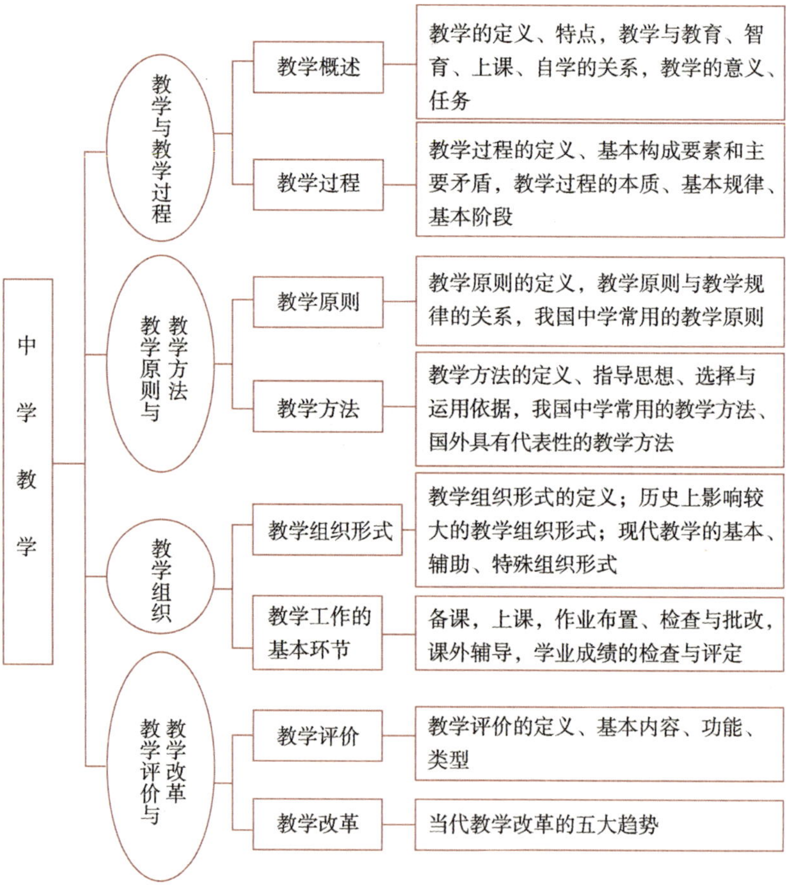

第八章

中学德育

☞ 学习完本章，应该做到：

◎ 了解品德结构，理解中学生品德发展的特点，熟悉中学德育的主要内容。

◎ 熟悉德育过程的基本规律，并能用其分析和解决中学德育中实际的问题。

◎ 理解德育原则，并能用其解决实际问题，能熟练运用德育方法，知道中学德育的基本途径。

◎ 了解皮亚杰和科尔伯格的道德发展阶段论。

◎ 了解生存教育、生活教育、生命教育、安全教育、升学就业指导等的意义及基本途径。

☞ 学习本章时，重点内容为：

品德结构的构成要素及内涵，品德发展的四大规律、基本原则和方法，皮亚杰和科尔伯格的道德发展阶段论。特别注意要会运用相关的规律、原则与方法分析与解决现实问题。根据大纲要求，本章考点所占比重较大，可以选择题、辨析题、简答题、材料分析题等多种形式进行考查。

☞ 学习本章时，具体方法为：

本章是教育学的重要组成部分，也是历年考试的重点之一，学习时应引起充分重视。具体学习时，可以从理解品德结构的要素入手，然后根据“德育规律—德育原则—德育方法—现代德育理论”的线索展开，侧重梳理与记忆德育规律、德育原则与德育方法，注意对这三者的理解，并与对现实问题的分析和解决相结合，注意分析问题与解决问题能力的养成。

【引子】

近几年，伴随科技的进步，不论是成年人还是未成年人，对于智能手机的依赖和手机游戏的痴迷都已经达到了成瘾且屡禁不止的程度。学校对于学生在校期间是否可以携带手机、上课期间如何脱离手机等方面的管理也是花样百出：有的学校要求学生进入校门就要关机直至放学，有的学校要求学生进教室上课前先将手机放在规定位置，可谓是绞尽脑汁。

2017 年 10 月 8 日，河南南阳某中学被媒体曝光，该学校组织了一场十分特别的主题活动——手机销毁大会。在会上，几十部从学生手中没收来的手机遭受了不同程度的销毁，如被扔进水桶、用锤子砸烂等。这一行为一经报道，引起了社会各界的广泛热议。有人说学校这一行为明显侵犯了学生的财产权，有人批判这种“杀鸡儆猴式”的管理模式只能获取一时之快，而无法实现真正的教育目的，甚至可能会将粗暴传导给学生，并留下隐患。校方则表示，学生带手机进入学校后必须上交到老师手中，放学离校后才能取回，如果不交给老师将被没收销毁，这是为了学生好，并且家长也都表示认同与支持，并表示日后将坚持这类处罚行为。①

上述案例中的某中学违反了相关教育法律法规的规定，相关管理者的确应该加以干涉并处理，因此，该学校已经收到当地教育部门要求其整改的通知。但是，在人的身心发展过程中，千变万化的社会对未成年人产生着不同程度的影响，加之每个未成年人个体自身独特的身心发展过程，德育工作一直以来都是学校教育活动中的重点和难点。品德到底是由什么构成的？中学生的品德发展究竟具有什么样的特点和规律？教师应该遵循什么样的原则、采用什么样的方法，才能使未成年人的德育工作产生良好的效果？当教育者面对学生手机依赖成瘾等错误的行为时，究竟应该如何应对呢？究竟是什么导致学生的道德出现了问题？本章将对德育的基本知识进行介绍。

第一节 品德结构与中学生品德发展

一、品德结构及品德形成与发展的影响因素

品德，也称道德品质，是社会道德在个体思想与行为上的体现，是指个体依据一定的社会道德行为准则，通过行为表现出来的稳定的特征或倾向。道德是社会统一的规范和准则，是对学生外在的社会要求。而与道德不同，品德是学生内在的品质，是外在统一要求的道德内化到个体内心，经过个体思想加工后形成的行为准则。

（一）品德结构

1. 品德的四要素

品德的形成过程是外在道德的内化过程，因此包含道德认识、道德情感、道德意志、道德行为四个要素，简称为品德的知、情、意、行四要素。这四个要素既互相联系、互相影响，又相互独立，从而构成一个完整的品德结构。

（1）道德认识。

知，即道德认识，也称道德观念，是指人对道德规范及其意义的认识与理解。道德认识包括对道德概念、道德原则的初步了解，道德信念的形成，以及运用这些信念去分析道德现象、判断他人行为的是非善恶，并对自己的行为进行调节和控制，是个体品德中的核心部分。换句话说，道德认识就是人们对人与人之间、人与社会事务之间关系的是非善恶的认识、判断与评价。

道德认识是品德形成的基础，是道德情感和道德意志产生的依据，与道德情感、道德意志结合起来对道德行为的发生起着定向和调节作用。只有道德认识与道德情感、道德意志相结合，才能够形成坚定的道德信念，从而激发人产生道德需要，形成道德动机，最终发生道德行为。

---

① 曹慧茹，祖一飞．河南一中学办“手机销毁大会”［N］．北京青年报，2017-10-13（08）．

（2）道德情感。

情，即道德情感，是伴随着道德认识而产生的一种内心体验。道德情感是人们运用社会道德观念，处理人与人、人与社会关系时所产生的情感体验，即关于人的举止、行为、思想、意图是否符合社会道德规范而产生的内心感受。它具体是指爱国主义情感、集体主义情感、义务感、责任感、荣誉感、幸福感、良心、同情心、自尊感和羞耻感等。其中，义务感、责任感和羞耻感对于儿童和青少年尤为重要。当道德现象符合自己认同的道德观念时，就会产生积极的情感，否则就会产生消极的情感。

道德情感是人类的高级情感，是产生道德行为的巨大动力，它渗透在人的道德认识和道德行为中，起着中介作用。它影响着道德认识的形成及其倾向性，是道德认识上升为道德信念的重要心理因素。同时，道德情感会对道德行为的强度产生影响，与道德意志共同作用，成为推动道德行为的动力。

（3）道德意志。

意，即道德意志，是指人们为实现一定的道德目的而产生的自觉能动性，是人克服困难、调节行为，从而实现预定目标的心理过程，是调节道德行为的内部力量。这种力量通常表现为实现道德目标时的积极进取或坚忍自制，表现为道德行为的自觉性、果断性、坚持性和自控性。

道德意志在品德形成发展中起调控作用。它调节和控制着一个人的道德行为，保证人能够抵御现实中的各种诱惑，不以外界环境各类干扰因素为转移，克服困难、坚持到底，最终达到目标，形成道德行为习惯。道德意志是道德行为的自觉、果断、坚持和自制的有力保证。

（4）道德行为。

行，即道德行为，包括道德行为技能和道德行为习惯两个方面。道德行为是个体在一定的道德认识指引和道德情感激励下，对客观事物做出行动反应，表现出对他人或社会具有道德意义的行为，是道德认识、道德情感、道德意志共同作用后的外部表现，是衡量道德品质的重要标志。

2. 四要素的相互关系

品德结构的知、情、意、行四个要素是一个完整统一的结构，始终处于互动的、开放的统一体中，它们互为前提、相互制约、相互促进，共同构成品德的整体结构，缺一不可。

一般来说，道德认识是品德结构的思想基础，是道德情感产生的依据。道德情感是伴随道德认识而产生的内心体验，是调节道德行为的动力。在一定的情境下，道德情感的激发会促进道德认识水平与道德意志力的提高。道德意志是通过一系列具体的道德行为得以体现的，只有支配道德行为的实现，道德意志才有现实意义。道德行为是道德认识、道德情感、道德意志的具体表现和外部标志，是知、情、意的归宿，是更高品德形成的依据和基础，更是衡量品德的根本标志。道德行为在检验知、情、意的同时，也在加深和提高着道德认识、强化着道德情感、磨炼着道德意志。

因此，品德结构的四要素是交织在一起，相互影响、密不可分的。品德的教育和培养以知为基础，以行为目标，只有保证这四个要素的协调与平衡发展，才不会造成品德结构上的缺陷，才不会导致品德发展受到阻碍。

答案解析
8.1—8.2

历年真题

【8.1】辨析题：个体的道德认识与道德行为是一致的。

【8.2】王军写了保证书，决心遵守《中学生守则》，上课不再迟到。可是冬天一冷，王军迟迟不肯钻出被窝，以至于再次迟到。对王军进行思想品德教育的重点在于提高其（　　）。

A. 道德认识水平　　B. 道德情感水平

C. 道德意志水平　　D. 道德行为水平

考点拓展8.1

（二）品德形成与发展的影响因素

人的品德形成与发展并非是一个自然成熟的过程，而是一个自为的、自觉的过程。人的品德形成与发展受到多种因素的影响，主要包括家庭教育、学校教育、社会风气、同伴群体等外部因素，以及认知失调、态度定势、道德认知三个内部因素。学校教育作为人的发展的主导因素，在学生品德形成与发展过程中也起着主导作用。

1. 外部因素

（1）家庭教育。

对学生的思想品德教育而言，家庭教育至关重要、影响重大。父母与子女接触时间最多，是子女的终身教师。

家庭教育对品德形成与发展的影响具体表现为如下两个方面：

一是父母自身的品德影响着子女的品德形成与发展。父母的表率作用以一种潜移默化的形式影响子女品德的形成。父母具有正确的品德，才能在家庭教育过程中形成正确的教养态度，从而以正确的教养方式来影响子女的品德形成与发展。

二是家庭成员的教养态度和方式，即家庭氛围也会影响子女品德的形成与发展。良好的家庭氛围有助于子女形成良好的品德。父母希望子女成为什么样的人、获得什么样的道德观念和行为，以及采用什么样的方式来促进他们成长，都会对子女品德的形成与发展产生很大的影响。

（2）学校教育。

学校教育是一种有目的、有计划、有系统地对学生品德发展施加影响的过程，具有正规、系统的特点，是影响学生品德形成与发展的外部条件，在学生品德形成与发展过程中起着主导作用。学校教育不仅可以对学生进行思想品德基本理论的灌输，而且还以多种方式为学生提供培养思想品德的各种训练，因此，学生思想品德的形成和发展都离不开学校的精心培养与引导。

学校教育主要通过以下三个方面影响学生品德的形成与发展：

第一，校风和班风。校风和班风是指在群体成员中占优势的言行倾向和作风。好的校风和班风能抵制社会上的不良风气，以一种潜移默化的影响作用于受教育者，通过对校规、班规的遵守发挥集体的带动作用，从而对学生的精神面貌和行为方式发生作用。

第二，教师的教育方法及自身言行的榜样示范。教师在教育过程中起主导作用，良好的教育方法可以对学生的品德形成与发展产生积极引导作用，错误的教育方法则适得其反，可能导致学生产生逆反心理。此外，学生经常有意或无意地以教师的言行作为自己的行为标准，因此，教师应以身作则、为人师表，教师的榜样示范作用对于学生的品德形成与发展极为重要。

第三，学校的各类教育活动。学校可以通过开展各种活动来完成德育工作。德育课程的开设可以培养基本的道德认知，其他各类课内与课外活动则为学生提供了理论联系实际的机会，可以检验道德认识、激发道德情感、强化道德意志，从而培养他们良好的品德。

（3）社会风气。

社会风气直接关系到学生成长的环境，也影响着学生校外交往的各类群体的整体文化素质，从而间接地影响着学生品德的形成与发展。媒体的舆论导向是社会风气的风向标，甚至会引起学生的模仿意向，也直接或间接地影响学生品德的形成与发展。

（4）同伴群体。

正式的集体、非正式的小团体等都会对学生的品德形成与发展产生一定的影响。在与同伴交往的过程中，他们会试图使自己的价值观、思维、言行与同伴群体保持一致，以得到同伴群体的接纳和认可。因此，所归属的同伴群体在很大程度上影响着学生品德的形成与发展。

2. 内部因素

（1）认知失调。

人类具有一种维持平衡与一致性的需要，总是通过维持自身观点、信念的一致性以保持心理平衡。当认知不平衡或不协调时，如新出现的事物与自己原有的经验不一致，或者自己的观点与他人的、社会的观点或风气不一致等，个体内心就会产生不愉快或紧张的感受，即认知失调。一旦出现认知失调，个体就会通过改变自己的观点或信念来试图达到新的平衡。因此，发生认知失调是态度改变的先决条件，是影响学生道德认识与道德情感的重要内在因素。

（2）态度定势。

基于过去的经验，个体对所面临的人或事会具有某种肯定或否定、趋向或回避、喜好或厌恶等内心倾向性，即态度定势。态度定势有积极与消极两种类型，常常支配着人对事物的预期与评价。例如，学生如果对教师有消极的态度定势，可能会把教师的教诲与要求当作耳旁风，甚至会产生逆反心理，引发矛盾冲突。积极的态度定势是学生接受道德教育、形成与发展良好品德的前提。

（3）道德认知。

品德的形成取决于个体头脑中已有的道德准则、已有的道德判断水平和对道德规范的理解与掌握程度，要改变或提高个体的道德水平，必须考虑其接受能力，遵循循序渐进、由他律到自律的原则。

除上述外部因素和内部因素外，个体的智力水平、文化修养、性别等因素也会对其品德的形成与发展产生不同程度的影响，进行德育工作的过程中必须全方位地了解受教育者的身心发展规律和个体差异，才能真正达到良好的德育效果。

重点提示

知、情、意、行构成了品德的四要素，学习时要理清四要素各自的内涵，并明确四要素之间的相互关系。品德的形成与发展受外部分因素和内部因素的影响，学习时要记住具体的内容。此部分内容多以选择题和辨析题的形式进行考核，学习时可以自己试着命题。

二、中学生品德形成阶段与发展特点

（一）品德形成的基本阶段

品德的形成一般经历依从、认同、内化三个阶段。

1. 依从阶段

依从阶段包括从众和服从两个部分。

（1）从众。从众是指人们对于某种行为要求的依据或必要性缺乏必要的认识与判断，在不加以合理分析的情况下跟随他人行动的现象。

（2）服从。服从是指在权威命令、社会舆论或群体气氛的压力下，主动或被动地放弃自己的意见而采取符合命令要求的行为。服从可能是出于自愿，也可能是被迫的。被动的服从也叫屈从，即表面接受他人的意见或观点，在外显行为方面与他人相一致，但在认识与情感上与他人并不一致。

在依从阶段，人们的行为具有盲目性、被动性和不稳定性，对行为要求没有客观分析与判断，经常是因外界各类因素而采取行动，易于随情境的变化而变化。可以说，处于依从阶段的品德水平较低，但却是一个不可缺少的阶段，是品德建立的开端环节，这一环节也可被理解为他律的环境，需要通过外在约束与群体作用来完成行为。

2. 认同阶段

认同是指在思想、情感、态度和行为上主动接受外界要求或他人影响，使自己的态度和行为与他人相接近。认同实质上是对榜样的主动模仿，其出发点就是试图与榜样一致。与依从相比，认同更深入一层，不易于受外界压力控制，是在主观接受的基础上主动产生道德行为，因此具有一定的自觉性、主动性和稳定性。这一阶段是由他律向自律转化的中间环节，更是极为必要的环节，没有认同阶段，外在的规范与要求就无法实现内化，即无法达到自律。

3. 内化阶段

内化是指在思想观点上与他人的思想观点一致，将自己所认同的思想和自己原有的观点、信念融为一体，构成一个完整的、稳定的价值体系。在内化过程中，个体解决了各种价值的矛盾和冲突。因此，当个体按自己内化了的价值行动时，会感到愉快和满意；而当产生了与自己的价值标准相反的行为时，会感到内疚和不安。在内化阶段，个体的行为具有高度的自觉性、主动性和坚定性，不易于受到任何外界因素的影响，能够依据并坚持自己的信念行动，达到真正的自律。

待到出现新的价值体系时，个体会发生认知失调，并再次通过上述三个阶段，螺旋式上升来修正自己的思想观念，达到新的品德的提升。

答案解析8.3

历年真题

【8.3】学生能相信并接受他人的观点，从而改变自己的态度与行为，同时将这些观点纳入自己的价值体系，说明其品德发展达到（　　）。

A. 服从阶段　　B. 依从阶段　　C. 认同阶段　　D. 内化阶段

（二）中学生品德发展的特点

1. 道德信念与道德理想逐渐形成

中学阶段是道德信念和道德理想形成，并以此来指导行动的时期。相比于小学生的懵懂，中学生已经逐渐掌握伦理道德的内涵并努力服从它，表现为独立、自觉地依据道德信念、价值标准等去行动，使其道德行为更具有原则性和自觉性。

2. 道德意识增强

在品德发展过程中，随着中学生自我意识的增强，他们更加关注自我道德修养，并努力加以提高，其对自我道德修养的反省性和监控性有明显的进步，这为产生自觉的道德行为提供了有效的前提。

3. 道德行为习惯逐步巩固

中学生的品德发展和心理发展一样，具有一定的稳定性，不会出现小学阶段的反复无常、易受外在因素干扰的现象。通过不断地实践与练习，加之较为稳定的道德信念的指导，中学生逐渐形成了与道德伦理相一致的、较为定型的道德行为习惯。

4. 品德结构更为完善

中学生的道德认识、道德情感、道德意志与道德行为相互协调，已经基本形成了一个较为完善的动态结构。这种结构使他们不仅能按照自己的道德准则去行动，而且也使他们将其较为完善的品德结构逐渐内化为其个性心理结构的一部分。

5. 由初中阶段的动荡性向高中阶段的成熟性过渡

总体上看，在初中阶段，学生的品德已经形成，但是其发展具有动荡性，尚未达到成熟、稳定的程度。具体表现为：道德观念的原则性、概括性不断增强，但还带有一定程度的个体具体经验的特点；道德情感表现丰富、强烈，但又好冲动，主观性强；道德行为有一定的目的性，虽渴望独立自主行动，但愿望与行动常有距离。

初中阶段既是人生观开始形成的时期，是良好品德形成与发展的关键期，同时又是容易发生品德两极分化的时期，不良道德行为在这个时期也发生得较为频繁。在初中的三年之中，初中二年级是品德发展最为关键的阶段。

在高中阶段，学生的品德发展逐渐趋向成熟，进入了以自律为主要形式、应用道德信念来调节道德行为的成熟时期。其表现为：能自觉地应用一定的道德认识、道德原则、道德信念来调节道德行为，初步形成较为稳定的人生观、价值观和世界观，道德意志较强，有较稳定的、正确的道德行为。

重点提示

中学生的品德的形成经历了依从、认同和内化三个阶段，且具有道德意识增强、道德行为习惯逐步巩固等特点，初中向高中的过渡更是表现为品德发展逐步趋向成熟、由他律逐渐转变为自律等特征。

本部分内容常以选择题的形式考查三个品德形成阶段的表现，学习时注意理论联系实际进行理解与记忆。

第二节　中学德育内容

德育，即思想品德教育，是教育者按照一定的社会要求，遵循德育规律，有目的、有计划、有组织地对受教育者的思想、政治、道德等方面施加系统的积极影响，从而使其转化为受教育者正确的政治思想意识与道德品质的教育活动。德育有广义和狭义之分。广义的德育是政治教育、思想教育和道德教育的总称。政治教育是指对受教育者进行的政治立场、政治态度、政治行为等方面的教育；思想教育是指对受教育者进行的世界观、人生观等方面的培养。狭义的德育特指道德教育，是道德品质教育的简称，是指对受教育者进行的道德认知、道德情感、道德意志和道德行为的培养，是整个德育的基础。

历年真题

【8.4】辨析题：德育就是培养学生道德品质的教育。

答案解析8.4

一、中学德育目标

（一）初中德育目标

教育和引导学生热爱中国共产党、热爱祖国、热爱人民，认同中华文化，继承革命传统，弘扬民族精神，理解基本的社会规范和道德规范，树立规则意识、法治观念，培养公民意识，掌握促进身心健康发展的途径和方法，养成热爱劳动、自主自立、意志坚强的生活态度，形成尊重他人、乐于助人、善于合作、勇于创新等良好品质。

（二）高中德育目标

教育和引导学生热爱中国共产党、热爱祖国、热爱人民，拥护中国特色社会主义道路，弘扬民族精神，增强民族自尊心、自信心和自豪感，增强公民意识、社会责任感和民主法治观念，学习运用马克思主义基本观点和方法观察问题、分析问题和解决问题，学会正确选择人生发展道路的相关知识，具备自主、自立、自强的态度和能力，初步形成正确的世界观、人生观和价值观。

二、中学德育的基本内容

德育内容是德育目标的展开和具体化，是进行思想品德教育的依据，是完成德育任务、实现德育目标的重要保证。根据教育部2017年8月17日颁布的《中学德育工作指南》，目前我国中学德育包括下列内容。

（一）理想信念教育

开展马列主义、毛泽东思想学习教育，加强中国特色社会主义理论体系学习教育，引导学生深入学习习近平总书记系列重要讲话精神，领会党中央治国理政新理念、新思想、新战略。加强中国历史特别是近现代史教育、革命文化教育、中国特色社会主义宣传教育、中国梦主题宣传教育、时事政策教育，引导学生深入了解中国革命史、中国共产党史、改革开放史和社会主义发展史，继承革命传统，传承红色基因，深刻领会实现中华民族伟大复兴是中华民族近代以来最伟大的梦想，培养学生对党的政治认同、情感认同、价值认同，不断树立为共产主义远大理想和中国特色社会主义共同理想而奋斗的信念和信心。

（二）社会主义核心价值观教育

把社会主义核心价值观融入国民教育全过程，落实到中小学教育教学和管理服务各环节，深入开展爱国主义教育、国情教育、国家安全教育、民族团结教育、法治教育、诚信教育、文明礼仪教育等，引导学生牢牢把握富强、民主、文明、和谐作为国家层面的价值目标，深刻理解自由、平等、公正、法治作为社会层面的价值取向，自觉遵守爱国、敬业、诚信、友善作为公民层面的价值准则，将社会主义核心价值观内化于心、外化于行。

（三）中华优秀传统文化教育

开展家国情怀教育、社会关爱教育和人格修养教育，传承发展中华优秀传统文化，大力弘扬核心思想理念、中华传统美德、中华人文精神，引导学生了解中华优秀传统文化的历史渊源、发展脉络、精神内涵，增强文化自觉和文化自信。

（四）生态文明教育

加强节约教育和环境保护教育，开展大气、土地、水、粮食等资源的基本国情教育，帮助学生了解祖国的大好河山和地理地貌，开展节粮、节水、节电教育活动，推动实行垃圾分类，倡导绿色消费，引导学生树立尊重自然、顺应自然、保护自然的发展理念，养成勤俭节约、低碳环保、自觉劳动的生活习惯，形成健康文明的生活方式。

（五）心理健康教育

开展认识自我、尊重生命、学会学习、人际交往、情绪调适、升学择业、人生规划以及适应社会生活等方面教育，引导学生增强调控心理、自主自助、应对挫折、适应环境的能力，培养学生健全的人格、积极的心态和良好的个性心理品质。

重点提示

准确理解德育的内涵，特别注意广义的德育与狭义的德育的区别。了解初中与高中德育目标的共性与差异性。牢记中学德育的五大内容。

第三节　德育规律与德育原则

德育过程是教育者根据一定的社会要求和学生思想品德形成的规律，有目的、有计划、有组织地对受教育者施加教育影响，并通过受教育者自身能动的道德认识和实践，从而形成教育者所期望的品德的过程，也就是把一定的社会思想道德转化为受教育者个体品德的过程。

德育过程与品德形成过程既有联系又有区别。德育活动必须遵循人的品德形成与发展规律，才能有效地促进品德的形成与发展；而人的品德的形成与发展也离不开德育的影响。但德育过程是从外部对受教育者施加影响的过程，是一种教育活动，是在受教育者与外界教育影响相互作用下进行的；而品德的形成过程是受教育者内部思想道德结构不断建构完善的过程，是人内在的发展过程，生理的、社会的、主观的和实践的等多种因素共同影响着这一过程的实现。

历年真题

【8.5】辨析题：德育过程即品德形成过程。

答案解析8.5

一、德育规律

德育一直以来是学校教育的重中之重，但也一直以来是学校教育的难点所在。学习与研究德育过程在于揭示德育规律，从而提高德育工作的科学性，促进德育工作的实效性，只有掌握了德育规律，才能更好地实现德育目标、完成德育工作。

（一）德育过程具有多端性，是培养学生知、情、意、行的过程

一般来说，培养品德的过程或顺序，是沿着知、情、意、行的内在顺序，以知为开端，以行为终结向前发展的。然而，由于社会生活的复杂性、德育影响的多样性和学生身心发展的不平衡性，每个学生知、情、意、行的发展经常会处于不平衡、不一致的状态，表现为“知行脱节”或“情通理不通”的现象。这就要求教育者必

须根据学生知、情、意、行的实际发展状况，根据学生的年龄特征、个性差异和教育因素的变化等条件，选择最需要、最能奏效的要素作为教育的开端。或从“导之以行”开始，或从“动之以情”开始，或从锻炼其品德意志开始，最终达到使学生的品德在知、情、意、行等方面的和谐发展。但无论将哪个要素作为开始，都要注意同其他要素的配合，做到多要素的统一，使学生品德的知、情、意、行四要素协调发展，发挥它们的整体功能。

答案解析8.6

历年真题

【8.6】辨析题：德育过程是对学生知、情、意、行的培养提高过程，应以知为开端，知、情、意、行依次进行。

（二）德育过程是组织学生的活动和交往、对学生多方面教育影响的过程

1. 活动和交往是学生品德形成的基础

学生需要通过实践来完成对客观世界的认识与把握，因此，德育过程就必须通过实践，将社会性规范内化为学生的个性品质。学生通过积极的活动和交往，感知外界德育影响，认同并接受这一影响，并再次通过活动和交往呈现出来。

作为一种思想体系和意识形态，社会道德规范不会自动作用于人，人们只能在与他人的交往中、在接触这种思想体系和意识形态的某种物化形式的活动中形成一定的道德认识，产生一定的道德情感，形成或改变一定的品德或品德结构体系。因此，活动和交往是品德形成和发展的基础和源泉，教育性活动和交往是德育过程的基础，是促进外界思想品德教育的影响转化为学生自身品德的桥梁。但并不是任何活动和交往都能形成我们所需要的品德，只有根据德育目标和思想品德形成规律，有目的地设计并实施活动和交往，才能加速个体品德发展，才能对学生品德发展方向起引导和规范作用。德育过程必须是有目的地组织学生的教育性活动和交往的过程，而学生在这一过程中将产生共鸣和情绪体验，从而真正获得品德的形成与发展。

2. 德育过程中学生活动和交往的特点

德育过程中的活动和交往与一般的活动和交往不同，是一种教育性活动和交往。青少年的活动与交往具有逐步成人化、群体性等特征，因此，在德育过程中，学生的活动与交往具有以下特点。

（1）德育过程的主导者是教育者，德育过程的活动与交往需要在教育者的指导下开展，具有引导性、计划性、目的性和组织性。

（2）德育过程中，受教育者具有明显的主观能动性，学生这一学习主体的主要活动与交往对象是教师和同学，组织任何活动与交往，都必须通过其活动与交往对象激发学生的主观能动性。

（3）德育过程具有科学性和有效性的特点。作为有目的、有计划、有组织的一种教育活动，德育过程符合受教育者的身心发展规律，符合人类社会的发展需要，能够按照学生品德形成与发展的规律和教育学、心理学原理组织活动，也因此才能更加有效地影响学生品德的形成。

历年真题

答案解析8.7

【8.7】“寓德育于教学之中，寓德育于活动之中，寓德育于教师榜样之中，寓德育于学生自我教育之中，寓德育于管理之中”，这体现的德育过程是（　　）。

A. 培养学生知、情、意、行的过程

B. 促进学生思想内部矛盾斗争发展的过程，是教育和自我教育统一的过程

C. 长期、反复的逐步提高的过程

D. 组织学生的活动和交往，统一多方面的教育影响的过程

（三）德育过程是促进学生思想内部矛盾运动的过程，是教育和自我教育统一的过程

德育过程既是社会道德内化为个体的思想品德的过程，又是个体品德外显为社会道德行为的过程。无论是“内化”还是“外化”，都伴随着一系列的思想矛盾和斗争。

德育过程的基本矛盾，就是教师根据社会需要向学生提出的道德要求，与学生已有品德水平之间的矛盾。

在德育过程中，教育是外因，思想斗争是内因。要实现矛盾向教育者期望的方向转化，外因是条件，内因是根据，外因通过内因而起作用。教育者要调节学生品德发展的外部环境、了解受教育者的心理矛盾，促使学生完成思想内部矛盾斗争，从而实现德育的目标。

同时，作为一名有思想、情感、意志、个性的社会成员，学生不是消极被动地接受教育影响，而是作为一个活动的主体积极参与德育的过程，从而表现出极大的主观能动性。他们会自己对自己提出要求，自觉实现思想转化和行为控制，具有极大的自我教育的潜力。

因此，德育过程是教育和自我教育相统一的过程，实质上是受教育者在对外界教育因素的分析、综合过程中，不断做出自己的反应，汲取自己需要的，抵制自己不需要的，将社会要求转化为内在要求，进而转化为思想品德的过程。

（四）德育过程是一个长期的、反复的、逐步提高的过程

受教育者思想品德的形成，是在一定环境影响下不断积累经验、产生心理内部矛盾，再通过多样活动与交往，产生新的心理内部矛盾的螺旋式上升的过程。德育过程具有长期性与反复性的特征。

首先，人类的认识规律决定了思想品德形成与发展的长期性与渐进性。从对道德的认识、理解到形成道德信念并转化为道德行为，是人类认识过程中的一部分，因此，必然符合人类的认识规律。知、情、意、行的培养与提高也需要通过长期的训练、积累才能实现，具有长期性与渐进性。此外，人类社会不断发展进步，要使德育适应社会的需求，就需要在德育内容、手段、方法等方面不断地加以调整、补充，以符合社会需求、促进社会发展，这自身也是一个长期的、渐进的过程。

其次，学生自身发展的可塑性与不稳定性决定了思想品德形成与发展的长期性

与渐进性。青少年学生正处于成长时期，世界观尚未形成，思想很不稳定，加上现代社会影响因素的日益复杂化，因此，无论是新的思想品德的形成和发展，还是不良品德行为的改变，都需要多次反复才能实现。但是，学生品德形成过程中的反复，绝不是简单、机械地重复，而是螺旋式地不断深化、注入新内容，带有逐步提高的性质。

德育过程的长期性、反复性和渐进性的特点，要求教育者以深入的思想教育为主，长期一贯地、耐心细致地教育学生，将集中教育和分散的经常性教育结合起来。教育者要正确认识和对待学生思想行为的反复性，善于反复抓、抓反复，引导学生在反复中前进。

总之，德育过程是一个辩证发展的复杂过程，是一个长期的、逐渐由量变到质变的过程。教育者应根据一定的德育要求，遵循学生思想品德诸因素形成和发展的规律，在精心组织学生活动和交往的基础上，将多方面的教育影响统一起来，并通过调动和发挥学生自我教育的作用，使学生的思想品德逐步形成、提高，引导学生在反复中逐步向社会需要的方向发展。

答案解析8.8

历年真题

【8.8】简答题：简述德育过程的基本规律。

重点提示

德育规律部分一直是考核的重点和难点，题型覆盖十分全面，选择题、辨析题、简答题都曾出现过，在学习过程中需要理论联系实际掌握德育的四个规律，并能够以德育规律来解释一些现实的道德现象。同时，知、情、意、行是品德四要素，注意结合实际掌握四者含义，当给出某学生真实的道德行为时能够做出相应的分析并提出改正对策。

二、德育原则

德育原则，是教育者根据教育目的、德育目标和德育过程规律提出的，是进行德育工作必须遵循的基本要求。我国中小学普遍运用的德育原则如下。

（一）导向性原则

导向性原则，是指进行德育时要有一定的理想性和方向性，以指导学生向正确的方向发展。这一原则是依据社会主义教育的性质和目的提出来的，是我党长期以来思想政治工作经验的总结，是社会主义学校德育的根本标志。

贯彻这一原则的基本要求是：

（1）坚持正确的政治方向。学校德育必须目的明确，坚持以马克思列宁主义、毛泽东思想、邓小平理论、“三个代表”重要思想、科学发展观为指导，以科学的政治思想体系武装学生，坚持正确的、坚定的政治方向，坚持四项基本原则，对学生开展爱党爱国的教育。

（2）德育目标必须符合新时期的方针政策。为了适应改革开放和发展社会主义市场经济建设，我国的德育要培养有理想、有道德、有文化、有纪律的新人，培养学生具有新思想、新观念，逐步增强学生辨别是非和判断善恶的能力。

（3）要把德育的理想性和现实性结合起来。在德育过程中，要把坚持社会主义的方向性与学生日常实际生活结合起来，引导学生把社会主义方向性渗透到日常学习、生活、劳动和自我教育中，既胸怀大志，又脚踏实地，努力做到言行一致，从我做起，从现在做起，从点滴做起。

（二）疏导原则

疏导原则，也叫循循善诱原则，是指进行德育时要循循善诱、以理服人，从提高学生的认识入手，调动学生的积极性和主动性，使他们自觉养成良好品德。

贯彻这一原则的基本要求是：

（1）讲明道理，疏导思想。基于中学生阶段的身心发展规律，对中学生进行德育时，要注重摆事实、讲道理，做深入细致的思想工作，启发他们自觉认识问题，自觉履行道德规范，这样才有助于他们道德水平的提高和品德的形成。

（2）因势利导，循循善诱。德育要善于把学生的积极性和志趣引导到正确的方向上来，通过道理的澄清，学生会发生思想的变化，而教师就要抓住这个思想转变的关键时刻，循循善诱，而非采取权威、强硬的灌输式教育方法。同时，即便与小学生相比，中学生已经有了较为成熟的思想，但是他们的心智依旧发展不成熟，抓住时机进行反复诱导是十分关键的。

（3）以表扬激励为主，坚持正面教育。对学生所表现出的积极性和微小进步，教师都要及时给予肯定，这样才能更好地增强学生的自信心、调动学生的积极性，从而使学生乐于接受道德教育并修正自己的部分错误道德行为，最终有助于培养他们的优良品质。一味地批评与惩罚不但不会使学生认识到错误，而且会导致学生产生逆反心理，抵触德育内容，故意做出错误的道德行为。

历年真题

答案解析8.9

【8.9】“夫子循循然善诱人，博我以文，约我以礼，欲罢不能。”体现的德育原则是（　　）。

A. 思想性原则　　B. 疏导性原则　　C. 连贯性原则　　D. 一致性原则

（三）尊重学生与严格要求相结合的原则

考点拓展8.2

尊重学生与严格要求相结合的原则，是指在进行德育时，既要对学生尊重、信任，又要对他们的思想和行为严格要求，二者结合起来促进学生的品德形成与发展。在德育过程中，尊重信任与严格要求是辩证统一的，二者并不矛盾。尊重信任是严格要求的前提，是相信学生能够做出正确的道德行为，并在尊重他们的道德认识的基础上加以引导；严格要求是为了使学生能够坚持正确的道德行为，始终如一。诚如苏联教育家马卡连柯所说："要尽量多地要求一个人，也要尽可能地尊重一个人。"

贯彻这一原则的基本要求是：

（1）爱护、尊重和信赖学生。爱护、尊重和信赖学生是一个教师的基本品德，也是教好学生、获得所期望的良好教育效果的一个重要条件。教育者要尊重学生，关心爱护学生，建立和谐、融洽的师生关系。尤其是对待后进生，更需要特别的温暖和关怀，切忌伤害学生的自尊心和挫伤学生的积极性，切忌粗暴训斥、讽刺挖苦，甚至体罚，否则只会产生逆反的效果。

（2）教育者对学生提出的要求，要合理正确、明确具体、宽严适度。教育者应根据教育目的和德育目标，对学生提出合理且明确的要求，以增强学生的道德意志、强化其道德行为。教育者所提出的要求必须符合学生的年龄特征和品德发展状况，合理、明确、适度，有序且有恒。

（3）教育者对学生提出的要求要认真执行、坚定不移地贯彻到底，督促学生切实做到。正确的、宽严适度的要求重在贯彻与执行，教师所提出的要求必须严格执行下去，不得因任何私人原因、主观原因有所改变，只有坚持不懈地贯彻到底，才有可能强化学生的道德意志与道德行为。

（四）教育影响的一致性与连贯性原则

教育影响的一致性与连贯性原则，是指进行德育应当有目的、有计划地把来自各方面对学生的教育影响加以组织、调节，使其相互配合、协调一致、前后连贯地进行，以保障学生的品德能按教育目的的要求发展。该原则主要包括两个方面：一是德育工作的科学性与体系化，二是学校、家庭、社会三位一体的协作。

德育工作的科学性与体系化，主要是指在德育工作中，教育者应主动协调校内多方面教育力量，统一认识和步调，有计划、有系统、前后连贯地教育学生，使德育内容成为一个完善的、逐级深入的科学体系，培养学生正确的思想品德。

学校、家庭、社会三位一体的协作是由德育过程的基本规律决定的。青少年思想品德的形成和发展，是受多方面教育影响的综合结果，纷繁复杂的各种影响，可能不够科学与专业，甚至可能存在矛盾和对立，如果不加以组织，必将削弱学校教育的正面影响。因此，学校应该加强控制和调节家庭、社会的教育影响，发挥教育的整体效能，形成强大的教育合力，确保学生的思想品德按社会要求健康发展。

贯彻这一原则的基本要求是：

（1）充分发挥教师集体的作用，统一学校内部各方面的教育力量，使之成为一个分工合作的优化群体。要使全体教职工和各种学生组织，按照一致的培养目标和方向，统一教育的计划和步骤，发挥各自的优势，共同对学生进行教育。

（2）要争取家长和社会的配合，主动协调好与家庭教育、社会教育的关系，统一社会各方面的教育影响。学校应与家庭和社会的有关机构建立并保持联系，形成一定的制度，共同努力，逐步形成以学校为中心的、三位一体的德育网络，从而控制各类环境对学生的不良影响。

（3）要有计划、有系统地进行德育。各种内容的教育和各种德育活动的开展都要有计划、有步骤、有系统地进行，保持德育工作的经常性和制度化，处理好各年级、各阶段的衔接工作，使之既有内在逻辑联系和连贯性，形成一个不断扩展和加深的进程，又能有条不紊地顺利进行，从而保证对学生影响的连续性、系统性，使学生的思想品德得以循序渐进地持续发展。

历年真题

答案解析 8.10—8.11

【8.10】针对我国目前家庭教育与学校教育中对学生品德要求出现差异甚至对立的现象，应强调贯彻的德育原则是（　　）。

A. 发扬积极因素与克服消极因素相结合　　B. 理论联系实际

C. 教育影响的一致性与连贯性　　D. 正面启发、积极引导

【8.11】简答题：简述贯彻教育影响的一致性与连贯性德育原则的基本要求。

（五）因材施教原则

因材施教原则，是指进行德育要从学生的思想认识和品德发展的实际出发，根据他们的年龄特征和个性差异，有针对性地采取不同的教育方法、提出不同的教育要求，加强德育的针对性和实效性，使每个学生的品德都能得到适合自己的、更好的、最大限度的发展。

贯彻这一原则的基本要求是：

（1）深入了解学生的个性特点和内心世界。教师应以发展的眼光，客观、全面、深入地了解学生，客观认识和评价当代青少年学生的思想特点，充分尊重学生的个性特点，深入了解每一个学生。

（2）根据学生的身心特点，选择不同的内容和方法，有的放矢地进行教育。每个学生都具有不同的个性特点和内心世界，德育要注意学生的个性差异，有针对性地采用不同的内容和方法因势利导，努力做到“一把钥匙开一把锁”，防止一般化、模式化。

（3）根据学生的年龄特征进行教育必须要有计划性。学生思想认识与品德的发展有明显的年龄特征，不同的年级、不同年龄的学生具有不同的道德认识程度与认识速度，要进行有区别的针对性教育，在遵循教育基本规律的基础上，遵循德育规律。

（六）正面教育原则

正面教育原则，是指对学生进行思想品德教育时，要以说服教育为主，积极疏导，从提高认识入手，做深入细致的思想工作。

贯彻这一原则的基本要求是：

（1）坚持正面启发，积极疏导。面对学生的缺点与错误，教师首先不应仅考虑批评和惩罚，应该从正面入手，摆事实、讲道理，以防止学生，尤其是中学生，产生抵触情绪和逆反心理。

（2）要以正面的榜样和事例教育学生。学生具有极强的好奇心与模仿性，对中学生进行道德教育的过程中，要坚持给学生以正面的榜样和事例，从积极的角度引导学

生，既能更好地达到德育的目的、保证德育不会出现偏差，又能培养学生积极、阳光的心态。

（3）要建立合理的规章制度。规则意识可以促进道德意志的强化和道德行为的完成。在集体环境下，建立合理的规章制度，一方面要求制度本身的合理性，目标不能有偏差，同时要符合“最近发展区”理论和学生的实际情况；另一方面要求制度的顺利执行。

（七）长善救失原则

长善救失原则，又称发扬积极因素与克服消极因素原则，是指进行德育时，要依靠并发扬学生品德中的积极因素，以表扬鼓励等方式调动学生自我教育的积极性，同时限制和克服其消极因素，因势利导，化消极因素为积极因素，促使学生的品德健康发展。

贯彻这一原则的基本要求是：

（1）一分为二地看学生。全面了解、客观评价学生是教育的前提。教师必须要认识到任何一名学生都有优点，教师应客观评价学生，通过全面了解深入挖掘其优点；同时，再优秀的学生也存在缺点，教师也应理性、公平对待。

（2）根据学生的特点，长善救失，因势利导。教师要引导学生自觉地巩固、发扬自身优点，以表扬、鼓励的方式来促进其正确道德行为的强化，从而使学生以正确的道德认识、道德情感和道德意志，克服自身缺点，化消极因素为积极因素。

（3）引导学生提高修养水平，提高自我认识，能够进行客观的自我教育，主动发扬优点、克服缺点，实现品德的形成与不断进步。

历年真题

答案解析 8.12—8.13

【8.12】德育过程中，体现了马克思主义“一分为二”辩证法认识学生的德育原则是（　　）。

A. 发扬积极因素与克服消极因素相结合

B. 理论与实践相结合

C. 集体教育与个别教育相结合

D. 严格要求与尊重学生相结合

考点拓展 8.3—8.4

【8.13】简答题：简述贯彻长善救失德育原则的基本要求。

（八）知行统一原则

知行统一原则，是指在对学生进行思想品德教育时，既要重视对学生进行系统的思想道德理论知识教育，又要重视组织学生进行实际锻炼，把提高学生的思想认识和培养学生的道德行为结合起来，使他们成为言行一致、表里如一的人。

贯彻这一原则的基本要求是：

（1）加强思想道德的理论教育，组织学生系统地学习社会主义理论和道德规范。

用马克思主义的基本观点和社会主义基本道德规范来武装学生，提高学生的思想道德认识，激发学生的道德情感。

（2）组织和引导学生参加各种社会实践活动，促使他们在接触社会的实践活动中，加深认识、增强情感体验、强化道德意志、训练道德行为，最终养成良好的道德行为习惯。

（九）集体教育原则

集体教育原则，是指进行德育时要依靠学生集体，通过集体进行教育，在集体中进行教育，面向集体进行教育，充分发挥学生集体在教育中的巨大作用。马卡连柯认为，通过组织健全、合理的教育集体来教育学生，是培养社会主义新人的主要方法。其教育任务是培养集体主义者，只有在集体中、通过集体和为了集体进行教育，才能完成培养集体主义者的任务。学生集体不仅是教育的对象，也是教育的主体，良好的学生集体具有巨大的教育力量。

贯彻这一原则的要求是：

（1）要努力培养和形成良好的班集体。只有建立了良好的班集体，才能有正确的班风、班规，才能充分发挥良好班集体的作用来带动每一个学生个体进步，这是集体教育实现的基本前提。

（2）要充分发挥集体的教育作用。建立良好的班集体，就需要发挥好集体的教育作用。学生属于未成年人，具有较强的从众心理与模仿倾向，因此，群体的带动与身边良好榜样的影响都是学生品德形成与发展的重要影响因素。因此，要充分发挥良好班集体的作用，在集体中教育，通过集体进行教育。

（3）要处理好学生集体和个人的关系。作为集体的组成部分，每一个学生个体都应得到公平的对待，这是保证集体教育进行的基本条件。重视每一个个体，引导每一个个体为良好集体的形成付出自己的努力、贡献自己的力量，这就是集体教育的过程。因此，必须处理好集体与个体的关系，以个体的努力促进集体的良性形成与发展，以良好班集体的存在来带动个体品德的形成与发展，二者相辅相成、缺一不可。

重点提示

德育原则为必须掌握的重点内容，学习时首先要熟记九条德育原则的名称，然后记住其基本内容与落实要求，即按照“名称—内涵—要求”的逻辑去梳理与记忆。重点注意根据某个具体情节或案例判断运用或违背了什么德育原则，即养成分析与解决问题的能力。此部分内容常出高分题，大多为材料分析题、简答题，还有部分选择题。

答案解析8.14

考点拓展8.5

历年真题

【8.14】材料分析题：

大学毕业不久，我就担任了初二(1)班的班主任。一天中午，一个学生急匆匆跑来说：“老师，小杨不知为什么事正和(2)班的王老师争吵，还骂了王老师。”我赶紧过去问缘由，原来是(2)班的卫生区有几片废纸，被学校的值日生扣了分，据说(2)班有学生看见小杨正好走过，就告诉王老师，并认为是他扔的。于是王老师就找到小杨，并训斥了他。小杨不服气，就骂老师“瞎了眼”，结果惹恼了王老师。

我当时也很生气：“小杨，就算你没扔，也要好好和王老师说明，怎么可以骂老师呢？”

“他根本不听我说，就劈头盖脸地训斥我……”小杨说道。

见小杨如此冲动，我知道说什么都没用，要等待时机。

机会终于来了，在学校举办的秋季运动会上，我充分发挥了小杨热爱体育的特长，引导他为班级参加的体育项目出谋划策，协助体育委员组织活动。我鼓励他报了大家都未参加的3000米长跑，并对他提出表扬，号召全班同学向他学习。

运动会那天，小杨的3000米长跑得了冠军，成了班级最亮的一颗星，很多同学和他拥抱，给他送水、送毛巾，为他热烈鼓掌，使他感到了集体的力量和温暖。运动会后我找他谈心：“小杨，运动会证明了你的实力，说明你是一个不甘落后的好学生，我相信你也会在其他方面严格要求自己，取得好成绩。”

“老师你真的相信我吗？”

“我当然相信你。”

小杨的眼中闪烁出激动的亮光，突然说：“那么老师，你也相信那天的废纸不是我扔的吗？我敢对天发誓，真不是我扔的。”

看到他委屈又可笑的样子，我笑了：“我相信你，当时我就相信不是你干的！”

“真的吗？”他很惊讶也很高兴。

“可你也有错，知道错在哪里吗？”

他有些不好意思地低下头：“知道。老师，我会跟王老师道歉的，您放心！”

此后，小杨同学各方面都有了长足的转变。

问题：

(1) 案例中的“我”主要贯彻了哪些德育原则？

(2) 请结合案例加以分析论述。

第四节　德育途径与方法

德育具有四大规律、九大原则，规律只能发现而不可改变，基于规律形成的原则也具有一定的抽象性特征。在掌握了德育的规律与原则的基础上，每一个学生的道德行为都具有独特性，要求教师在德育过程中结合学生的身心发展特点以及现实情况，多角度分析问题，多种方法结合，以促进学生良好品德的形成与发展。

一、德育途径

德育途径，又称为德育组织形式，是学校实施道德教育的渠道或形式，是指学校教育者对受教育者实施德育时可供选择和利用的渠道，由德育的目的、任务、内容和原则决定。中学德育的途径主要有教学、课外和校外活动、劳动、团队活动与集会活动、班主任工作等，其中，基本途径是思想品德课与其他学科的教学。

（一）教学

教学是学校的中心工作，在学校全部工作中占时间最多、任务最重，而学生在校的主要活动是学习，所以教学是对学生进行德育工作最基本、最常用、最有效的途径。

教学永远具有教育性，教学内容本身有丰富的德育因素可供教师挖掘，从而把教学的科学性和思想性统一起来，使学生形成良好的品德。思想品德课则是学校最系统、最直接地对学生进行德育的基本途径。同时，有效的教学组织形式、良好的教学方法也可实现育人的目的。因此，教育者切忌照本宣科，在传授知识的同时还应培养学生正确的学习态度、培养学生探索真理的科学精神，形成健康的情感、态度和价值观。

这里需要注意两个问题：第一，各个学科教学进行德育工作，必须遵循一致性原则，保证道德教育的方向性，保证德育内容的科学性和体系化；第二，教学不是万能的，只通过教学进行德育容易使学生脱离社会生活实际，必须遵循知行统一的原则，教学与其他各个德育途径共同发挥作用，才能达到良好的德育效果。

（二）课外和校外活动

学生的思想品德是在活动和交往中形成，并通过活动和交往表现出来的。社会实践活动有助于将道德认识更好地转化为道德行为，减少或避免知行脱节的现象。因此，社会实践活动是学校德育不可缺少的重要途径。

课外和校外活动是在学校教学之外，由学校教师或学生集体组织的、多种多样的、有意义的活动，也是学校实施德育的一条重要途径。它不受教学计划的限制，学生可根据兴趣、爱好自愿选择参加，符合学生的特点和需要，能激发他们的兴趣，调动他们的积极性，是生动活泼地向学生进行德育的一条重要途径，是课堂教学必要而有益的补充和延伸。其内容主要包括文化娱乐活动、科技活动、体育竞赛活动、各种兴趣（特长）小组活动、社会公益活动和社会实践活动等，也不乏专门的德育性质的内容。

（三）劳动

劳动是学校进行德育，尤其是劳动教育的重要途径，具有多种德育功能。在劳动过程中，学生的参与性强，容易引起他们对劳动、科学与技术的兴趣和爱好，激发出巨大的热情与力量，经受思想与行为上的磨炼，看到自己的才能和成果，因而能够培养学生爱劳动和勤俭、朴实、艰苦、顽强等许多品德。

通过劳动，学生可以发展热爱劳动、热爱劳动成果、热爱劳动人民的品德情感和态度，体验到科学技术是第一生产力的真正含义，从而立志为祖国的现代化建设而努力学习，以实际行动报效祖国和人民，使学生养成遵守纪律、团结协作等优良品质。

虽然劳动教育具有深刻的德育意义，但并不是自发形成的，劳动教育必须与相应的学校教育、家庭教育、政治教育和社会教育相协作才会起到德育作用。

（四）团队活动与集会活动

共青团、少先队是学生自己的集体组织。通过自己的组织进行德育，有利于调动学生的积极性、主动性和创造性，培养主人翁意识以及自我教育和管理的能力，因此，它们所组织的活动是调动学生自我教育的最好形式。

校会、班会、周会、晨会等集会活动也是德育的途径。校会是学校组织的全校师生参加的活动；班会是教学班组织的全班同学参加的活动；周会每周一次，主要对学生进行社会主义道德教育和时事政策教育；晨会一般在每天早晨进行，对随时出现的问题予以及时解决，是对学生进行品德教育的重要形式。集会活动可以周期性地、持久地给学生潜移默化的影响，能及时地、有针对性地解决学生的思想问题，也是德育的有效途径之一。

（五）班主任工作

班级是学校教育工作的基本单位，班主任是班级教育系统的重要主导力量，通过班主任工作，学校可以强有力地管理基层学生集体，教育每一个学生，更好地发挥上述各个德育途径的作用，是学校针对学生进行德育的重要而又特殊的途径。

班主任是全面负责一个班学生工作的教师，是学校德育工作的骨干力量之一，是学生班集体的组织者和领导者，也是对一个教学班内全体学生的政治思想品德进步负主要责任的教师。班主任既是联系各科教师对学生进行教育的纽带，又是沟通学校与家庭教育、社会教育相协调一致的桥梁。班主任工作的好坏直接影响到学生的政治思想、道德面貌、个性品质和良好学风的形成。要做好学生的德育工作，班主任首先要全面深入了解、研究学生，做好个别教育工作；其次要协调各方面的教育力量，形成教育合力；最后要组织和培养好班集体。

以上几条德育途径各自都有其自身的特点与功能，不可割裂、缺一不可，它们互相联系、互相补充，构成了德育途径的整体，学校应全面利用各个德育途径的作用，科学地配合使用，最大限度地发挥德育途径的效应。

二、德育方法

德育方法，是指为达到既定的德育目标，在德育过程中所采用的、教育者和受教育者相互作用的各种活动方式的总和。它包括教育者的施教传道方式和受教育者的受教修养方式。我国中学德育常用的方法有以下几种：

（一）说服教育法

说服教育法，又叫说理教育法，是借助语言和事实，通过语言说理，摆事实、讲道理，从而对受教育者的思想意识产生影响，使学生能够明辨是非，形成正确的观点的方法。它是学校德育方法中使用最广泛的方法，是德育的基本方法。说服教育法的主要方式包括：运用语言文字进行说服教育，如讲解、报告、谈话、讨论、辩论、读书指导等形式；运用事实进行说理教育，如参观、访问、调查等形式。

运用说服教育法，要注意以下几点要求：

第一，明确的目的性和针对性。目的性即教育的根本目的要澄清，针对性即要针对学生的自身性格特征和实际问题进行说服教育。要从学生的实际出发，注意他们的个性特点，针对要解决的问题，有的放矢，启发和触动他们的心灵，切忌空洞说教。

第二，富有知识性、趣味性，内容真实、可信。所选的内容、表述的方式要力求生动有趣、喜闻乐见，贴近学生的日常生活，并充分运用语言艺术，使学生在乐于接受的基础上受到启发，获得提高。

第三，注意时机。说服的成效与所用的时间并不必然成正比，往往取决于是否善于捕捉教育时机，拨动学生的心弦，触动他们的情感。教师应具有教育机智，面对问题行为时要首先冷静自己的情绪，快速深度思考，判断教育方法。有时候，将教育行为略微置后进行可以产生更好的教育效果，关键是把握学生乐于倾听的时机。

第四，以诚待人。教师的态度要诚恳、热情，不应居高临下、用权威压人。只有以诚待人，才能打开学生的心灵之窗，使教师讲的道理易被学生接受。

历年真题

答案解析8.15

【8.15】简答题：在学校德育过程中，运用说服教育法有哪些要求？

（二）榜样示范法

榜样示范法，是以他人的高尚思想、模范行为和卓越成就来影响学生的思想、情感和行为的一种德育方法。这种方法把道德规范具体化、人格化，形象而生动，对可塑性大、模仿性强的青少年具有极强的感染力，十分有效。运用榜样示范法，要注意以下几点要求：

第一，必须选好榜样。选好榜样是引导青少年学习榜样的前提，教师应根据时代需要和学生实际情况选好学习的榜样，并指导学生进行模仿和学习，使他们获得明确的前进方向与巨大动力。在给中学生呈现榜样时，应考虑到榜样的年龄、性别、兴趣爱好、社会背景等特点，使其尽量与中学生相似，这样可以使中学生产生可接近感。榜样应具有先进性、时代性，典型性。可以作为示范的榜样主要包括伟人及英雄模范人物、家长和教师的示范、优秀学生的典型等。

第二，激起学生对榜样的敬慕之情。只有在学生了解榜样之后，才能使榜样对学生产生激励力量。因此，要向学生介绍榜样的先进事迹，特别是那些感人至深、令人敬仰之处，引发他们心灵深处对榜样的惊叹、敬慕之情。当激发了学生敬佩与主动模仿的情感后，后续的模仿行为就自然出现了。

第三，要引导学生深刻理解榜样精神的实质，不要停留在表面模仿的层次上。中学生的思想并未成熟稳定，他们对于榜样的模仿经常容易停留在表面，教师应抓住时机帮助学生深入理解榜样的精神实质，不仅在外显的层面向榜样学习，更要在精神层面完成品德的提升。

第四，引导学生用榜样作用来调节行为，提高修养。要及时把学生的情感、冲动引导到行动上来，把敬慕之情转化为道德行动和习惯。

答案解析8.16

历年真题

【8.16】有同学在班上丢了50元钱，如何解决这个问题呢？王老师通过讲“负荆请罪”的故事，教育拿了钱的同学像廉颇将军一样知错就改。不久后，犯错误的同学就把钱偷偷归还了失主。王老师采取的德育方法是（　　）。

A. 榜样示范法　　B. 品德评价法　　C. 实际锻炼法　　D. 个人修养法

（三）实际锻炼法

实际锻炼法，又称指导实践法、实际练习法，是指教师有目的、有计划地组织学生参加各种实践活动，在行为实践中使学生接受磨炼和考验，以培养和训练学生良好的品德行为的方法。实际锻炼法主要有两种方式：一种是执行学校规章制度的常规训练；另一种是组织学生参加多种实践活动的锻炼，一般是通过学习活动、委托任务、组织活动、执行制度、行为训练等形式来进行。

运用实际锻炼法，要注意以下几点要求：

第一，坚持严格的要求和适当的指导。有效的锻炼有赖于严格要求。教师要从严抓起，同时要讲明有关道德规范的行为要求和可能遇到的困难，启发受教育者的道德情感和自主锻炼，经受住从严、从难的考验。在锻炼过程中不可因任何个人原因降低要求，使学生达到既定的目标。

第二，调动学生的主观能动性。教师在引导学生进行实际锻炼时，要向学生讲明锻炼的目的与意义，充分调动学生的积极性和主动性，提高他们的认识、增强他们的情感体验。只有激发了学生的积极性、主动性，让他们发自内心感到锻炼是必要的、有益的，他们才能自觉地严格要求自己，获得最大的锻炼效果。

第三，要持之以恒地锻炼。良好的品德和行为习惯不是一朝一夕可以形成的，必须经历一个长期的、反复的锻炼过程。教师要有耐心、有恒心，德育目标不可一时一变，要长期地抓好学生的实践活动，持之以恒地对他们进行训练和强化，并且不放松对他们的督促、检查，使学生的品德得到真正的提高。

答案解析 8.17—8.18

历年真题

【8.17】孟子说：“天将降大任于斯人也，必先苦其心志，劳其筋骨，饿其体肤，空乏其身，行拂乱其所为，所以动心忍性，增益其所不能。”这段话体现的德育方法是（　　）。

A. 实际锻炼法　　B. 个人修养法　　C. 情感陶冶法　　D. 榜样示范法

【8.18】简答题：在学校德育工作中，运用实际锻炼法的基本要求有哪些？

考点拓展8.6

（四）情感陶冶法

情感陶冶法，是指教育者通过创设、利用良好的情境，使受教育者在道德和思想情操方面受到无形的感染和熏陶，从而潜移默化地培养学生良好品德的方法。其具体方式有人格感化、环境陶冶、艺术熏陶等。

运用情感陶冶法，要注意以下几点要求：

第一，创设良好的情境。良好的环境是陶冶的前提条件。良好的校园环境、人际环境、班级环境等能让学生的行为无形中发生变化，使学生的道德情操在潜移默化中受到熏陶、感染。教育者要加强自身修养，同时注意校园文化建设，丰富校园文化生活，形成良好的校风和班风。所谓良好的情境包括美观、朴实、整洁的学习与生活环境，团结、紧张、严肃、活泼、尊师爱生、民主而有纪律的班风与校风。

第二，与启发说服等方法相结合。教师试图通过创设情境来陶冶学生，但是有时候学生并未对该情境有任何情感体验，或者情感体验不够深入，因此，情感陶冶法还需要教师配合以启发、说服等教育方法，这样可以更有效地发挥情境的陶冶作用。

第三，引导学生参与情境的创设。良好的情境不是固有的自然存在的，而是需要人为地创设。但这绝不能只靠教师去做，而应当更多地引导学生参与校园环境与班级环境的创设，如组织学生参加绿化、美化、净化校园的活动等。学生积极创设良好的学习和生活环境的过程，本身就是他们的品德受陶冶而提高的过程。

历年真题

答案解析8.19

【8.19】张老师在工作中，注重以自己的高尚品德、人格魅力以及对学生的深切期望和真诚的爱来触动、感化学生，促使学生思想转变。这种德育方法是（　　）。

A. 实际锻炼法　　B. 品德评价法　　C. 个人修养法　　D. 情感陶冶法

（五）品德评价法

考点拓展 8.7—8.8

品德评价法，是指教育者根据一定的要求和标准，对学生的思想和行为进行肯定或否定的评价，促使学生发扬优点、改正缺点，促进其优良品德的形成、发展、稳固、深化、不断进步的方法。

品德评价法的主要方式有奖励、惩罚、评比和操行评定。奖励的形式有赞许、表扬、奖赏等。惩罚的形式有批评、警告、记过、留校察看、开除学籍等。评比有单项评比（如卫生、纪律评比），也有总结性的全面评比（如操行评定、评选三好生、先进班集体等）。

运用品德评价法，要注意以下几点要求：

第一，要有明确的目的和正确的态度，客观公正。作为一种德育方法，品德评价法的根本目的在于帮助学生扬长避短、进步向上，因此，教师要公正合理、实事求是、坚持标准，通过深入细致地了解事实，对学生的思想和行为做出实事求是、客观公正的评价，做到当奖则奖、当罚则罚，奖励为主、惩罚为辅。

第二，发扬民主，获得集体舆论的支持。在对学生进行品德评价，特别是总结性评价时，教师要充分发扬民主，广泛征求各方面的意见，让学生积极参与到评价活动之中，从而得到集体舆论的支持和赞同。这样，既可以教育学生个体，又影响教育了集体。

第三，要注重宣传与教育。任何一种品德评价都是为了教育和提高全体学生，而非被奖惩者个体，所以要有一定形式与声势，在一定范围内宣布，并通过墙报、广播、橱窗等方式加以宣传，以便获得更好的教育效果。同时注意，要把奖惩和教育结合起来，坚持以育人为目的。

答案解析8.20

历年真题

【8.20】班主任赵老师经常运用表扬、奖励、批评和处分等方式引导和促进学生的品德积极发展，这种方法属于（　　）。

A. 说服教育法　　B. 榜样示范法　　C. 情感陶冶法　　D. 品德评价法

（六）自我教育法

自我教育法，也称个人修养法，是指在教育者的引导和启发下，学生根据道德教育的目标和要求、按照一定的道德规范，进行自我认识、自我评价、自我行为调节和自我提高，并在此基础上产生积极进取之心，不断完善自身品德的方法。

自我教育法的具体方式有：自我认识、自我判断、自我选择、自我评价、自我体验、自我监控等。自我教育能力的高低是衡量受教育者道德发展水平的重要标志。

运用自我教育法要注意以下几点要求：

第一，启发学生提高自我修养的自觉性。教师要激起学生自我教育的愿望，就必须帮助学生学习道德知识，掌握道德规范和道德要求，充分认识自我教育对形成高尚品德的重大意义。

第二，引导学生掌握自我修养的标准，并自觉进行正确的自我评价。教师应引导学生掌握社会主义道德规范，并将其作为自我修养的标准，指导学生以此进行经常性地自我评价，提高自己的品德水平。

第三，指导学生积极参加社会实践，在社会实践活动中，反复锻炼并培养品德。脱离社会、闭门思过很难培养学生明辨是非的能力，学生自我修养能力的培养离不开社会实践活动，只有通过社会实践，学生才能获得真实的情感体验，从而提高自我判断和自我评价能力，进而养成自省的好习惯。

答案解析8.21

历年真题

【8.21】教师引导学生选择有针对性的格言、箴言作为座右铭，以自励、自律，并获得收益的德育方法是（　　）。

A. 说服教育法　　B. 个人修养法　　C. 环境陶冶法　　D. 品德评价法

考点拓展8.9

上述德育方法各有其独特的特点和作用，任何一种方法都是进行德育所不可缺少的。但各种方法又相互联系、相互渗透、相互作用，教育者要尽量避免单一使用某种方法，应该根据德育的任务、内容和学生的实际情况，灵活而科学地综合使用，使它们之间互相配合、互相补充，从而使德育工作获得更好的效果。

重点提示

德育的六个方法为必须掌握的重点内容，同样需要按照“名称—内涵—要求”进行梳理与记忆。其经常以材料分析题的形式出现，考核德育原则与方法。同时，德育方法又经常以选择题的形式进行考核，一般给出某学生或某教师的言行，并要求考生以此来判断教师采用了（或应采用）哪种德育方法。

历年真题

答案解析8.22

考点拓展8.10

【8.22】材料分析题：

张林是一个对上网非常痴迷的孩子，他的爸爸由于工作需要买了一台电脑在家中上网。起初他同爸爸一起玩，父母也没有表示反对。到后来，他发展到每天一起床，就去上网，连中午、晚上休息时间也不放过。张林俨然成了一个名副其实的“网虫”，沉迷于互联网上紧张激烈的游戏、精美的图片和无拘无束的网上聊天而无法自拔。

老师了解了这一情况后并没有全盘否定张林的上网行为，而是与他聊了互联网，聊了比尔·盖茨，充分肯定了他通过上网学习电脑技术的积极性，并通过交流进一步了解了张林上网的内心世界。

针对他的情况，老师采取了一系列措施：第一，鼓励他多参加集体活动，加强与同学的交流。例如，让他担任小组长，每天收发、检查作业，在劳动值日中与同学协调合作，建立互帮互助关系。第二，针对他喜欢电脑的特点，成立了计算机兴趣小组，并让他担任组长，制订学习计划，定期给其他同学讲解互联网知识。第三，利用各种机会表扬他，与他沟通，缩短师生之间的距离。

此后，张林对自己渐渐有了信心，在各方面都有了明显的进步：课堂上认真听讲，积极思考，大胆发言，提出自己的见解；在班级工作中为老师出谋划策，有活抢着干。任课老师都反映张林像变了一个人似的，精神面貌焕然一新。

问题：

试以德育的原则和方法的相关理论评析这位教师的做法。

第五节　现代德育理论

一、皮亚杰的道德发展理论

皮亚杰是瑞士著名的发展心理学家和发生认识论的创始人。他认为，儿童的发展是一种建构的过程，是个体在与环境不断地相互作用中实现的。他用图式、适应、同化、顺应、组织和平衡等概念来解释这一过程，个体正是在平衡与不平衡的交替中不断建构和完善其认知结构、实现认知发展的。

（一）儿童认知发展阶段

早在20世纪30年代，皮亚杰就对儿童的品德发展进行了系统研究。作为第一位系统考察儿童道德规范形成与道德认知发展的心理学家，皮亚杰认为，儿童的认知发展分为感知运算阶段、前运算阶段、具体运算阶段和形式运算阶段四个阶段。虽然各阶段有着本质的不同，但是，儿童的认知发展在总体上具有连续性、阶段性、结构性、次序不变性和交叉性等特征。

每一阶段的具体特征和发展成就如下：

1. 感知运动阶段（0～2岁）

该阶段的主要特征是儿童通过探索感知觉与运动之间的关系来获得动作经验，仅靠感知动作的手段来适应外部环境，并构筑感知动作图式，语言和表象还没能完全形成。这一阶段的儿童有两大发展成就：一是因果关系初步形成，二是主、客体逐步开始分化。

2. 前运算阶段（2～7岁）

该阶段的儿童逐渐从具体动作中摆脱了出来，开始使用表象符号代替外界事物，开始构筑表象或形象图式。这一阶段的儿童具有前运算思维的特征，包括自我中心、中心化、不可逆性和未形成守恒观念等。

自我中心是指儿童认为别人的观点与自己的观点一致。中心化是指儿童只会从单一角度去思考问题。不可逆性是指不能进行可逆运算。守恒观念是指不会因物质的形式发生变化而认为其数量、长度、容积等发生变化。

这一阶段的儿童有三大成就：一是动作图式符号化，即形成了使用手势、标记、字词等符号的能力；二是语言发展迅猛；三是记忆力增强。

3. 具体运算阶段（7～11岁）

这一阶段的儿童能够在具体的情境中完成逻辑推理，具有守恒观念与可逆性，逐渐产生了自我中心，并能够进行群集运算。

4. 形式运算阶段（11～15岁）

这一阶段的儿童逐渐从依赖具体内容的形象思维中摆脱出来，逐渐形成了抽象思维能力。儿童在这一阶段具备了假设、演绎、推理的能力和假设性思考的能力等，认知能力已经逐步接近成人的水平。

（二）儿童道德发展阶段

基于人的认知发展阶段研究，皮亚杰进一步利用对偶故事法对儿童的道德发展进行了系统的研究，并用认知发展的观点解释了道德发展，为儿童道德发展研究提供了理论框架与研究方法。皮亚杰认为，儿童的道德发展是一个从他律到自律的发展过程，可以划分为前道德阶段、他律阶段、自律阶段、公正阶段四个部分。

1. 前道德阶段（0～4岁）

前道德阶段，又称自我中心阶段，实质上是一种无道德规则阶段。此时儿童还没有道德意识，不会把自己和外面的世界分开，没有自我意识，没有和外界共处的规则意识。这一阶段的特点是单向、不可逆的自我中心主义，片面强调个人存在及个人的意见和要求。

这一阶段的儿童由于认识的局限性，还不能把自己与他人、外界的环境区别开来，常把成人说的混同于自己想的，把外界环境看成是自身的延伸，还不理解、不重视成人或周围环境对他们的要求。他们的游戏活动只是个人独立活动的任意行为，与成人、同伴之间还没有形成合作关系，规则或成人的要求对他们还没有约束力，他们只按照自己的意愿去进行游戏活动，完全没有规则意识。所以这一阶段又称为单纯的个人规则阶段。皮亚杰认为，促进儿童和同伴之间形成合作关系，是使儿童摆脱这种自我中心的唯一方法。

2. 他律阶段（4～8岁）

他律阶段，又称权威阶段。这一阶段的儿童的特点是绝对服从和崇拜他律的规则、权威。道德标准只取决于是否服从成人所给予的外在规则。道德判断完全依据外在规则做出，只注意外在的行为结果，而不关注内在的动机；认为服从成人就是最好的道德观念，违背成人的意愿就应该受到惩罚，具有被动性和客观性。

这个阶段的儿童会遵从成人的规则，他们认为应该尊重权威和尊重年长者的命令。这一阶段儿童的道德判断受外部的价值标准支配和制约，表现出对外在权威的绝对尊敬和顺从的愿望。他们认为规则是必须遵守的，是不可更改的，只要服从权威就是对的，比如，听父母或大人的话就是好孩子。一方面，他们绝对遵从成人、权威者的命令；另一方面，他们也服从周围环境为他们制定的规则或提出的要求。皮亚杰把儿童绝对驯服地服从规则要求的倾向称为道德实在论。他指出，此阶段成人的约束和滥用权威对儿童的道德发展是极其有害的。

同时，这一阶段儿童对行为的判断主要根据客观结果，而不考虑主观动机。例如，一个小孩无意中打破了10个花盆，而另一个小孩故意打碎了3个，这一阶段的儿童会认为前者更坏，因为后者打破的更少，即未通过行为动机出发去判断行为本身，只单单从数量上判断行为结果哪个更糟糕。

3. 自律阶段（8～12岁）

自律阶段，又称可逆性阶段，是自律道德阶段的开始。这一阶段的儿童，道德判断从外在的客观性转向内在的主体性；不再简单地服从外部的道德规则，开始依据自己的内在标准进行道德判断；不再认为成人的命令是应该绝对服从的，不再把规则看成是绝对的一成不变的东西，而是用公正、平等、责任去进行判断；认识到规则是同伴间共同约定的、可以修改的，要反映共同的利益。

他们不再盲目遵守成人的权威，而是自主地用自己的道德认识去判断，有一定的规则意识，有自己内在的判断标准，而且会从行为动机出发去进行判断。

4. 公正阶段（12岁以后）

在这一阶段，儿童的道德观念倾向于主持公正、平等，体验到公正、平等应符合每个人的特殊情况。这时的儿童往往更多地从行为的动机而不单纯是行为的后果来判断行为的责任，而且与成人的关系也从权威性过渡到平等性。

皮亚杰认为，当可逆的道德观念从利他主义角度去考虑时，就产生了关于公正的观念。公正观念不是一种判断是或非的单纯的规则关系，而是一种出于关心与同情的真正的道德关系。也就是说，儿童不再刻板地按固定的规则去判断，在依据规则判断时能够考虑到同伴的具体情况，从关心和同情出发。皮亚杰认为公正观念是一种高级的平等关系，这种道德观念已经能够从内部对儿童的道德判断起到决定性的作用。

从这四个阶段可以看出，儿童的道德倾向是从认识单纯的规则到了解真正意义的规则，是从他律到自律的过渡。皮亚杰认为品德发展的阶段不是绝对孤立的，而是连续发展的。儿童品德的发展是一个连续的统一体，可以根据儿童的各个年龄阶段的特点来教育他们。皮亚杰认为，在从他律到自律的发展过程中，个体的认知能力和社会关系能对儿童产生重大影响。道德教育的目标就是使儿童达到自律道德，使他们认识到道德规范是在相互尊重和合作的基础上制定的。而要达到这一教育目标，就应注意培养同伴之间的合作，注意成人与儿童的关系不应是权威和服从的关系。在儿童犯错误时，要使其了解为什么这样做不好以及应该怎样做，以发展儿童的道德认识。

同时，皮亚杰的道德发展阶段理论具有一定局限性，主要体现在以下三个方面：第一，皮亚杰认为在儿童道德发展过程中，起重要作用的是同伴的协作，而不是成人的教育或榜样，否定了榜样的作用；第二，皮亚杰虽然揭示了道德认识在儿童道德发展中的作用，也注意了情感和意志的发展在儿童道德发展中的作用，却忽视了“行”的因素；第三，皮亚杰否定了成人的强制、约束以及协作在儿童道德发展过程中可能具有的积极作用。

答案解析8.23

历年真题

【8.23】晓霞能根据他人的具体情况，以平等为标准，在同情、关心的基础上对学习和生活中的道德事件进行判断。根据皮亚杰的理论，晓霞的道德发展处于（　　）。

A. 自我中心阶段　B. 权威阶段　C. 可逆阶段　D. 公正阶段

考点拓展8.11

二、柯尔伯格的道德发展理论

柯尔伯格是美国心理学家，他继皮亚杰之后对儿童品德发展问题进行了大量的、卓有成效的研究。柯尔伯格根据皮亚杰提出的关于儿童道德判断发展的基本轮廓，对儿童的道德判断进行了全面的实验研究，对皮亚杰的研究方法进行了改进，并补充和发展了皮亚杰的理论，提出了系统的道德发展阶段理论。

柯尔伯格研究道德发展问题应用的是两难论的方法，也叫两难故事法。两难故事法，即向儿童讲一些模棱两可、进退两难的故事，从被试者的回答中，研究他们的道德推理。代表性的道德两难故事是“海因茨偷药的故事”。

这个故事讲的是，欧洲有一位妇女患了癌症，生命危在旦夕。医生告诉她的丈夫海因茨，只有本城一位药剂师最近发明的一种药可以救他的妻子，但该药的价钱十分昂贵，要卖到成本价的十倍。海因茨四处求人，竭尽全力也只借到了购药所需钱数的一半。万般无奈之下，海因茨只得请求药剂师便宜一点儿卖给他，或允许他赊账。但药剂师坚决不答应他的请求，并说他发明这种药就是为了赚钱。海因茨在走投无路的情况下，为了挽救妻子的生命，在夜间闯入药店偷了药，治好了妻子的病，但也因此被警察抓了起来。

围绕这个故事，柯尔伯格提出了一系列问题让被试者参加讨论，如海因茨该不该偷药？为什么？海因茨触犯了法律，从道义上看，这种行为好不好？为什么？这种道德两难问题，具有不同道德水平的人会做出不同的判断并提供不同的判断理由。通过对许多国家和地区大量的儿童进行长达20年的研究，柯尔伯格发现，儿童的道德发展普遍经历了三个水平、六个阶段，因此提出著名的“三水平六阶段”道德发展阶段论（见表8–1），并以此为核心创立了其道德认知发展理论。

表8–1　柯尔伯格“三水平六阶段”理论的阶段划分、特点及相应的不同回答

水平及其特点	阶段	阶段特点	对两难问题的回答
前习俗水平（0～9岁）：儿童已具备纯外在的、关于是非善恶的社会准则和道德要求，他们从行为的结果及与自身的利害关系来判断是非，为了免受惩罚或获得奖励而顺从权威人物规定的行为准则	阶段1：惩罚与服从的道德定向阶段	根据行为的后果来判断行为是好是坏及严重程度，他们服从权威或规则只是为了避免惩罚，认为凡是权威人物赞许的就是好的，遭到他们批评的就是坏的。不考虑惩罚或权威背后的道德准则，尚未具有真正意义上的准则概念	• 不能去偷药，因为被抓到会坐牢 • 应该偷药，如果不偷，将来会被妻子埋怨，并且他事先请求过，又不是偷大东西，不会受到重罚
	阶段2：工具性的相对功利主义取向阶段	以个人的最大利益出发考虑是否遵守规则（通常是为了获得奖赏或满足自己的需要而尊重规则），不再把规则看成是绝对的、固定不变的，评定行为的好坏主要看是否符合自己的利益，对自己有利的就好，不利的就不好	• 不能偷药，如果妻子在他出狱前去世，没有任何好处 • 应该偷，他的妻子需要这种药，出狱后还可能与妻子团聚
习俗水平（9～15岁）：能够着眼于社会的希望与要求，并以社会成员的角度思考道德问题，已经开始意识到个体的行为必须符合社会的准则，能够了解并遵守、执行社会规范。规则已被内化，他们认为按规则行动是正确的	阶段3：寻求认可的道德定向阶段，也称“好孩子”定向阶段	这个阶段儿童的道德价值以人际关系的和谐为导向，认为好的行为就是使人喜欢或被人赞赏的行为。因此，在进行道德评价时，会考虑到他人和社会对于“好孩子”的期望与要求，并尽量以此为标准开展思维和行动	• 不能偷，做贼会使自己、家人名誉扫地，带来烦恼和耻辱，包括妻子 • 应该偷，好丈夫就应该照顾妻子、对妻子负责，这是好丈夫应该做的事
	阶段4：尊重权威、遵守法规和秩序取向阶段	这一阶段的儿童以服从权威为导向，他们知法、懂法，认为准则和法律是用以维护社会秩序的，因此应服从社会规范，遵守公共秩序，尊重法律的权威，以法制观念判断是非，同时要求别人也遵守	• 不能偷，偷药违法，如果人人都偷药社会就混乱了 • 应该偷，虽然偷东西不对，但不偷就没有尽到做丈夫的责任

续表

水平及其特点	阶段	阶段特点	对两难问题的回答
后习俗水平（15 岁以后）：又称原则水平，个体道德判断已超出世俗的法律与权威的标准，认识到法律的人为性，开始考虑全人类正义和个人尊严，形成某些超越法律的普遍原则，并将此内化为自己内部的道德标准，完全自律	阶段 5：社会契约取向阶段	这个阶段的儿童认识到法律和规范是人为的、民主的，是一种社会契约。他们道德判断灵活，一方面看重法律的效力，认为法律可以帮助人们维持公正；但同时认为契约和法律的规定并不是绝对的，当社会习俗或法律不符合公众利益时就应该修改，能从法律上、道义上较辩证地看待各种行为的是非善恶。在强调按契约和法律的规定享受权利的同时，认识到个人应尽义务和责任的重要性	• 不能偷，偷药救妻子不是正常夫妻关系契约中的组成部分 • 应该偷，法律禁止偷窃，但却没考虑到为救人性命而偷窃的情况，如果说有什么不对，应该改正现行的法律，稀有药品应按公平原则加以调控，这不是海因茨的错
	阶段 6：普遍伦理取向阶段（也称原则或良心取向阶段）	这是进行道德判断的最高阶段。在这个阶段，个体认为人类普遍的道义高于一切，以普遍的道德原则作为自己行为的基本准则。他们认识到了社会秩序的重要性，同时也认识到了社会规则、法律的局限性，表现为从人类正义、良心、尊严等角度判断行为的对错，能以公正、平等、尊严等一般的原则为标准进行思考，并不完全受外在法律和权威的约束，而是力图寻求更恰当的社会规范	• 不能偷，别人可能也像他妻子一样急需这种药，要考虑所有人生命的价值，他这样做对别人是不公正的 • 应该偷，对于任何一个有道德理性的人来说，尊重生命、保存生命的原则高于一切，为救人性命去偷是值得的

柯尔伯格提出，0 ～ 9 岁儿童属前习俗水平，9 ～ 15 岁属于习俗水平，15 岁以后，一部分人向后习俗水平发展，但达到这一阶段的人数很少。他认为，儿童的道德是由低级阶段向高级阶段依次发展的，这种顺序既不会超越，更不会逆转。个体在某个发展阶段，主要使用某个阶段的推理，并同时兼顾使用其他几个阶段的推理。他主张，儿童的道德判断可以通过道德推理的训练得以发展，道德两难问题则是道德推理训练的有效方法。一个人的智慧发展与其道德认识发展是密切相关的，但却不是同步的，必须使学生先达到认知上的成熟，才能在原则上进行推理。柯尔伯格的研究成果，对于我们了解道德认识发展的规律，科学地安排品德教育的内容，有效地进行品德教育是极为有益的。

柯尔伯格道德发展阶段论给予教师的启示在于，有效的道德教育或品德陶冶必须根据各时期道德观念发展的特征而实施，任何违背儿童道德发展规律的德育方法都是错误的。

历年真题

答案解析
8.24—8.25

【8.24】方雨认为社会法制应符合社会大众权益，当它不符合时就应该修改。根据柯尔伯格理论，他处于道德发展的哪个阶段？（　　）

A. 服从与惩罚　　　　B. 社会契约

C. 维护权威或秩序　　　　D. 普遍伦理

【8.25】辨析题：根据柯尔伯格的观点，道德发展的阶段性是固定的，相同年龄的人都能达到同样的发展水平。

考点拓展
8.12—8.16

重点提示

本节需要掌握皮亚杰的“四阶段论”、柯尔伯格的“三水平六阶段”论中每个阶段的特征。此部分的考题多以选择题的形式出现，一般来讲会描述某人的道德认识或道德行为，要求判断这样的道德认识或道德行为归属于哪一阶段。因此，本节内容需要在复习过程中理解每一阶段的思想与行为特征，并能够理论联系实际进行分析。

本章小结

德育工作一直位于我国全面发展教育目标之首，是中小学教育工作的重中之重。品德的正确形成与良好发展、政治信念的坚定不移、对生命的爱护与尊重、对未来人生发展的展望与规划等，都关系着青少年合格公民的身份确立及其终身的发展。因此，本章介绍了道德发展的两大基本理论，并详细讲解了德育的规律、原则与方法，为成为一名合格教师指明了理论学习之路，只有熟练掌握了关于德育的基本知识，才能更好地应用于实践，完成中小学德育工作。

☞ 本章要点回顾

- 中学德育
  - 品德结构与中学生品德发展
    - 品德的结构
      - 道德认识、道德情感、道德意志、道德行为
    - 品德形成与发展的影响因素
      - 外部因素
        - 家庭教育、学校教育、社会风气、同伴群体
      - 内部因素
        - 认知失调、态度定势、道德认知
    - 中学生品德形成阶段与发展特点
      - 依从阶段、认同阶段、内化阶段
      - 道德信念与道德理想的形成、道德意识增强、道德行为习惯逐步巩固、品德结构更为完善、由初中阶段的动荡性向高中阶段的成熟性过渡
  - 中学德育内容
    - 中学德育目标
      - 初中德育目标、高中德育目标
    - 基本内容
      - 理想信念教育、社会主义核心价值观教育、中华优秀传统文化教育、生态文明教育、心理健康教育
  - 德育规律与德育原则
    - 德育规律
      - 具有多端性，是培养学生知、情、意、行的过程
      - 是组织学生的活动和交往，对学生多方面教育影响的过程
      - 是促进学生思想内部矛盾运动的过程，是教育和自我教育统一的过程
      - 是一个长期的、反复的、逐步提高的过程
    - 德育原则
      - 导向性原则、疏导原则、尊重学生与严格要求学生相结合原则、教育的一致性与连贯性原则、因材施教原则、长善救失原则、知行统一原则、正面教育原则、集体教育原则
  - 德育途径与方法
    - 德育途径
      - 教学、课外和校外活动、劳动、团队活动和集会活动、班主任工作
    - 德育方法
      - 说服教育法、榜样示范法、实际锻炼法、情感陶冶法、品德评价法、自我教育法
  - 现代德育理论
    - 皮亚杰的道德发展理论
      - 儿童认知发展阶段、儿童道德发展阶段
    - 柯尔伯格的道德发展理论
      - 前习俗水平、习俗水平、后习俗水平（三水平六阶段）

第九章

中学教师

☞ 学习完本章，应该做到：

◎ 理解教育观、学生观、教师观，并能用于教育事实的分析与解释；
◎ 熟记教师职业道德规范的六大内容，并能用于解决实际问题；
◎ 知道教师依法享有的权利和应履行的义务，了解教师的资格条件；
◎ 理解教师专业发展的内涵，熟悉教师专业发展的阶段、内容和途径。

☞ 学习本章时，重点内容为：

本章学习的重点是教育观、学生观、教师观的理解与运用，特别注意运用“三观”解释教育现象；教师职业道德的基本内容及具体要求；教师资格条件、教师专业发展的内容，特别是教师专业发展的途径与方法。

☞ 学习本章时，具体方法为：

本章主要阐述教师的职业理念、职业道德、职业资格、职业发展等四大内容。四大内容相互补充、相互映衬，构成了一个合格教师应具备的基本素养和条件。前两节侧重于理解与案例分析，后两节侧重于知识点的记忆。因此，学习时要采用不同的方法，前两节更多地结合实例进行分析与理解，而后两节则可以用知识树的方法将知识点进行梳理。

【引子】

我为什么要当教师

我要当教师，因为我喜欢学校工作日历所提供的生活节奏。七月和八月的假期，给了我一个机会去思索、研究和写作，以及为今后的教学总结我的心得。

我要当教师，因为教学永远是一个变化无穷的工作。甚至当我的教材是同样的，我总是改变着教学方法，然而更重要的是，我的学生总是在变化。

我要当教师，因为我喜欢有出错的自由，有吸取教训的自由，有激励我自己和我的学生的自由。

我要当教师，因为我喜欢提出那些学生必须尽力思考才能回答的问题。这世界充满着对蹩脚古怪问题的正确答案。在教学中，我有时有意回避那些正统的提问。

我要当教师，因为我喜欢学习。确实，我之所以感到我的教师生涯还颇有活力，是因为我总是不断地学习。我人生事业中重要发现之一，就是我之所以是最好的教师，不是因为我懂得多，而是因为我酷爱学习。

我要当教师，因为我能设法将我自己和我的学生从象牙塔式的传统封闭的学习中解脱出来，从而进入外面的真实世界。我曾经教过一门被称为“在高科技社会中自我生存”的课程。我的 15 位学生读过爱默生、梭罗的作品。他们坚持记笔记，并写出了学期论文。

这些就是我为什么要当教师的理由。这些学生在我眼前成长、变化着。当一名教师就好比在创造生命，我可以看到我所孕育的泥人开始呼吸。没有什么能比那么近地亲眼看到生命的呼吸更令人激动的了。

我当教师是因为我生活在那些开始呼吸的人们中间，我有时甚至能感受到他们的气息中也有我自己的气息。①

这是荣获“1983 年度全美教授”荣誉称号的彼得·基·贝得勒在讲述自己为什么要当一名教师的时候说的一段话，表达了他做教师的种种理由。那么，什么样的人可以做教师？教师有哪些权利和义务？怎样才能成为社会认可、群众满意、学生欢迎的人民教师呢？下面我们带着这些问题一起进入深奥博大的教师世界吧！

第一节　教师的职业理念

教师的职业理念是指教师在从事教育职业的过程中所形成的关于教育的观念和理性信念。有学者认为，根据教育发展的需要，教师应具有现代教育理念。② 现代先进的教师职业理念具体包括三大内容：教育观、学生观和教师观。

一、教育观

（一）以生为本

“以生为本”的教育理念是时代发展的产物，是一种对学生主体作用和地位的肯定，是一种新的教育理念和价值取向。它强调要尊重学生、爱护学生、理解学生、解放学生、依靠学生和为了学生，关注学生的生命价值。“以生为本”的目的就是培养学生，挖掘资源，促进学生和社会的发展。因为学生是国家的希望、祖国的未来，是将来建设国家的栋梁之材，这一宝贵资源对国家繁荣富强、提高国际竞争力具有重大的作用。因此，“以生为本”成为主流教育理念是历史的一种必然。

（二）全面发展

学生的全面发展指的是学生在德、智、体等方面的生动活泼、充分和谐的发展。它主要包括学生道德、能力、体力、个性等方面的发展。这是学生成长的需要，也是学生服务未来社会的需要。我国的教育方针着眼于受教育者和社会长远发展的要求，是以面向全体学生、全面提高学生的基本素质为根本宗旨，以注重培养受教育者的态度、能力、体力，促进他们在德、智、体等方面生动、活泼、主动地发展为基本特征的教育。

---

① 栗洪武，等．学校教育学［M］．西安：陕西师范大学出版社，2007：33-34.

② 叶澜．更新教育观念，创建面向 21 世纪的新基础教育［J］．中国教育学刊，1998（2）：6－11.

（三）素质教育

素质教育是依据人的发展和社会发展的实际需要，以全面提高全体学生的基本素质为根本目的，以尊重学生主体性和主动精神、注重开发人的智慧潜能、形成人的健全个性为根本特征，以提高民族素质为宗旨的教育。素质教育要使学生学会做人、求知、劳动、生活、健体和审美，为把培养他们成为有理想、有道德、有文化、有纪律的社会主义公民奠定基础。素质教育的本质在于它的思想性和时代性。它的内涵包括：素质教育是面向全体学生的教育，是促进学生全面发展的教育，是促进学生个性发展的教育，是以培养创新精神和实践能力为重点的教育。它具有全体性、全面性、基础性、主体性和未来性的特点。素质教育是为提高整个民族素质打基础的教育，是对全民族开放的教育。

（四）终身学习

终身学习是由教师自身的职业特点决定的，也是时代发展的要求。“严谨治学，与时俱进，活到老，学到老”是新时期每一位教师应该具备的观念。在实际的教育教学工作中，教师要树立终身学习的理念，拓宽知识视野，更新知识结构；要潜心钻研业务，勇于探索创新，不断提高自身的专业素养和教育教学水平。教师只有具备了终身学习的意识，才能不断提升自身的专业素养和内在素质，提高课堂教学效率和教学水平，促使学生终身学习观念的形成。

（五）教育民主化

教育民主化是指在教育活动中要充分调动每一位参与者的积极性、主动性，让他们充分发表意见和建议，表明他们的立场和观点，以达到民主议事的目的。这是教育事业发展的需要，也是教育事业发展的趋势，更是调动每一位受教育者的积极性、主动性和聪明才智的良好方法，同时还是古今中外教育家们普遍的主张和要求。因此，现代教育应强调教育民主化。

答案解析9.1

历年真题

【9.1】在教学活动中，教师既要重视学生的知识学习，又要注重学生的品德养成与能力发展。这说明教育具有（　　）。

A. 全面性　　B. 阶段性　　C. 独立性　　D. 片面性

考点拓展9.1

二、学生观

（一）学生的本质属性

1. 学生是人

“学生是人”是大家所共知的命题。但是在实际的教育活动中乃至教育理论中，却往往忽视或否定了学生的人的属性，把学生看作是被动的容器。学生是人，包括以下三个方面的含义：

（1）学生是个能动体。

与生产劳动的对象不同，教育的对象是活的能动体。所谓活的能动体，首先，意味着他/她是有发展自身的动力机能。他/她不仅与生物一样能够通过对外界的摄取活动，使自己的机体得到保存和发展，更为重要的是，这种动力机能还表现为他/她能够以人所特有的能动性，创造和满足自己的物质需要与精神需要，并用以发展自己的身心。其次，意味着他/她具有主观能动性。教育过程中的学生是有意识的人，他们在教育过程中的一切行为和是否接受教育影响以及接受教育影响的程度，都要受其意识的支配，学生对教育影响具有主动性和选择性。对于学生来说，来自教师的外部影响不会自动地转化为学生的意识，它必须以学生自身的主动活动为中介；学生不会被动地接受教育者的塑造，而总是通过自己的主观努力，主动地、创造性地参与到活动中，将教育影响转化为自身发展的内部动力，实现教育目标。最后，意味着他/她具有调控性、创造性。学生可以对自己的学习活动进行有目的的调整和控制：学习困难时，激励自己；有了成绩，告诫自己不要骄傲；学习不恰当时，及时调整。所谓创造性是指学生在教育活动中可以超越教师的认识，超越时代的认识与实践界限，科学地提出不同的观点、看法，并创造具有成效的学习方法。创造性是能动体的最高表现形式。

（2）学生是具有思想情感的个体。

学生是有血有肉的人，各具思想感情。这也是作为特殊的劳动对象所具有的特征。因此，教师对学生的心理反应不限于认知范围内。把学生作为一种认知对象，必然会与学生之间建立起其他心理系统，如情感需要等联系；各种心理联系必然是双向的，如教师对学生产生感情，学生对教师也有感情。

学生是一个具有思想感情的个体，又意味着他/她具有自身独立的人格，他/她有自己的需要、愿望和尊严，这一切都需要得到正当的满足和尊重。学生不同于其他的劳动对象，不会听任摆布，屈从于人。

（3）学生具有独特的创造价值。

人具有其独特的价值。这是因为人有能动的创造力，有智慧，能劳动，具有创造价值的积极作用。可以说，世间一切有价值的东西，都是人所创造的。处于学习期间的学生虽然尚未进入创造价值的过程，但是通过教育可以使他们对社会、对人类做出积极的贡献，甚至创造出伟大不朽的价值。人的这种特性也是与物完全不同的。在教育过程中，应当珍视学生作为人的无与伦比的价值，不能任意损伤他们。

2. 学生是发展中的人

学生在心理和生理方面的发展都未达到成熟水平，不能用成人的标准来要求学生，更不能将学生看成是“小大人”，应充分了解和照顾他们在心理和生理方面的特殊性。正因为学生还处在发展变化之中，可塑性大，在他们身上就潜藏着各方面发展的极大可能性，也存在着缺点和错误的较大的矫正可能性，教育得法就可以使他们的身心获得最佳的发展。另外，由于学生各方面的发展都不够成熟，他们还有着对获得成人教育和关怀的需要，所以，教师应以培养的观点去对待学生，引导和帮助学生获得社会需要和发展需要。

3. 学生是完整而独立的人

人是自然属性和社会属性的统一体，每个人都需要实现生理和心理的和谐发展。

但就以人为对象的许多社会实践领域来看，许多职业面对的都往往只是人的某一方面，如医生面对的主要是人的生理方面，艺术家所面对的主要是人的精神方面，而教育所面对的主要是学生——一个完整的人。在整个教育过程中，既要考虑学生的自然属性，更要考虑他们的社会属性，教育不仅要促进学生的认识、情感和行为等精神因素的发展，还要促进学生生理因素的发展。因此，教师所面对的学生必须也必然是一个完整的人。同时，学生又是独立的人，有着独立的生理和心理系统，独立的思想意识，独立的思考能力，独立的情感、兴趣，独立的人格和独立的生活、学习方式。这种独特性和独立意识随着身心的成熟而越来越突出地表现出来，因此，教师应尊重学生的独立性。

4. 学生是以学习、接受教育为主要任务的人

学习是人类生活的普遍现象，凡是个体掌握人类社会历史经验的过程都是学习。人的一生中几乎都在学习，但是，学生的学习只是学习的一种特殊形式，它的特殊性主要表现在：

（1）学生以学习为主要任务，这是学生质的规定。

（2）学生在教师指导下学习。学生学习是在教师的指导下进行的，这是学生与从事学习活动的其他社会成员的区别之一。教师的指导不仅使学习更具成效，也是在特定情况下，学习活动取得好效果的前提条件。当代科学技术日趋复杂化，离开教师的指导，有很多学习几乎不能进行，当前教师的指导对学生学习的质和量都能产生作用。

（3）学生所参加的是一种规范化的学习。学生的学习是有目的、有计划、有组织地进行的，它是由一定的教育制度以及学校的各项规章制度所规定的。因此，作为学生的一系列行为模式和规范不仅要受到社会传统观念、文化习俗等影响，而且还要被确定的制度所规定。

5. 学生是学习的主体，在学习中处于主体地位

现代教育中的主体性思想，实际上是现代哲学主体性思想的衍生。主体是与客体相对应存在的，在哲学上是指对客体有认识和实践能力的人、实践的对象。主体性又叫主动性，也就是自觉能动性。它是人的全面发展最根本的特征，也是全面发展的核心和精神实质。主体性学生观是目前我国教育理论研究的热点之一，也是教育实践中倡导、推广的核心学生观，有人称之为“现代科学学生观”。主体性学生观区别于传统学生观——传统学生观认为学生是教育的对象（客体）；主体性学生观把学生置于教育活动的主体地位，注重学生的主体性需求，关注学生的全面发展，把学生当作真正的“人”来教育，尊重学生的自主意识，不以教师的个人意志去支配学生，按照学生的成长规律开展具体的教育活动。

6. 学生是个性化的人

长期以来，我们的教育实践过分强调共性要求和统一发展，而忽视了对学生个性的培养，这是同人的发展和我国的教育方针相背离的。现今的教育常常以“标准化”的方法试图把学生培养成同一模式的产品，使他们成为千人一面、千篇一律的“标准件”。针对这种情况，树立个性化的学生观是十分必要的。教师应尊重每一个学生的差异性，力图使每一个学生都成为充满个性魅力的生命体。在教学实践活动中，要注重个性化教育和个性化教学，照顾学生的个性差异，为每一个学生的发展提供有利条件，让学生充分发挥其独特的个性优势，以形成独立的个性。

（二）学生的基本权利

学生的权利，有广义和狭义的两种解释。广义的学生的权利包括两个方面：一方面是作为公民享有法律所赋予公民的一切权利，另一方面是作为受教育者所享有的受教育的权利。狭义的学生的权利是指学生所享有的教育法律法规所规定的权利。《中华人民共和国教育法》第四十二条对受教育者的权利作了如下规定：“（一）参加教育教学计划安排的各种活动，使用教育教学设施、设备、图书资料；（二）按照国家有关规定获得奖学金、贷学金、助学金；（三）在学业成绩和品行上获得公正评价，完成规定的学业后获得相应的学业证书、学位证书；（四）对学校给予的处分不服向有关部门提出申诉，对学校、教师侵犯其人身权、财产权等合法权益，提出申诉或者依法提起诉讼；（五）法律、法规规定的其他权利。”

（三）育人为本

教书育人是教师职业道德的基本原则和规范要求，是教育工作的根本任务。育人是根本、是目的，教书是形式、是手段。只有教好书，才能育好人。那么，应该育怎样的人呢？现代教育观强调育的是一种能在多方面适应社会、推动社会发展的完整的人，即在德、智、体等方面和谐发展的人，而不是仅在某一方面发展的人。坚持这样的教育目的和价值取向，才能培养出多方面适应社会、推动社会发展之人。这是一个教师应有的育人意识和观念。

历年真题

答案解析9.2

【9.2】军军的英语成绩比较差，每次考试都不及格。这次考试及格了，军军本以为老师会表扬他，没想到老师一进教室就当着全班同学的面问他：“你这次考得特别好，不是抄来的吧?”老师的这种做法忽视的是（　　）。

A. 学生的完整性　　B. 学生的个体性

C. 学生的独立性　　D. 学生的发展性

重点提示

教育观、儿童观是学习的重中之重，学习时要牢记教育观的五大内容，特别关注“以生为本”“全面发展”明确其内容与具体表现。儿童观的重点是儿童的本质属性，可以结合教师的“育人为本”来理解。此部分的内容一般是出材料题和选择题，学习时注意结合相应的案例进行分析、理解与运用。

三、教师观

教师是受社会的委托，经过专门的培养和训练，掌握一定的知识和技能，具有一定的素质和修养，在学校中以对学生的身心施加影响，从而促进学生健康发展的专职人员。

教师观是关于教师职业的基本观点，是人们对教师职业的认识、看法和期望的反映。

教师的教师观作为教师自身观念体系中的重要组成部分，直接影响着教师对自己职业任务和作用的理解，决定着教师在日常的教育教学工作中如何确立自己的职业角色，也直接影响着教师自身的专业发展方向和发展水平。因此，树立正确的教师观，对于每一个从事教师职业的人而言，都是非常重要的。

（一）教师的任务

新的教师观强调教师在教育过程中的根本任务是教书育人，全面实现教育目的。具体来讲包括以下几个方面：

1. 做好教学工作

教学是学校的中心工作、核心工作，是培养人才的基本途径，在学校各项工作中处于重要地位。学校工作以教学为主，体现在教师工作上首先要完成教学任务。一名教师如果做了许多其他工作，而教学任务完成得不好、教学质量很差，则不能认为他是合格的教师。而且教好功课不能理解为单纯地传授知识，应是通过教学使学生在德、智、体等方面都得到发展，同时促进其个性发展。

2. 做好班主任工作

班主任工作是学校的一项重要工作。学校的各项管理任务都要通过班主任来具体完成。因此，教师要组织好强有力的班集体，确定好班集体的奋斗目标，建立起强有力的组织机构和领导核心，制定好班集体的制度和纪律，营造良好的班风和舆论，开展好班集体的课外、校外活动，通过多种渠道对学生进行政治教育、思想教育、道德教育、法纪教育、心理疏导，提高学生的政治思想觉悟，养成学生良好的品德行为习惯。

3. 关心学生健康

学生是国家的宝贵财富，是国家未来的建设者和接班人。他们的健康状况关系到祖国的未来和前途，关系到国家的兴衰和存亡。因此，教师要想方设法关心好学生的健康，这是教师的主要任务。教师要保护每一位学生身体的正常发育，增强学生体质，培养学生高尚的审美情趣和良好的身心素质，使学生在全面发展的基础上形成良好的个性。

（二）教师职业的作用与地位

新的教师观强调教师在教育过程中发挥着重要的作用，处于重要的地位。

1. 教师职业的作用

（1）教师职业的社会作用。

首先，教师是人类文化的继承者和传递者，在社会的发展和人类的延续中起到桥梁与纽带作用。

其次，教师是创造物质文明和精神文明的先导。

再次，教师是人类灵魂的工程师，在塑造年轻一代的品格中起着关键性作用。苏联政治家、革命家加里宁称教师是“人类灵魂的工程师”。

最后，教师是教育工作的组织者、领导者，在教育过程中起主导作用。

（2）教师职业的个体作用。

教师是“蜡烛”“春蚕”“人梯”“铺路石”，是一个充满奉献的职业。但在奉献的同时，教师个体生存和发展的需要也同样得到了一定的满足。

事实上，教师和从事其他社会职业的人们一样，通过自己的辛勤劳动满足着个体的多种需要。做教师，既有所失，也有所得。

首先，教师可以通过劳动获得相应的物质报酬来满足其谋生的需要。

其次，教师担负着培养一代新人的重任。对中小学生来说，教师是他们成才的引路人，是他们人生旅途中的向导，对学生的发展起着促进作用。这主要体现在三个方面：传授知识，开发学生智力；培养品德，塑造学生心灵；训练身体，发展学生体质。

最后，教师职业还具有一些令人羡慕的优越性。例如，教师劳动具有自主性，教师的工作时间比较弹性，教师工作的环境相对优越，教师一年享有两个多月的寒暑假，等等，这些因素对教师个人的发展和完善来讲都是有意义的，也是一些人愿意从事教师职业的重要原因。

（3）教师职业的内在作用。

教师劳动因其复杂性、创造性和示范性等特点，还有利于满足教师个体发展的需要和自身完善的需要，是教师个体实现自我价值的重要手段。追求自我价值实现的需要是教师需要的重要方面。在教育活动过程中，教师运用自身具备的精神力量影响学生的同时，也施展了自身才能，提高了自身素质。在教育过程中，当自己的思想在与学生的思想交流过程中得到清理和升华，感受到了师生共同追求真理的愉悦时；当师生情感共振，营造了一种和谐的教学氛围而为师生之间浓浓情谊而陶醉时；当见闻自己的学生取得成就、获得进步，和学生一起分享成功的喜悦时；当教师感受到自我素质的全面提高和精神生活的不断丰富，在教育活动中达到游刃有余、自由发挥创造的境界时，教师所体验到的成就感是无与伦比的。这也是大多数教师乐于此道的深层原因，是教师劳动所体现的最重要的个人价值。

总的来说，教师职业的内在作用主要体现在以下几个方面：① 教师职业激发和丰富了教师的创造潜能，② 教师职业促进了教师的自我成长，③ 教师职业带给教师无穷的快乐。

2. 教师职业的地位

（1）教师在教育教学过程中的地位。

教师在教育过程中处于主体地位。教师是教育教学工作的组织者、领导者和管理者，是矛盾的主要方面，在教育过程中起着主导作用。

（2）教师在社会中的地位。

教师职业的社会地位是通过教师职业在整个社会中所发挥的作用和所占有的地位资源来体现的，主要包括政治地位、经济地位、法律地位、专业地位。[①]

① 政治地位。教师的政治地位主要反映在以下几个方面：社会对教师的评价；教师职业的社会价值与作用；教师的社会关系体系在全社会所具有的影响，以及这种影响所产生的教师在政治上所享有的各种待遇。教师政治地位的高低是与时代，以及社会制度的性质紧密联系在一起的。

② 经济地位。教师的经济地位是由教师的工资收入、福利待遇与其他职业相比较

① 詹瑜．教育学［M］．北京：中国人民大学出版社，2011：94.

的结果来确定的。教师的经济地位是其社会地位高低的直接表现之一。2010 年颁布的《国家中长期教育改革和发展规划纲要（2010—2020 年）》中指出："依法保证教师平均工资水平不低于或者高于国家公务员的平均工资水平，并逐步提高""落实教师绩效工资"。在国家的努力下，教师的经济待遇逐渐好转、逐年提升，教师职业正渐渐成为一种令人羡慕的职业。

③ 法律地位。教师的法律地位就是指通过立法确立的教师的职业地位。一般而言，教师的法律地位主要是指教师的职业性质和身份特征。《中华人民共和国教师法》（以下简称《教师法》）明确规定："教师是履行教育教学职责的专业人员。"从法律上讲，教师是专业人员，承担着教书育人、提高民族素质的重要历史使命，应具有很高的社会地位。教师的法律地位主要是通过教师的权利和义务体现出来的。权利与义务是教师法律地位的核心问题。因此，教师既具有我国宪法和法律所赋予公民的一般权利，又具有从事教育教学工作所特有的权利。同时，教师又必须履行教育法规所规定的各项义务。

④ 专业地位。教师的专业地位是指教师职业的专业性问题。《中华人民共和国国家标准・职业分类与代码》，将教师列在"专业技术类"这一大类中。《教师法》中明确规定："教师是履行教育教学职责的专业人员。"由此可见，我国法律已明确教师职业是专门职业。

（三）教师的角色

新的教师观强调教师在教育过程中的角色将发生重大变化，担当起多重角色。

1."传道者"角色

教师负有传递社会道德传统、价值观念的使命，"道之所存，师之所存也"。除了社会一般的道德观、价值观外，教师对学生的"做人之道""治学之道"等也有引导和示范的责任。

2."授业、解惑者"角色

教师是社会各行各业建设人才的培养者，他们在掌握了人类经过长期的社会实践活动所获得的知识经验、技能的基础之上，对其精心加工整理，然后以特定的方式传授给下一代，并帮助他们解决学习中的困惑。

3."示范者"角色（榜样）

首先，教师的言行是学生学习和模仿的榜样。夸美纽斯曾说过：教师的职务是用自己的榜样教育学生。学生具有可塑性和向师性的特点，教师的言行举止、行为方式、为人处世态度等都会对学生产生潜移默化的影响，因此，教师是学生学习的最直接榜样。其次，优秀教师还是其他教师学习的模范。

4."教育教学活动的设计者、组织者和管理者"角色

教师是教育教学活动的设计者、组织者和管理者。好的教学设计可以使教学有序进行，给教学提供好的环境，使教师养成循序渐进的习惯，全面地完成教学任务。要精心地进行教学设计就要求教师全面地把握教学的任务、教材的特点、学生的特点等要素。

5."家长代理人、父母"和"朋友、知己"的角色

教师是儿童继父母之后所遇到的另一个社会权威、家长的代理人。低年级的学生

倾向于把教师看作父母的化身，对教师的态度类似于对待父母的态度。而高年级的学生则往往愿意把教师当作他们的朋友，也期望教师能把他们当作朋友看待，希望在学习、生活、人生等多方面得到教师的指导，希望教师能与他们一起分担劳苦与忧伤、分享欢乐与幸福。

6. “研究者”角色和“学习者”角色

教师即研究者，意味着教师在教学过程中要以研究者的心态置身于教学情境之中，以研究者的眼光审视和分析教学理论与教学实践中的各种问题，对自身的行为进行反思，对出现的问题进行探究，对积累的经验进行总结，以形成规律性的认识。教师的研究，不仅有对科学知识的研究，更有对教育对象即学生的研究、对教师和学生的交往的研究等，这都需要教师终身学习，更新自己的知识结构，以便使教育教学建立在更广阔的知识背景之上，适应学生的个性发展、自己的专业发展和教育教学改革的需要。教师还被认为是智者的化身，必须拥有渊博的知识，成为终身学习者。

7. “心理调节者”角色

随着对心理健康的重视和儿童心理卫生工作的展开，人们对教师产生了“儿童心理卫生顾问”“心理咨询者”等角色期待。教师应积极适应时代、社会的要求，提高自己的心理健康水平，掌握基本的心理卫生常识，在日常的教育教学活动中渗透心理健康教育。教师要做好学生的心理健康教育工作，担当学生的心理保健者角色。

8. “学生心灵的培育者”角色

教师不但教学生学习知识，而且教学生学会学习；善于激发学生的学习热情，培养学生自主学习的能力和习惯，调整学生的不良情绪和心态；经常提醒学生仔细、认真、勤奋、刻苦，培养良好的学习心理品质；善于发现学生的学习差距，特别关注学习成绩不佳的学生；善于使学生相互帮助，形成良好的学习风气。

新课程背景下创导的教师角色有以下几种。

（1）教师是学生学习的促进者。

这是教师最明显、最直接、最富时代性的角色特征，是教师角色的核心特征。其内涵主要包括以下两个方面：① 教师是学生学习能力的培养者。教师不仅传授知识，而且重在检查学生对知识的掌握程度。教师应成为学生学习的激发者、各种能力和积极个性的培养者。② 教师是学生人生的引路人。这要求教师不仅向学生传播知识，更要引导学生沿着正确的道路前进，并不断在他们成长的道路上设置不同的路标，成为学生健康心理和健康品德形成的促进者、催化剂，引导学生学会自我调适、自我选择，引导学生向更高的目标前进。

（2）教师是教育教学的研究者。

在中小学教师的职业生涯中，传统的教学活动和研究活动是彼此分离的。教师的任务只是教学，研究被认为是专家们的“专利”。这种教学与研究的脱节，对教师和教学的发展是极其不利的。

教师即研究者，意味着教师在教学过程中要以研究者的心态置身于教学情境之中，以研究者的眼光审视和分析教学理论与教学实践中的各种问题，对自身的行为进行反思，对出现的问题进行探究，对积累的经验进行总结，最终形成规律性的认识。

研究性教学的特点表现为：①研究性教学是开放性的，非标准答案的；②研究性教学常常需要综合运用知识；③研究性教学常常与生活密切联系，鼓励协作性学习。

（3）教师是课程的开发者和建设者。

在传统的教学中，教学与课程是彼此分离的。教师被排斥于课程之外，教师的任务只是教学，课程游离于教学之外。教学内容和教学进度由国家的教学大纲和教学计划规定，教学参考资料和考试试卷由专家或教研部门编写、提供，教师成了教育行政部门各项规定的机械执行者，成为各种教学参考资料的简单照搬者。

新课程倡导民主、开放、科学的课程理念，同时确立了国家、地方、学校三级课程管理政策，这就要求课程与教学要相互整合，教师必须在课程改革中发挥作用。教师不仅是课程实施的执行者，更应成为课程的开发者、建设者。为此，教师要形成强烈的课程意识和参与意识，改变以往学科本位的观念和消极被动执行的做法；教师要了解和掌握各个层次的课程知识，包括国家层次、学校层次、课堂层次和学生层次，以及这些层次之间的关系；教师要提高和增强课程建设能力，使国家课程和地方课程在学校与课堂实施中不断增值、不断丰富、不断完善；教师要锻炼并形成课程开发的能力，新课程越来越需要教师具有来自本土化、校本化课程的能力；教师要增强课程评价的能力，学会对各种教材进行评鉴，对课程实施的状况进行分析，对学生学习的过程和结果进行评定。

（4）教师是社区型开放的教师。

随着社会的发展，学校越来越广泛地同社区发生各种各样的内在联系。学校教育与社区生活正在走向终身教育要求的“一体化”，学校教育社区化，社区生活教育化。新课程特别强调学校与社区的互动，重视挖掘社区的教育资源。在这种情况下，教师的角色也要求变革。教师不仅是学校的一员，还是社区的一员，是整个社区教育、科学、文化事业的共建者。因此，教师角色是开放的，是“社区型”教师。

答案解析9.3

历年真题

【9.3】某小学要求教师重视教学科研，卢老师抱怨道：“搞研究有什么用，上课又用不着”。卢老师的说法（　　）。

A. 不正确，教师应服从学校的一切安排　　B. 正确，小学老师搞研究没用

C. 正确，研究对应试帮助不大　　D. 不正确，研究有利于教师专业发展

重点提示

教书育人是人民教师的责任和义务，“育人为本”是教师观的核心内容，因此必须厘清“育人为本”的基本内涵后进行具体运用。特别注意教师的角色定位，明确教师的工作职责，同时能结合实践案例进行分析与运用，提高运用原理解决实际问题的能力。此部分内容一般是出材料题和选择题。

第二节　教师的职业道德

教师是人类灵魂的工程师，教师职业是太阳底下最光辉的职业。作为教师不仅要有渊博的知识和较强的能力，同时应具有高尚的职业道德。教师职业道德是一定社会或阶级对教师行为的基本要求，是在长期的教育实践中形成的，调节教师与教育事业、教师与教师集体、教师与社会关系的行为规范。由于社会分工不同，教师劳动和其他社会劳动相比具有自身的特殊性，这种特殊性使教师职业道德具有自己的特点和要求。教师职业道德体现在教师生活的各个领域和教师行为的各个方面，它对学校教育活动的顺利开展，以及整个社会生活都具有十分重要的作用。

一、教师职业劳动的特殊性与特点

（一）教师职业劳动的特殊性

教师的职业劳动是一种特殊的精神生产活动。教师职业劳动的特点是由教师职业劳动的目的、职业劳动的对象和职业劳动的手段决定的。

1. 教师职业劳动的目的具有特殊性

教师职业劳动的目的是培养在德、智、体诸方面全面发展的学生。教师要面向全体学生，使全体学生都得到发展。

2. 教师职业劳动的对象具有特殊性

教师职业劳动的对象是具有鲜明个性、正在成长中的学生。学生具有主动性、多变性、发展性、可塑性、个体差异性等特点。教师只有深入具体地了解学生，充分调动学生的主动性和积极性，才能取得较好的教学效果。

3. 教师职业劳动的手段具有特殊性和主体性

教师不仅是知识的传播者，而且是学生的楷模。在教学过程中，既要“授业”“传道”，也要“言传”“身教”，其最主要的就是教师本身的知识、才能、品德、智慧、情感、意志和世界观等方面要不断地内化、补充、完善、提高。只有这样，才能为学生做出示范、表率，才能解决学生身上存在的种种问题。

（二）教师职业劳动的特点

教师职业劳动的特殊性决定了教师职业劳动的以下特点：

1. 教师职业劳动的复杂性

教师职业劳动的复杂性主要表现在：① 劳动任务的复杂性，② 教育影响因素的复杂性，③ 教育过程的复杂性，④ 劳动对象的复杂性。

2. 教师职业劳动的创造性

教师职业劳动的创造性主要表现在：① 教师要从教育目的和学生的实际出发，精心设计学生的未来，塑造美好的心灵，纠正学生已经形成的不良行为习惯；② 教师要教好功课；③ 教师要因材施教；④ 教师要具有教育机智。

3. 教师职业劳动的长期性和间接性

教师职业劳动的长期性主要表现在：① 人才培养的周期性比较长，教育的影响具有迟效性，“十年树木，百年树人”；② 学生知识的积累、智力的发展、能力的形成、道德品质的培养、世界观的确立，都是日积月累的结果，是一个长期的过程；③ 学生某一种期待行为、习惯的养成，某一种缺点的克服等，都需要教师付出长期的、大量的劳动，“立竿见影”是不可能的，“揠苗助长”更是错误的；④ 教师劳动的成效需要经过很长的时间才能看到结果、得到验证，教师的某些影响对学生终身都会产生作用。

教师职业劳动的间接性是指教师的劳动不直接创造物质财富，而是以学生为中介实现教师劳动的价值。教师的劳动并没有直接服务于社会，或直接贡献于人类的物质产品和精神产品。教师劳动的结晶是学生，是学生的品德、学识和才能，待学生走上社会，由他们来为社会创造财富。

4. 教师职业劳动的主体性和示范性

教师劳动的主体性是指教师在教育教学过程中，从教学目标的确立、教学内容的组织选择、教学方法的选用，到教学手段的合理使用都体现着教师主体性和主导作用的充分发挥。

教师职业劳动的示范性不仅表现在教师要把凝聚在教学内容中的智慧、情感乃至世界观内化为自身的智慧、情感、世界观，并通过自身的知识、才能，运用自身的德性、情感、意志、世界观等感染学生，而且还表现在教师自身的心理品质、各方面的修养，在教育教学活动中，作为一种极为重要的手段影响学生，成为学生学习模仿的榜样。这种示范作用在塑造学生心灵过程中，是其他任何影响难以比拟的。这种最现实、最鲜明、最有力的教育手段也是其他任何教育手段无法替代的。德国著名教育家第斯多惠指出：“教师本人是学校里最重要的师表，是最直观的、最有教益的模范，是学生最活生生的榜样。”

5. 教师职业劳动的连续性和广延性

教师职业劳动的连续性是指时间的连续性。教师的劳动没有严格的交接班时间界限，在任何时间里都是可以进行的。

教师职业劳动的广延性是指空间的广延性。教师没有严格界定的劳动场所，课堂内外、学校内外都可能成为教师劳动的空间，教师不能只在课内、校内发挥影响力，还要走出校门，协调学校、社会、家庭的教育影响，以便形成教育合力。

6. 教师职业劳动的个体性和劳动成果的集体性

教师的劳动是一种群体和个体相结合的劳动。教师的劳动方式是个体的，但劳动的结果却是集体的。学生的身心发展，不是一位个体劳动能独立完成的。它既是学校、教师集体劳动的结晶，又是家庭、社会影响的结果。

7. 教师职业劳动的艺术性

教师的劳动不仅具有科学性，而且具有艺术性。教育不仅是一门科学，而且是一门艺术。教师的劳动是塑造学生心灵的实践活动，它要求教师具有现场表演的技巧。从这一角度看，教师的劳动具有艺术创造的特点。

历年真题

答案解析9.4

【9.4】第斯多惠曾说："教师本人是学校最重要的师表，是最直接的、最有教益的模范，是学生最活生生的榜样。"这说明教师劳动具有（　　）。

A. 创造性　　B. 示范性　　C. 长期性　　D. 复杂性

重点提示

教师职业的特殊性是由教师职业劳动的目的、职业劳动的对象和职业劳动的手段决定的。要重点理解和掌握教师职业劳动的特点。

二、教师职业道德规范

（一）教师职业道德的基本规范

教师职业道德规范是指在教师职业活动中经常表现的、最重要的、具有一般指导意义的道德规范，它比其他教师职业规范更具有普遍指导意义。我国曾先后四次颁布和修订《中小学教师职业道德规范》，最新一次即2008年颁布的中小学教师职业道德规范共有六条，具体内容如下：

1. 爱国守法

热爱祖国，热爱人民，拥护中国共产党领导，拥护社会主义。全面贯彻国家教育方针，自觉遵守教育法律法规，依法履行教师职责权利。不得有违背党和国家方针政策的言行。

2. 爱岗敬业

忠诚于人民教育事业，志存高远，勤恳敬业，甘为人梯，乐于奉献。对工作高度负责，认真备课上课，认真批改作业，认真辅导学生。不得敷衍塞责。

3. 关爱学生

关心爱护全体学生，尊重学生人格，平等公正对待学生。对学生严慈相济，做学生良师益友。保护学生安全，关心学生健康，维护学生权益。不讽刺、挖苦、歧视学生，不体罚或变相体罚学生。

4. 教书育人

遵循教育规律，实施素质教育。循循善诱，诲人不倦，因材施教。培养学生良好品行，激发学生创新精神，促进学生全面发展。不以分数作为评价学生的唯一标准。

5. 为人师表

坚守高尚情操，知荣明耻，严于律己，以身作则。衣着得体，语言规范，举止文明。关心集体，团结协作，尊重同事，尊重家长。作风正派，廉洁奉公。自觉抵制有偿家教，不利用职务之便谋取私利。

6. 终身学习

崇尚科学精神，树立终身学习理念，拓宽知识视野，更新知识结构。潜心钻研业务，勇于探索创新，不断提高专业素养和教育教学水平。

（二）教师职业道德的具体规范

教师职业道德的具体规范表现在以下几个方面。

1. 教师在教育职业中的道德规范

教育事业是永恒性的事业。教育本身具有不管社会如何变化而“超越”时代不变的价值，即永恒的内容。如形成人的基本道德素质和丰富的人性，热爱自然，尊重本国的语言、历史、传统、文化等，其中教师的职业道德也是教育中的一个永恒的话题。国家的强盛靠人才，人才培养的基础在教育，而培养合格的人才，关键在教师。教师是人类走向文明的重要桥梁，教师对自己职业道德的认知、对教师职业关系把握如何，将直接关系到教育的成败和育人的效果。为此，一名合格的教师首先必须明确教师在教育职业关系中的道德要求：热爱教育，乐于奉献；教书育人，尽职尽责；严谨治学，提高水平。

2. 教师在师生关系中的道德规范

教育活动是“教”与“学”两大主体围绕着知识传授和能力培养而展开的双边活动，它并不像“从桶里往杯子里倒水”那样简单，也不像“浇模型”那样容易，而是一项艰苦而复杂的人才培养工程。在这个人才培养工程中，教师要处理好多种人际关系，其中最基本的也是最重要的是要处理好师生关系。处理好师生关系不仅是教育教学的需要，也是社会对教师职业提出的基本要求。教师在调节师生关系中处于主导地位，起着重要作用，因此要处理好师生关系，首先必须明确其师生关系中的道德规范：热爱学生，尊重学生，了解学生，公正地对待学生，严格要求学生。

3. 教师在教师集体中的道德规范

教育是一项系统工程。现代教育是一种群体协作性很强的职业劳动。教师的劳动既是个体劳动，又是集体劳动。对学生产生教育影响的，不仅仅是教师个体，还有教师群体，它需要教师与教师、教师与学校领导、教师与其他职工之间的真诚合作。因此，教师集体中的道德面貌如何，乃是决定教育是否成功的重要因素。正如著名教育家马卡连柯所说：“教师集体的统一是最有决定性的一件事。”一所学校，如果具备了一个志同道合、充满活力的教师集体，那么办好这所学校就有了最宝贵的精神财富和最可靠的根基。而培养良好的教师集体和道德面貌需要良好的教师品行，良好的教师品行的形成需要道德规范的指导，因此，教师必须明确其在教师集体中的道德规范：尊重同事，团结协作，公平竞争，维护集体荣誉。

4. 教师在自身建设中的道德规范

教师的工作任务是教书育人，教师不仅要用自己的学识去教人，而且要用自己的品质和理想情操去影响人；老师不仅要通过语言去传播知识，更重要的是要用自己的心灵和行为去塑造学生的品格。教师对学生灵魂的塑造，除了在课堂上进行正面的思想品德教育、知识传授外，关键在于以身立教。学生从教师身上，直接受到真理的启迪。学生基本道德信念的形成，以及道德理论的升华，都是在教师的指导和影响下实现的。所以说，教师是“塑造人类灵魂的工程师”。教师职业的这一特点表明，教师对待自身的道德要求比其他的职业道德要求更高。依法执教、爱岗敬业、严谨治学、廉洁从教、为人师表，就是教师严格要求自己的道德标准。

重点提示

教师职业道德是每年国家教师资格考试的必考内容，一般以材料题和选择题的形式出现。学习时必须牢记6条24个字以及每个规范的具体内容，即每个条目下面的内容。学习时要特别注意根据案例去分析和理解每条规范的具体内容。

第三节　教师的资格、权利与义务

一、教师的资格

教师资格是由国家规定的从事教育教学工作的人员应该具备的特定条件和身份，是国家对专门从事教育教学工作人员的最基本要求。它主要问答的问题是：什么样的人可以当教师，什么样的人不可以当教师。它是衡量教师的知识和能力的基本标准。教师资格一经取得，不受地域、时间的限制而具有在全国范围内普遍适用的效力，非依法律规定不得丧失和撤销。为了保证教师的质量，世界上许多国家对教师的资格标准有严格的规定。不少国家建立了教师许可证制度或教师资格证书制度。我国在《教师法》和《教师资格条例》中，也规定了在各级各类学校实行教师资格制度，对教师资格的意义、教师资格分类、教师资格条件、教师资格考试、教师资格认定等作了具体规定。

（一）教师资格的意义

（1）建立教师资格制度，规定教师职业的高标准，有利于吸引优秀人才到教师队伍中来，在全社会形成尊师重教的良好风气，使教师职业具有吸引力。

（2）建立教师资格制度有利于形成“公平、平等、竞争、择优”的教师合格人才选拔机制，保证教师队伍的整体质量，从根本上杜绝不适宜教育教学工作的人执教。

（3）建立教师资格制度有助于提高教师职业的社会地位与声望，也符合使我国教师资格逐步与国际惯例接轨的改革要求，形成教师队伍素质、教育教学质量和报酬待遇之间的良性循环。

（二）教师资格分类

教师资格主要分为：幼儿园教师资格、小学教师资格、初级中等学校教师资格、高级中等学校教师资格、学生实习指导教师资格、高等学校教师资格。

（三）教师资格条件

教师资格的基本条件包括：① 必须是中国公民，② 遵守宪法和法律，③ 热爱教育事业，④ 具有良好的思想品德，⑤ 具有教育教学业务能力，⑥ 具备规定的学历（中学教师必须具备高等师范专科学校或者其他大学专科毕业及以上学历）或者通过国家教师资格考试合格。

受到剥夺政治权利或者故意犯罪受到有期徒刑以上刑事处罚的，不能取得教师资格；已经取得教师资格的，丧失教师资格。

教师资格撤销的几种情况：① 违法乱纪，受到有期徒刑以上刑事处罚的；② 不热爱教育事业，渎职不负责任的；③ 丧失教育教学能力的。

但一名教师是否真正具备从事教师的职业条件，能否正确履行教师角色和义务，根本上还在于教师的专业素养。这主要体现在以下几个方面：

1. 教师的学科专业素养

教师的学科专业素养是教师胜任教学工作的基础性要求，有别于其他专业人员学习同样学科的要求，教师的专业学科素养主要包括以下几个方面：① 精通所教学科的基础性知识与技能，② 了解所教学科相关的知识，③ 了解学科的发展脉络，④ 了解学科领域的思维方式和方法论。

2. 教师的教育专业素养

教师的职责是教书育人，因此，教师不仅要有所教学科的专业素养，还要有教育专业素养。教师的教育专业素养包括以下几个方面：

（1）先进的教育理念。

教育理念是指教师在对教育工作本质理解的基础上形成的关于教育的观念和理性信念。我国教育家叶澜认为，根据教育发展的需要，教师应具有以下现代教育理念：① 新的教育观。符合时代特征的教育观要求教师要对教育功能有全面的认识，要求教师全面理解素质教育。教师应该认识到教育不再仅仅是传授知识和技能，而是充分开发学生的潜能，发展学生的健康个性，让学生生动活泼地全面发展。② 新的学生观。符合时代特征的学生观要求教师全面理解学生的发展，理解学生的全面发展与个性发展、全体发展与个体发展、现实发展与未来发展的关系。只有树立了新的学生观，教师才会以新的眼光看待学生，尊重和信任学生，承认学生的差异性，充分发挥每个学生的潜能。③ 新的教育活动观。教育活动是学校教育的实践方式，是师生学校活动的核心。新的教育活动观强调教育活动的“双边共时性”“灵活结构性”“动态生成性”和“综合渗透性”。教师作为教育活动的策划者和指导者，必须明白教育活动是一个复杂的过程，它具有多方面的特点。因此，教师要创造性地开展教育活动，引导学生积极主动地学习，培养学生自我教育的意识和能力。

（2）良好的教育能力。

教育能力是指教师完成一定的教育教学活动的本领，具体表现为完成一定的教育教学活动的方式、方法和效率。教师的教育能力是教师职业的特殊要求，具体包括：① 加工教学内容，选择教学方法的能力。② 语言表达能力。首先，教师的口头语言应该规范、简洁、明快、生动、准确、合乎逻辑；其次，教师的口头语言要富有感情，具有说服力和感染力；再次，教师的口头语言要富有个性，能够体现一名教师的独特风采；最后，教师不仅要善于独白，更重要的是掌握对话艺术，在对话中鼓励学生发表意见，完整、正确地表达思想，养成活泼开朗的性格。教师的书面语言也必须做到简明、规范、美观、大方。另外，教师的体态语言也要丰富、生动、自然、大方。③ 组织管理能力。教师工作实际上是教师对学生集体进行的，因此教师要组织和培养好学生集体，有效维持班级正常教学秩序和纪律，善于组织学生参加各种集体活动。④ 交往能力。在教育这样一个以人为主的系统中，教师要使学生积极主动地投入到教育活动中去，必须与学生进行对话和交流。师生之间不仅要实现知识的传递，而且要实现情感的交流、精神的沟通、人格的互动，师生正是在这种交往中实现教学相长。教师不仅要与学生交往，而且要与其他教师、学生家长、社会各界人士交往与合作，协调各方面的关系，实现有效教育。

（3）一定的研究能力。

研究能力是综合地、灵活地运用已有的知识进行创造性活动的能力，是对未知事物探索性、发现性的心智、情感主动投入的过程。中学教师，不同于专业的研究人员，其研究能力的培养，主要着重于学科研究能力和教育研究能力两个方面。

3. 教师的人格素养

教师的人格特征是指教师的个性、情绪、健康，以及处理人际关系的品质等。教师的人格特征对学生发展起着推动作用，是素质教育的基础。它主要包括：① 积极乐观的情绪，② 豁达开朗的心胸，③ 坚韧不拔的毅力，④ 广泛的兴趣。

4. 教师的职业道德素质

凡具备专业性的职业都承担着重要的社会责任，教师职业也不例外。教师职业专业化要求教师具有较高的职业道德素质，主要包括：① 忠诚于人民的教育事业，② 热爱学生，③ 团结协作，④ 良好的师德修养（为人师表）。

（四）教师资格考试

不具备《教师法》规定的教师资格学历的公民，申请获得教师资格，必须通过国家教师资格考试。教师资格考试每年进行两次，考试科目、标准和考试大纲由国务院教育行政部门审定。

（五）教师资格认定

符合思想政治道德素质要求，并具备《教师法》规定的教师资格学历条件或者通过国家教师资格考试，并不意味着必然取得教师资格，还必须经法定机构认定，才能取得教师资格。教师资格的认定机构是依据法律规定的负责认定教师资格的行政机构或依法委托的教育机构，其他机构认定的教师资格无效。教师资格认定工作应按规定程序进行。对取得教师资格者，由教育行政部门颁发国务院教育行政部门统一制作的相应的教师资格证书。教师资格证书终身有效、全国通用，具有很高的权威性。

此外，《教师资格条例》对如何取得教师资格还有具体规定和说明。这些规定和说明实际上已经从国家角度对教师应该具备的素质提出了一个最基本的要求，这是当教师应该具备的最起码的条件。不具备这些条件，就没有当教师的资格，就不能成为一名合法的教师。当然，获得了教师资格并不等于就成为一名合格称职的教师，要真正成为一个合格称职的教师，还必须全面提高自我素养，并勇于探索和实践。

重点提示

教师资格的相关内容在“教育法律法规”部分有详细的说明，这里重点要注意理解与记忆教师资格获得的基本条件，特别是关于教师的教育专业素养的规定。这部分内容大多以选择题的形式出现，但有时也会以简答题的形式出现。

二、教师的权利

教师的权利是指教师在教育教学活动中享有的由教育法律赋予的权利。它一般含有以下三个方面的内容：第一，教师实施某种行为的权利；第二，教师要求义务人履行法律义务的权利；第三，当权利受到侵害时，教师有权诉诸法律，要求确认和保护其权利。依据《教师法》第二章第七条的规定，我国教师具有以下基本权利：

（一）教育教学权

教师有权依据国家规定的教育教学要求，“进行教育教学活动，开展教育教学改革和实验”。教书育人是教师的职业特点和根本职责，只要教师没有违反国法、校规，任何人都无权随意剥夺教师从事教育教学工作的权利。

（二）科学研究权

教师在完成规定的教育教学任务的前提下有权“从事科学研究、学术交流、参加专业的学术团体，在学术交流中充分发表意见”。这是教师作为专业技术人员所享有的基本权利之一。这不仅是提高教师业务素质以及整体素质的途径之一，而且有利于教育科学事业的发展。

（三）指导、评价学生权

教师有权“指导学生的学习和发展，评定学生的品行和学业成绩”。这是教师享有的在教育教学过程中居于主导地位的基本权利。这项权利充分肯定了教师在教育教学过程中的主导地位，使教师能在课程计划和课程标准的指导下自主组织教学内容和选择适当的教育教学方法，更好地完成教育教学任务。

（四）获取工资福利权

教师有权“按时、足额获取工资报酬，享受国家规定的福利待遇，以及寒暑假的带薪休假”。这是宪法规定公民享有劳动权、获取劳动报酬权和休息权在教师权利上的具体体现。这项权利直接关系到教师地位的提高，在教师的工资收入及住房、医疗、退休金等福利待遇方面给予根本的保障。

（五）民主管理权

教师有权“对学校教育教学、管理工作和教育行政部门的工作提出意见和建议，通过教职工代表大会或者其他形式，参与学校的民主管理”。这项权利使教师参与学校管理，成为学校的主人，成为管理学校的主体。这项权利有利于调动教师工作的积极性，是将宪法规定的公民的政治权利落到实处的具体反映，是宪法规定的“公民对于任何国家机关和国家工作人员，有提出批评和建议的权利”的具体化。

（六）进修培训权

教师有权“参加进修或者其他方式的培训”。这是教师不断更新知识，提高自己的品德修养和业务素质，保证教育教学质量的需要，也是保障教师参加进修的权利，提高教师队伍整体素质的必要措施。教育行政部门和学校应当采取各种方式，开辟各种渠道，保证教师进修培训权的顺利行使。

历年真题

【9.5】根据《中华人民共和国教师法》的规定，教师最基本的权利是（　　）。

A. 管理学生的权利　　B. 教育教学的权利

C. 学术自由权　　D. 民主管理权

答案解析9.5

三、教师的义务

考点拓展9.2

教师的义务是指教师依照教育法律法规的规定，从事教育教学活动必须履行的责任。其表现为教师在教育教学活动中必须做出一定行为或者不得做出一定行为的法律规范。《教师法》第二章第八条规定教师应履行以下义务：

（一）遵纪守法的义务

《教师法》要求教师“遵守宪法、法律和职业道德，为人师表”。教师不仅是遵守宪法和法律的表率，还应遵守职业道德、为人师表。

（二）教育教学的义务

《教师法》要求教师“贯彻国家的教育方针，遵守规章制度，执行学校的教学计划，履行教师聘约，完成教育教学工作任务”。教育教学工作是教师的本职工作，本条款明确规定了教师在教育教学方面的基本义务。

（三）教书育人的义务

《教师法》要求教师“对学生进行宪法所确定的基本原则的教育和爱国主义、民族团结的教育、法制教育，以及思想品德、文化、科学技术教育，组织、带领学生开展有益的社会活动”。这是对教师从事教育教学工作内容方面的全面规范。

（四）尊重学生人格的义务

《教师法》要求教师“关心、爱护全体学生，尊重学生人格，促进学生在品德、体力、体质等方面全面发展”。人格尊严是公民的一项基本权益。我国《宪法》第三十八条规定："中华人民共和国公民的人格尊严不受侵犯。"由于学生在教育教学活动中处于受教育的地位，他们的人格尊严容易被忽视，因此，《教师法》把尊重学生人格，关心、爱护全体学生，促进学生全面发展规定为教师的义务。要求教师对所有学生都应一视同仁，不能随意讽刺、嘲笑、侮辱、歧视学生，应该创造条件，使学生身心健康发展。

（五）保护学生合法权益的义务

《教师法》要求教师"制止有害于学生的行为或者其他侵犯学生合法权益的行为，批评和抵制有害于学生健康成长的现象"。保护学生合法权益和身心健康成长，是全社会的共同责任，作为教师自然更负有保护学生合法权益和身心健康成长的义务。教师要经常关心爱护每一个学生，对不恰当的教育学生的方法，甚至摧残虐待学生的现象绝不能等闲视之；对一些不健康的音像、图书、报刊等制品，要坚决予以抵制。

（六）提高业务水平的义务

《教师法》要求教师"不断提高思想政治觉悟和教育教学业务水平"。教师承担着教书育人、培养社会主义事业建设者和接班人、提高民族素质的使命。这就要求教师要不断学习，加强自身修养，提高自己的教育教学业务水平，以适应不断发展的教育教学工作的需要。

答案解析9.6

历年真题

【9.6】课间，小莉正在同学面前大声朗读小娟的日记，被走进教室的小娟发现，小娟找到班主任诉说此事。班主任最恰当的做法是（　　）。

A. 制止小莉这种行为　　B. 批评小娟总是告状

C. 劝说小莉不要声张　　D. 劝说小娟宽容小莉

重点提示

教师的权利与义务是一对孪生姐妹，都是需要重点记忆与理解的内容。教师的权利可以根据"教学—科研—指导—福利—管理"这个逻辑去记忆，教师的义务可以根据教师职业道德的相关内容去理解与记忆。这部分内容一般以选择题的形式出现，偶而会有简答题。

第四节　教师的专业发展

教师职业是一种专门职业，教师是教育教学的专业人员。教师职业的性质决定了教师必须具备特定的专业素养。教师良好专业素养的形成需要一个过程，它是教师在自己专业发展的长河中逐渐养成的。下面我们就教师专业发展的含义、教师专业发展的阶段、教师专业发展的内容、教师专业发展的途径等内容做简单陈述。

一、教师专业发展的含义

教师专业发展是指教师在整个教育职业生涯中，依托专业组织、专门的培养制度和管理制度，通过终身的专业训练，自身的不断努力学习和实践，获得教育专业知识和经验，塑造教师职业道德，形成教育专业技能，实现专业自主发展，从而提高从教素质和能力，成为一个合格的或优秀的教育专业工作者的过程。这个过程是一个持续不断的、逐步提高的过程。其最终目标是达到专业成熟，即成为一个相对优秀的成熟的教育教学专业人员。教师的专业发展包括教师群体的专业发展和教师个体的专业发展。

教师群体的专业发展，是指教师职业不断成熟，逐渐达到专业标准，并获得相应的专业地位的过程。它既是教师专业发展的条件和保障，同时也最终代表着教师职业的专业化。

教师个体的专业发展，是指教师作为专业人员，从专业思想到专业知识、专业能力、专业心理品质等方面由不成熟到比较成熟的发展过程，即由一个专业新手发展成为专家型教师的过程。

这个定义包括以下四层含义。

第一，教师的专业发展是在教育职业生涯中实现的，离开了教育职业生涯，就谈不上教师专业的发展。

第二，教师的专业发展是在专门的专业训练和培养下实现的，这是教师专业发展的外部条件，缺乏这个外部条件，教师的专业发展也是很难实现的。

第三，教师的专业发展是在自身的不断努力学习和实践的基础上实现的，需要教师对专业发展进行自我设计、自我监控、自我完善，发挥自主权。这是教师专业发展的关键。如果缺乏自身的努力，或努力得不够，教师的专业发展也是不可能的。

第四，教师的专业发展既是一种结果，也是一种过程。作为一种结果，它是指教师达到专业成熟的水平。所谓专业成熟，是指教师获得教育专业知识和经验，遵守了教师职业道德，形成了教育专业技能，实现了专业自主，能够独立、出色地完成教育教学任务，做好教育工作。作为一种过程，它是指教师的专业成长或发展是需要教师的不断努力和探寻，经过几个阶段，日积月累，逐步提升，不是一下子就能够实现的。

二、教师专业发展的阶段

教师职业作为一种专业，其专业发展是一个多阶段的连续过程。自20世纪60年代起，国内外学者对此做了大量研究，从不同的研究角度对教师专业发展做了描述和分析，由此产生了多种教师发展阶段论，下面侧重介绍其中两种。

（一）伯林纳的五阶段论

根据美国学者伯林纳的观点，教师的专业发展大致可以分为新手、高级新手、胜任、熟练和专家五个阶段。

1. 新手阶段

实习教师和刚从学校毕业的新教师属于这个阶段。他们所学的知识与教育实践之间有些脱节，对教育工作的看法比较理想化，处理问题时依赖固定的原则和规范，缺乏灵活性。因此，新手们将面临诸多的挑战和现实的冲击。

2. 高级新手阶段

经过一两年的紧张忙乱，新手们已经基本克服了原先的焦虑和无助，逐渐“入门”，并能够较为熟练地应对教育工作中遇到的问题与困难。在这个阶段，教师们能够把过去所学的理论知识与现实中遇到的实际问题联系起来，使现在的教学超越过去的教学。他们能够有意识地分析自己的得失，在成功或失败中获取经验。但他们还不能很好地区分教学情境中的重要信息和无关信息，不能有效地处理课堂中的突发情况，不知该如何树立自己的威信。

3. 胜任阶段

大约经过三至四年，教师逐渐能够胜任各类保育、教育工作。他们的工作重点从应对挫折慢慢转移到教育教学上，而且能够根据学生的需要和心理发展水平来设计、安排和呈现教学内容，并能够掌握教学技巧，应对学生的各种反应，开始形成自己的教学风格。他们的教学行为有明确的目的性，能够区分出教学情境中的重要信息，有效地完成教育教学任务。同时，他们对自己的行为结果表现出更强的责任心，对于成功和失败有着强烈的情绪情感反应。但胜任阶段教师的教学行为还未能达到快速、流畅和灵活的程度。

4. 熟练阶段

大约进入第五年，有一定数量的教师便进入了这个阶段。这时候，他们具备了较强的直觉判断能力。通过在长期的教育实践中积累的经验，他们能够对教育教学情境做出准确的判断和有效的处理。同时，在熟练阶段的教师对教育工作有了进一步探究的兴趣，能够对自己的教育行为进行反思，并尝试一些新的教学内容和教学手段。他们会主动把握各种机会，积极与同事、同行进行交流，从而不断充实、提升自己，努力成为专家型教师。

5. 专家阶段

成为专家型教师，需要时间和经验的不断积累。进入专家阶段，教师拥有娴熟的教学技能、显著的教学效果，能凭借扎实的理论功底和丰富的实践经验来解决问题，做到轻车熟路。他们对教育情境的观察和判断多是直觉性的，对问题的解决能够做到快速、流畅和灵活，属于完全自动化的水平。同时，他们见多识广，能够较好地鼓励、指导别人，并不断地进行批判反思和探索创新，从而实现自我超越。

（二）富勒和布朗的三阶段论

美国的研究者富勒和布朗根据教师在不同时期的关注对象的不同，将教师的成长分为三个阶段：关注生存、关注情境和关注学生。

1. 关注生存阶段

一般而言，刚走上教师岗位的新教师处于关注生存阶段。新教师们首先要适应自己从学生到教师的转变，因而他们最关注下列问题：“学生喜欢我吗?”“同事们如何看我?”“领导是否觉得我干得不错?”“我这样教对不对”……因为新教师要在新环境中生存下来，因而可能会花大量的时间处理各种人际关系，如与学生的关系、与同事的关系、与领导的关系、与家长的关系等。课堂，是新教师生存的基础，因而新教师们会注重如何控制学生，使自己成为一个良好的课堂管理者。

2. 关注情境阶段

当教师能够站稳讲台，处理课堂管理的各种问题时，教师就进入了关注情境阶段。在这个阶段，教师更多地考虑如何提高学生学习成绩，教师如此教师会更注重如何备好一节课、如何讲好一节课的内容、如何使课堂教学效率提高、如何使学生获得更好的成绩等问题。就是说，这个阶段的教师关注的是与教学情境有关的问题。

3. 关注学生阶段

在此阶段，教师发现即使在同一教学情境下，不同的学生会有不同的学习效果。教师们开始关注学生的个别差异，认识到不同发展水平的学生有不同的特点与需要，某些教学材料和方式不一定适合所有学生，应因材施教。教师能否自觉地考虑学生的差异而设计教育教学方案是衡量一个教师是否成长成熟的重要标志之一。

重点提示

要准确理解教师专业发展的内涵以应对辨析题。此外，理解并牢记伯林纳、富勒和布朗的教师专业发展阶段理论，并能够根据实际情况判断某位教师处于哪个发展阶段。此部分内容一般以选择题与简答题的形式进行考核，更多的是选择题。

三、教师专业发展的内容

教师专业发展的内容是教师专业发展的具体体现，是教师专业发展的重要因素。它具体包括教师专业理想、专业知识、专业能力、专业情操、专业人格、专业自我、专业精神等方面的内容。①

（一）专业理想

教师的专业理想是教师对成为一名成熟的教育教学专业工作者的向往与追求，它为教师提供了奋斗的目标，是推动教师专业发展的巨大动力。具有专业理想的教师会对教育教学工作产生强烈的认同感和投入感，愿意终生献身于教育事业。具有专业理想的教师对教学工作抱有强烈的承诺和期待，他们致力于改善教育素质以满足社会对教育专业的期望，努力提高专业才能及专业服务水准，努力维护专业的荣誉和形象。教师专业理想是教师个体发展的精神内涵，也是推动教师专业发展的巨大动力。

（二）专业知识②

教师的专业知识是教师职业区别于其他职业的理论体系与经验系统，是教师从事专业工作必须具备的基本知识。它包括本体性知识、条件性知识、实践性知识和一般文化知识。其中本体性知识，即特定学科及相关知识，是教学活动的基础；条件性知识，即认识教育对象、开展教育活动和研究所需的教育科学知识和技能，如教育原理、心理学、教学论、学习论、班级管理、现代教育技术等；实践性知识，即课堂情境知识、体现教师个人的教学技

---

① 茹宗志，李军靠．教育学教程［M］．西安：西北大学出版社，2006：67.

② 詹瑜．教育学［M］．北京：中国人民大学出版社，2011：99.

巧、教育智慧和教学风格，如导入、强化、提问、课堂管理、沟通与表达、结课等技巧。

（三）专业能力

教师的专业能力即教师的教育教学能力，是教师在教育教学活动中所形成的顺利完成某项任务的能力和本领。教师的专业能力是教师综合素质最突出的外在表现，也是评价教师专业性的核心因素，它包括教学技巧和教学能力两个方面。教学技巧是通过长期多次的训练和练习，达到精熟化、自动化的教学技能。它包括导课技巧、提问技巧、板书技巧、沟通技巧、运用教学手段的技巧、结课的技巧等。教学能力，是指教师胜利完成教学任务所必须掌握和具备的教学本领和能力。它包括教材加工能力、语言表达能力、实验操作能力、交往能力、组织管理能力、课程开发与创新能力、自我调控能力、教育科研能力及运用现代教育技术手段的能力等。

（四）专业情操

教师的专业情操是教师对教育教学工作带有理智性的价值评价的情感体验，它是构成教育价值观的基础，是构成优秀教师个性的重要因素，也是教师专业情操发展成熟的标志。教师的专业情操包括理智的情操和道德的情操。理智的情操，即由于对教育功能和作用的深刻认识而产生的教育情感、光荣感与自豪感；道德的情操，即由于对教师职业道德规范的认同而产生的责任感和义务感。

（五）专业人格

教师的专业人格是教师在专业工作的过程中所应具备的道德品质方面的修养和人格特征。它包括诚实正直、善良宽容、公正严格、积极乐观、对人热情、豁达开朗、坚忍不拔、广泛的兴趣等。诚实正直是做人的根本，善良宽容是对学生的关爱，公正严格是出于教师的责任；积极乐观、对人热情、豁达开朗、坚忍不拔、广泛的兴趣是教师的个性、情绪、健康以及处理人际关系所必须具备的品质，它们对学生的发展起着推动作用，是素质教育的基础。学高为师，身正为范，才能赢得学生的信任和尊重，使学生心悦诚服，在潜移默化中影响学生的成长。

（六）专业自我

教师的专业自我是教师在职业生活中创造并体现符合自己志趣、能力与个性的独特的教育教学活动方式以及个体自身在职业生活中形成的知识、观念、价值体系与教学风格的总和。它具体包括：① 自我意象。这是对“作为一个教师，我是谁?”问题的回答，可从一般的自我描述中推断出来。② 自我尊重，与自我意象紧密交织在一起，是一种“评价性”的自我体验，即教师对自身的专业行为和素质做出的个人评价。③ 工作动机，是促使人们进入教学职业、留在教学工作岗位的动机。④ 工作满意感，是指教师对他们工作境况的满意度。⑤ 任务知觉，是指教师对工作内容的理解。⑥ 未来前景，是教师对其职业生涯、工作境况、未来发展的期望。教师的专业自我的形成过程，是教师教育教学素质不断提高的过程，是教师职业生活个性化的过程，也是良好教师形象形成的过程。一旦专业自我形成，它不仅影响教师的工作态度和教育行为方式，还直接影响着教育教学的效果。

（七）专业精神

教师的专业精神是教师在专业职业生涯中所表现出来的顽强的毅力、克服困难的信心、决心及耐心，是教师战胜困难的内在动力。它是构成优秀教师或成熟教师个性的重要因素。

四、教师专业发展的途径

教师专业发展的途径主要包括职前教师教育、入职培训、在职学习、以评价促发展和教师的自主发展。①

（一）职前教师教育

职前教师教育阶段是师范生进行专业准备与学习，初步形成教师职业所需要的知识与能力的关键时期，是教师个体专业化发展的起始和奠基阶段。职前教师教育的质量直接决定了新教师的质量，并影响着教师今后发展的可能性。因此，当今世界许多国家都十分重视职前教师教育的质量提升问题，试图通过改革来提高职前教师教育的专业化水平，努力以职前教师教育的专业化去促进教师的专业发展。当前我国职前教师教育也面临着重大改革，许多师范院校、教师教育机构试图在以下几个方面寻求突破：①构建科学的教师教育课程体系；②整合课程内容；③强化教育实践环节，延长教育实习时间。我们相信，随着我国职前教师教育改革的不断深化，我国职前教师教育水平会大幅提升。

（二）入职培训

在刚刚踏上教学工作岗位的前几年，教师都会面临角色的适应问题。为了让新教师尽快进入角色，新教师的任职学校应当采取及时有效的支持性、帮助性措施，如有些学校采取“以师带徒”的方式帮助新教师掌握教学技巧，实现所学知识与实践的融合。有的学校采用集中培训的方式对新教师进行岗前培训，培训时间长短不一，培训的主要内容是教师应具备的思想素质及具体的教学指导。有的学校在新教师中以研究问题的方式实施岗前培训，使新教师在联系中小学教育实际问题时、在研究解决问题的过程中提高素质和能力。总之，通过训练，使新教师在思想上和业务上尽快适应教育教学工作的需要，从而缩短从一名合格的毕业生成长为一名合格的教师的周期，以加快教师专业成熟的速度。

（三）在职学习

教师专业发展的阶段性表明，教师在整个任职期间应该接受继续教育，以扩大和提高专业知识及教育能力，但这并不是在职学习唯一的目的。现代社会的急剧变化，要求教师能够理解新的形势，从容迎接新的挑战。教育改革的日益频繁，要求教师热情地支持、积极地参与，没有教师的支持和参与，改革难以成功；新教师需求的减少，

---

① 茹宗志，李军靠．教育学教程［M］．西安：西北大学出版社，2006：69.

限制了新思想的来源，因此，需要不断地向教师队伍注入新的思想活力。这些都是支持教师在职学习的重要理由。教师在职学习的范围十分广阔，主要包括：①与工作结合的活动，即在工作过程中进行的活动，如课堂教学观摩、校本教研等；②与工作有关的活动，即与工作有关但不发生在正在进行的工作中的活动，如课外的相互研讨、进修，这些活动是一种专业活动，服从于专业发展的需要；③还有一些活动服务于教师个体发展的需要，如对教师进行电脑培训等。

（四）以评价促发展

教师评价是一个对教师工作表现做出价值判断以促进其专业发展的连续过程，是教师专业成长与发展的一部分。通过评价，让教师了解自己教学工作的优点、缺点和专业发展中所欠缺的能力，促使教师的自我进修和自我专业发展。一般来说，教师评价有两个目的：①形成性目的，即以促进教师发展为目的，通过评价使教师认识自己在教学中的优缺点和需求，促进教师改进教学和专业发展；②总结性目的，即把评价结果作为教师晋升和聘任的主要依据。学校应重视形成性评价，强调教师在评价中的主体地位，允许教师民主地参与评价，并注重教师的自评和互评，引导教师将自我发展的目标与评价目标相结合，帮助教师建立理想的教育目标，提高教学质量，不断追求专业发展。

（五）教师的自主发展

教师的自主发展是指在没有外在行政命令和群体意识影响的前提下，教师凭借自身内在的发展意识和动力，通过自我设计、自我实践、自我监控、自我评价、自我反思、自我调节、自我教育等措施，以充实生活、丰富体验、拓宽文化底蕴，从而达到自我专业发展和自我更新的目的。教师本身的自主实践活动是教师专业成长的根本动力，因为它源于教师对自我角色的愿望、需要以及实践和追求，是推动教师专业成长的直接与现实力量，在教师专业成长过程中具有关键作用。可以说，自主发展有助于教师成为专业成长的主人，有助于教师将自己的专业发展过程作为反思的对象，也有助于塑造现代教师新形象。因此，学校在教师专业发展中，要想方设法努力提升教师专业自主发展的内驱力，大力倡导教师个人生活实践的体验和感悟，强调教师自我反思的系统化、经常化，并鼓励教师之间的交流与合作，以充分发挥自主发展在教师成长中的作用。

答案解析9.7

历年真题

【9.7】学校聘请专家来做教育理论报告，李老师拒绝参加，他说："学那些理论没有用，把自己的课上好才是老师的看家本领。"李老师的说法（　　）。

A. 是错的，教师应该不断提高理论素养

B. 是对的，能把课上好就是优秀的中学教师

C. 是错的，教师应该把自我提升作为首要目标

D. 是对的，教育理论报告对实践教学没有帮助

考点拓展9.3

重点提示

牢记教师专业发展的七大内容，并能根据现实情境做出准确判断。熟悉促进教师专业成长的五种路径，同时能够根据实际情况分析判断某位教师采取的是什么路径。这部分内容一般以选择题的形式进行考核。

本章小结

教师职业的形成、发展与学校教育的产生及其功能变化密切相关。随着学校教育越来越成为提升国家综合竞争力的主要途径，如何提高教师的专业化程度、提升教育质量，也成为世界许多国家和地区普遍关注的问题。一名合格的中学教师应该具有科学的教育理念，严格遵守职业道德规范，拥有相应的专业能力。同时，要明确自己的权利与义务，在不同的发展阶段努力使自己得到相应的发展，进而成为一名优秀的受学生欢迎的中学教师。

本章要点回顾

- 中学教师
  - 教师的职业理念
    - 教育观：以生为本，全面发展，素质教育，终身学习，教育民主化
    - 学生观：学生的本质属性，学生的基本权利，育人为本
    - 教师观：教师的任务，教师职业的作用与地位，教师的角色
  - 教师的职业道德
    - 教师职业劳动的特殊性与特点：特殊性：目的、对象手段；特点：复杂性、创造性、长期性和间接性、主体性和示范性、连续性和广延性、个体性和集体性、艺术性
    - 教师职业道德规范：爱国守法，爱岗敬业，关爱学生，教书育人，为人师表，终身学习
  - 教师的资格、权利与义务
    - 教师的资格：教师资格的意义，教师资格分类，教师资格条件，教师资格考试，教师资格认定
    - 教师的权利：教育教学权，科学研究权，指导、评价学生权，获取工资福利权，民主管理权，进修培训权
    - 教师的义务：遵纪守法的义务，教育教学的义务，教书育人的义务，尊重学生人格的义务，保护学生合法权益的义务，提高业务水平的义务
  - 教师的专业发展
    - 教师专业发展的含义
    - 教师专业发展的阶段：新手、高级新手、胜任、熟练、专家；关注生存、关注情境、关注学生
    - 教师专业发展的内容：专业理想，专业知识，专业能力，专业情操，专业人格，专业自我，专业精神
    - 教师专业发展的途径：职前教师教育，入职培训，在职学习，以评价促发展，教师的自主发展

第十章

班主任与班级管理

☞ 学习完本章，应该做到：

◎ 准确识记与理解班级与班集体的概念和特点，知道班集体建设的阶段与内容；
◎ 熟记良好班集体的标准，并能对班集体建设的现实进行评价；
◎ 了解中学班主任的工作内容以及班主任的基本素养；
◎ 熟记班级管理的功能、目标、内容；
◎ 知道并理解班级管理目标的制定依据与原则，了解班级管理的资源；
◎ 熟记学生评语的写作要求，并能根据学生的个性撰写学生评语；
◎ 知道课堂管理的类型与影响因素，了解课堂气氛与课堂纪律的类型；
◎ 了解课堂问题行为的性质、产生原因与处理技术，熟练运用偶发事件的处理方法。

☞ 学习本章时，重点内容为：

班集体建设的阶段与良好班集体的标准，以及对班主任工作的评价；利用班级管理资源对班级进行有效的管理，特别要求掌握学生评语的撰写；明确课堂管理、课堂气氛、课堂纪律、课堂问题行为、课堂偶发事件等概念；课堂问题行为与课堂偶发事件的处理方法等。

☞ 学习本章时，具体方法为：

本章由班集体与班主任、班级管理和课堂管理三小节组成。“班集体与班主任”一节的学习可以根据“班集体是什么—班集体如何形成—怎样的班集体才算良好的班集体—谁来建设”这个思路进行学习。“班级管理”一节则可根据班级管理的“目标—内容—资源”展开，特别注意班主任撰写学生评语技能的养成。“课堂管理”一节要特别注意课堂问题与课堂偶发事件的处理方法的识记与运用，强调运用能力的养成。

【引子】

“严”与“爱”同行

班里有个男同学聪明但成绩不好，连续三次没完成数学作业。

第一次：借口是忘了带。我就找他到教室走廊上进行提示。

师：“作业放家里了？我打电话让你父母送过来。”

生：“老师，不用了。他们没空。”（眼神闪烁，作业没做）

师：“下次一定记得带！”

生：“知道，老师！”（眼神喜悦，得意过关）

师：“语文老师还经常表扬你，说你语文作业做得很好，是个认真有责任心的孩子，我们都相信你！”（学生脸色透红，心生愧疚）

我的意图是让他知道，老师们是相信他的，他不能让老师失望。

第二次：借口是做了，但不见了。我就督促他把作业重新做一次，依然没有批评他。

师："做作业，是为了巩固知识，检验学习的成果，对不对？"

生："对。"

师："所以作业要交给老师批改，才能发现问题，再解决，是不是？"

生："是。"

师："那既然做过一次了，再做一次有问题吗？"（他不愿承认错误，他就一定不会拒绝）

生："没问题。"

我的意图是让他意识到作业的重要性。

第三次：借口是被别人撕坏了。第三次"再犯"，便是批评和教育。

师："第一次没带，老师是怎么对你的？"（指责的语气）

生："谅解！"

师："是的，因为我相信你是个好孩子。人都有忘记事情的时候，以后记住就行了。第二次作业是不见了，老师又是怎么对你的？"（有点生气的语气）

生："让我重新做了一次。"

师："那第三次，怎么说呢？"

生："老师，对不起！"

师："学习是为你自己。只是一次又一次地犯错，伤害了爱着你的父母，辜负了关心相信你的老师！"（语重心长的语气）

（这名男生流泪了。）

师："男子汉大丈夫，要有所为有所不为。为了自己的梦想，做一个有担当有责任的人，一个不负责任的人是让人瞧不起的。"（和蔼可亲的语气）

生："老师，我一定不会让您失望！"

我的意图是利用语气变化，让他感觉老师的批评是为他好，再用激励性的语言让他崛起！

后来这位男同学都能按时完成作业，成绩也不断地提高。①

学生不做作业或没有完成应该做的作业，这是极为常见的事情。班主任应该如何应对？这是一个很现实的问题。上文作者舒卿老师充满爱意又不失严厉的处理方式，终于使"这位男同学都能按时完成作业，成绩也不断地提高"。那么，班主任应该具备哪些素质？班级管理应该管什么？如何有效地进行管理？这一章试图对这些问题进行简要的阐述。

① 舒卿．班主任班级管理案例分析——"严"与"爱"同行［J］．当代教育实践与教学研究（电子刊），2017（1）：361．节选时略有修改。

第一节　班集体与班主任

班主任是学校中全面负责一个班级学生的思想、学习、健康和生活等工作的教师。建立一个良好的班集体是班主任的中心工作，因此，首先需要对班集体有一个准确的了解。

一、班集体

（一）特点与功能

班集体是按照班级授课制的培养目标和教育规范组织起来的，以共同学习活动和直接性人际交往为特征的社会心理共同体。

1. 班集体的特点

一个班集体一般具有以下特点：

（1）班集体的组织有一定的强制性，学生只能服从学校的安排，适应与班集体的隶属关系；

（2）班级成员大致处于相仿的发展水平，因为班集体一般是由同年龄的学生所组成的；

（3）教师处于权威地位并有极大的影响力，因为社会赋予了教师管理班级和教育学生的权力；

（4）班级是整个教育系统中的一环，受该系统各层次和各方面的影响。

2. 班集体的功能

（1）满足成员需要。学生需要与他人友好相处、亲密交往，得到肯定和尊重，归属于集体等，班集体是满足这些需要的重要场所。因此，班集体应尽可能开展各种活动以满足成员的种种需要，进而增强成员的集体自豪感和个人自尊心。

（2）提供社会化机会。班集体犹如一个小型社会，学生在班集体中逐渐认识到待人接物应有的态度，懂得尊重别人才会受人尊重。班集体在促进学生社会化中起着重要作用。因此，班集体应鼓励成员在互相尊重的基础上有更多的交往，并确立班级成员共同恪守的道德规范和行为准则。

（3）比较、调节功能。了解自己的能力和性格，了解自己的心理活动是否适当，是个体的一种自然倾向，学生也不例外。班集体恰好能为其成员提供比较和调节的依据，使成员更好地认识自我，进而积极主动地进行自我调节。所以班集体应物色和培养典型的榜样，供学生比较和仿效。①

（二）阶段与内容

1. 班集体的发展阶段

班集体的形成一般分四个阶段：组建阶段、形核阶段、发展阶段和成熟阶段。

---

① 李伯黍，燕国材．教育心理学［M］．上海：华东师范大学出版社，1993：373-378.

（1）组建阶段。这个阶段由于同学之间相互不熟悉，所以一般的任务都由老师发出。即在班主任的指导下开展各种活动，形成一个稳定有序的班级组织，保证教育、教学各项工作的顺利进行。基本任务是使全班同学了解学校和班集体的基本规范与要求，建立班级管理体系，指导班干部开展各项工作等。

（2）形核阶段。形核阶段即形成核心阶段。这个阶段的主要任务是健全班委和团委建设，使两委成为班级的核心力，带动全班同学一起进步。老师应重点注意班干部的培养与使用，让每一个同学都明白自己的权利、责任与义务。

（3）发展阶段。这个阶段的重点是形成良好的班级舆论和健全的规章制度。良好的班级舆论有巨大的力量，对同学们具有引导、制约、矫正的作用。而健全的制度是一种外在的约束力量，当制度内化为每个同学都能自觉遵守的习惯时，班集体就有了一种非常强大的凝聚力。

（4）成熟阶段。这个阶段的主要标志是人际和谐，即师生关系融洽、同学关系和谐，大家为了一个共同的目标一起努力，能够自觉地维护班集体荣誉。

2. 班集体建设的内容

培养和建设良好的班集体是班级管理的核心工作。一般而言，班集体建设主要包括以下几个方面。

（1）建设班干部队伍。在培养和建设良好班级集体的工作中，班主任的一个重要工作就是发现骨干，建设班干部队伍。一方面，班主任要善于发现适合担任班干部的人选，从学生的思想作风、心理状态、学习态度、办事能力、群众关系、主动精神、责任心等方面考查学生；另一方面，要在各项活动中，注意发挥班干部的特长，使他们成为班级的骨干力量。

（2）营造舆论环境。舆论对班集体的建设至关重要，一个良好的班级集体，必定要有正确的舆论。因此营造舆论环境就成为班集体建设的主要内容。班主任需要在班级中通过组织专题讨论会、辩论会，组织报告会和讲座，利用黑板报、墙报等方式，引导学生形成舆论力量，增强自我教育的能力。

（3）形成良好班风。班风对班集体的建设、对班集体内学生的成长都有很大的作用。因此，班主任抓班风要下功夫，既从大处着眼，又从小处着手，使学生形成良好的习惯，班级集体形成良好的风气。

（4）培养集体荣誉感。培养学生的集体荣誉感，就是要培养学生对集体的责任心和为集体尽义务的自觉性。班主任应该为学生创造各种条件，引导和鼓励学生自觉维护集体的团结和利益，自觉抵制影响集体的言论和行动。

（5）健全班级组织。班级组织是学生进行自我管理、自我教育的组织形式，是在班级活动中汇集集体的智慧，形成一个集思广益、充分调动多数人积极性的组织形式。健全的班级组织能够按班级目标自动运转，在组织和活动的实施中，能够井然有序、活而不乱，发挥积极的作用。

（6）制定规章制度。要使班级成为协调的、团结一致的、行为有规范的集体，就必须使班级中的每个学生共同遵守办事和行动的准则，必须有各种明确的约束规定。因此，制定规章制度就成为班集体建设的一个主要方面。有了制度才能保证学生行动一致，不会偏离或各行其是，集体活动才能井然有序，班主任管理才有依据。

答案解析10.1

历年真题

【10.1】班主任工作的中心环节是（　　）。

A. 组织和培养班集体　　B. 建立学生档案

C. 了解学生　　D. 操行评定

（三）良好班集体的标志

良好班集体的标志既是衡量班级发展水平的标尺，又是班主任工作积极努力的奋斗目标。一般而论，良好班集体的标志如下：

1. 目标明确

良好的班集体必须具有明确的奋斗目标，以及由此产生的共同行动。班级成员都具有对班级目标的认同感，对班级组织活动的参与感，个体之间有公平感、公正感，同学之间能互相帮助、互相关心、互相督促。

2. 组织健全

有健全的组织机构，有威信较高的领导核心和一定数量的班级活动积极分子。在班委会与小组、班委会与团支部、班委会与学校上级、班委会与班级之间都表现出一种和谐的关系。

3. 制度完善

严格而完善的规章制度，能使班集体成员行为有序化和规范化，有助于形成良好的行为习惯，如班规、岗位职责制度、学习管理制度等。

4. 舆论健康和班风良好

健康的舆论和良好的班风既是巩固集体的精神力量，对集体是一种“凝聚剂”，又是学生自我教育的重要方式，它对每个成员都有熏陶、感染、约束和教育作用。

5. 关系和谐

师生关系融洽，同学之间能互相理解、互相体谅、互相帮助，形成良好的人际关系。

答案解析10.2

历年真题

【10.2】简述班主任培养班集体的主要方法。

重点提示

班集体是一个特殊的社会心理共同体，具有其特定的功能，形成一般分四个阶段：组建阶段、形核阶段、发展阶段和成熟阶段，不同的阶段有不同的建设内容。良好的班集体具有下列特征：目标明确、组织健全、制度完善、舆论健康、班风良好、关系和谐。学习时可根据“特点—阶段—内容—标准”的逻辑去记忆。要求熟记四个阶段、建设内容，特别是良好班集体的标志。本节内容一般以选择题和简答题的形式出现，应特别注意简答题。

二、班主任

班主任是班集体的组织者、指导者、教育者，对班级工作负总责。那么，具体而言，班主任的基本职责有哪些？班主任应该具备怎样的素养？下面进行简要的介绍。

（一）班主任的基本职责

2009 年教育部颁布的《中小学班主任工作规定》第三章中规定了班主任的职责与任务，有如下几个方面。

（1）全面了解班级内每一个学生，深入分析学生思想、心理、学习、生活状况。关心爱护全体学生，平等对待每一个学生，尊重学生人格。采取多种方式与学生沟通，有针对性地进行思想道德教育，促进学生德、智、体、美全面发展。

（2）认真做好班级的日常管理工作，维护班级良好秩序，培养学生的规则意识、责任意识和集体荣誉感，营造民主和谐、团结互助、健康向上的集体氛围。指导班委会和团队工作。

（3）组织、指导开展班会、团队会（日）、文体娱乐、社会实践、春（秋）游等形式多样的班级活动，注重调动学生的积极性和主动性，并做好安全防护工作。

（4）组织做好学生的综合素质评价工作，指导学生认真记载成长记录，实事求是地评定学生操行，向学校提出奖惩建议。

（5）经常与任课教师和其他教职员工沟通，主动与学生家长、学生所在社区联系，努力形成教育合力。

（二）班主任的素养

新时期的班主任的职业素养一般包括思想道德素养、业务素养、心理素养、人际关系素养和形象素养五个方面。

1. 思想道德素养

班主任的思想道德素养主要包括以下几个方面。

（1）坚定的理想和信念，正确的政治方向，较高的理论修养和高尚的道德品质。作为国家教育事业的工作者，班主任要具有科学正确的世界观、人生观和价值观，只有这样，学生才有可能获得正确的指导。

（2）热爱教育事业，热爱学生。爱教育、爱学生应该是班主任的天然素养。因为只有热爱学生的班主任，才会对他们抱有较高的期望，才会爱护和鼓励学生，使学生也能以一种积极的态度回报教师，从而获得教育中的成功。

（3）以身作则，为人师表。班主任的表率作用对学生的成长有着特殊的影响。由于所面对的是处于成长过程中的学生，班主任往往被其视为模仿的对象，因此，班主任必须处处以身作则、严于律己，发挥自己以身立教的示范作用。

2. 业务素养

班主任的业务素养主要指两个方面：一是知识素养，二是能力素养。

（1）知识素养。第一，要掌握系统、全面、扎实的专业知识；第二，应当广泛涉猎心理学、管理学、社会学、美学、人才学、创新学等相关学科知识。

（2）能力素养。班主任的能力具体是指教育能力、研究能力和管理能力。所谓教育能力是指有效地传授知识、技能，发展学生智能的能力。研究能力是指班主任发现问题、分析问题和解决问题的能力。管理能力包括组织实施能力、计划和设计能力、常规管理能力、思想工作能力等。

3. 心理素养

现代教育对班主任的心理素养要求越来越高，主要包括以下方面内容。

（1）稳定的情绪。一般来说，具有乐观而稳定的情绪的人更善于避免各种消极因素的影响，善于摆脱情感的困境。而如果不善于控制自己的情绪，缺乏情绪反应能力，则难以成为一名优秀的班主任。

（2）良好的性格。性格良好的教师，最大的特点在于自我控制力强，经过理智的控制，使个人的行为、需求、情感获得恰当的表达，避免不加节制的冲动。

（3）坚强的意志。坚强的意志就是在困难与挫折面前自觉地调节、支配自己的行动以战胜困难的自制力。一名班主任需要有坚强的职业意志。

4. 人际关系素养

班主任要处理好与学生、同事、领导和家长的关系。

（1）与学生的关系。师生关系是班主任工作的主要人际关系。一般来说，师生关系有以下几种类型：民主型、慈爱型、管理型、专制型、放任型。毋庸置疑，民主型的师生关系最和谐，最能有效实现教育目标，这种关系往往表现为学生对教师敬佩、亲近、信服，容易接受教育，也敢于发表自己的观点和流露自己的情感，自尊、活跃，有一定的独立创造精神。

（2）与同事的关系。处理好同事之间的关系，不仅有助于合作学习、分享经验，同时也有助于加强教师的职业情感和专业意识。尤其是班主任，要使班级健康发展，处理协调好与任课教师的关系相当重要。处理好与同事的关系，要遵循互尊、互补、互助、互动的原则，要克服自傲与嫉妒的心态，主动向同事学习，并将自己的经验拿出来与大家一起讨论分享，在互动过程中建立起一个学习型的团体。

（3）与领导的关系。班主任与领导的关系，是干群关系，也是上下级关系，正确地处理好这一关系，不仅有利于上下沟通、工作协调、提高教学质量，而且对班主任的自身发展也会产生有利的影响。班主任与领导的关系有以下几种类型：尊重型、协调型、服从型、参谋型、冲突型。尊重型领导关系是最有效和谐的领导关系，表现为班主任对领导尊重、信服、拥戴等特征，但作为被领导者的班主任，不能要求所有领导都德高望重，作为被领导者要有被领导的艺术。

（4）与家长的关系。家长是学生的第一任老师，对于学生的品德和学习的进步具有很大的影响，因此，做好教育工作，班主任就必须与家长配合，形成教育合力，共同承担培养下一代的责任。与家长交往要遵循主动、尊重与及时的原则。

5. 形象素养

班主任作为学校的公众人物，其外在形象素养不仅是其内在良好修养的体现，还对学生有着极大的示范性。因此，班主任要重视自己的外在风貌，将良好的形象展现给学生。

（1）身体素养。良好的身体素质是班主任的必备素质。对班主任身体素养的要求有：一是体质健康，即具有一个健康的体魄和较强的抵御传染病的能力；二是精力充沛，即在处理教育教学和班级各方面工作的时候都要充满活力、思维敏捷，展示在学生面前的是一个积极活跃的形象；三是反应敏锐，即班主任要适应瞬息万变的环境，并及时捕捉外界信息并迅速做出反应。

（2）仪表素养。首先，班主任要注意衣着打扮，既要大方得体，又要避免呆板和死气沉沉；既要朴素端庄，又要富有变化。其次，要讲究个人卫生，不仅要整体整洁干净，还要在细节上下功夫，如不留长指甲，保持牙齿洁白、无口臭，女教师不用过浓的香水，男教师不留长发和蓄胡子等。再次，要形成适合自己的装扮风格，服饰不仅要适合自己的体形、年龄，还要适合自己的性格，甚至要适合自己的教育对象。最后，要注意举止风度，做到举止庄重大方，谈吐文雅、富有表情，神态自然，待人亲切和蔼。

（3）谈吐素养。语言是班主任用以教育学生不可缺少的工具，而如何使用这个工具，直接关系到教育的效果。文雅而富有情趣的谈吐，不仅能取得学生的信任与尊重，增强班主任的教育影响力，而且有利于净化学生的心灵。

（4）教态素养。班主任的教态包括班主任在学生面前的体态、姿势、表情、手势等方面，班主任不仅要灵活运用口头语言，也要得当使用身体语言，不仅能增强语言的表达效果，还能真实地反映教师的气质和人格。

重点提示

班主任工作的内容可以根据“了解学生—日常管理—开展活动—素质评价—沟通协调”这五个关键词去记忆。班主任素养包括思想道德素养、业务素养、心理素养、人际关系素养和形象素养五个方面。学习时要注意理清它们之间的逻辑关系。

第二节　班级管理

班级组织是教育发展到一定阶段的产物。最早正式使用“班级”一词的是文艺复兴时期著名教育家埃拉斯莫斯。随后，夸美纽斯总结了前人和自己的实践经验，并在其代表作《大教学论》中对班级组织进行了论证，阐述了班级管理的优势，奠定了班级组织的理论基础。

一、班级与班级管理

（一）班级及其特点

班级是学校按照教育培养目标，把年龄特征和文化程度相近的学生组合起来，分成不同的级别，再分成具有一定人数的班，以便进行教育、教学和管理的组织。班级是学校教育结构系统中的最基本的群体单位，也是促进学生实现个体社会化的最基本的社会单位。班级具有以下特点。

1. 班级是学校最基本的组成单位

学校组织一般由校长室、教务处、总务处、德育室、科研处、年级组、班级等组成。班级是学校的基本教学单位，也是学校行政管理的最基层组织。班级把一些所学知识相同、年龄相同的学生放在一起集体学习，这不仅提高了学校教育资源的利用率，也有利于管理。

2. 班级的编排遵循一定的规律

首先，根据学生的年龄特征和知识水准所达到的阶段，将其分级，即划分成年级，以便于集中授课，提高教学效果和效率。其次，对已划分成同一年级的学生，还要考虑到教学设施、教学方法、教学效果、课程设置、教师水平、学生特点及学生管理等诸多因素，所以又有必要将学生按一定的数量标准和构成标准再进行组合编班，从而划分出了班级这一学生集体。

3. 班级具有学习性

对于班级中的学生而言，首要的属性是“学习者”，其基本任务是学习。学生的学习是为将来进入社会生活做准备的“奠基性学习”。学生学习的内容既有社会为其安排好的，如教学科目的显性课程，也有如班级组织中的各种规范、角色、人际关系等的隐性课程。我们所讲的构成班级要素的课程主要是指显性课程。

4. 班级具有不成熟性

班级区别于其他社会组织的一个重要之处在于它是非成人组织。作为班级组织主体的学生正处于身心发展的过程之中，尽管这一发展的水平因学生的年龄而异，但就其整体相对于成人来说，学生是社会成员中的未成熟者。因此，班级成员不可能进行完全的自我管理，必须在一定程度上依靠成人的力量。

5. 班级具有教育性

班级的教育性是在任何发展阶段都具有的特点。班级的教育性不仅表现在对学生社会化方面，而且也表现在促进学生个性化方面。社会化不是以牺牲自我发展、自我表现为代价的。强调班级能够促进学习的个性化，就是要使人们充分认识到学校培养的不是社会机器，而应是全面发展的、具有个性的“充分、自由、和谐发展”的人，这是教育的根本目标。

6. 班级具有社会性

人的活动的首要特征是社会性，无论活动指向客观对象（如使用劳动工具），还是指向个人或集体（如人际交往），都不能脱离人的社会生活和社会关系。班级中的活动既反映着社会对受教育者的培养要求，又反映着社会环境的渗透和影响，只不过前者带有更多的自觉性，后者带有更多的自发性而已。在班级的活动中，学生要和教师、同学这些群体中的成员打交道，这都构成了学生们的社会关系。

（二）班级管理及功能

班级管理是指班级教育管理者带领班级学生按照班级管理规律的要求，为了更好地实现教育教学目标和班级工作目标而进行的一系列的活动。班级管理既不能狭义地理解为在班级活动中的管理，也不能狭义地认为不是集体活动就不存在班级管理，而是应该理解为以班级作为一种组织形式和载体对学生进行的全面管理，无论学生是在班级活动或是在自发形成的小组活动中。管理的主体是班主任、任课教师和全体学生。班级管理具有如下功能。

1. 社会化功能

人的社会化是指社会将一个“生物人”教化成为一个“社会人”，使其取得社会成员资格的过程。教育的基本职能是实现人的社会化。班级管理的社会化功能主要表现为三个方面：

（1）提高学生的“做事”能力。学生在班集体里通过学习和掌握系统的科学文化知识、技能，提高认识世界和改造世界的能力，亦即提高学生的“做事”能力。

（2）让学生学习“做人”之道。学生通过班集体的共同活动及生活中所处的各种关系，学习和内化社会规范，积累社会生活经验，学习“做人”之道。

（3）为学生做一个合格公民奠定基础。学生通过班集体中规范化的组织机构，扮演各种社会角色，培养公民品质，为做一个合格公民奠定基础。

2. 选择功能

青少年学生在进入社会之前，在班级教育过程中，教师担负着职业指导的任务，要帮助学生选择今后的专业方向。随着改革开放的深入和经济迅速发展，青少年选择职业的门路日益加宽。在班级工作中发挥主导作用的班主任，要全面深入分析每位学生的能力、爱好、特长、个性倾向。同时，在班级教育中，应重视培养学生对社会变革和职业变动的适应能力。简而言之，班级选择功能是在当前多元价值的条件下，为学生在多重社会角色和不同的职业结构中，选择较为合适的社会角色和职业。

3. 个性化功能

所谓个性化，是把自己本身的存在看成是个人的，并进而追求与其他人不同的方式去行动的方向。个性化方面的构成要素包括自我概念的发展，自尊心和成就动机的发展，行动、认知、智能、兴趣、思想情绪等方面的综合发展。在班级管理过程中，必须努力发现每位学生个性的潜在差异及形成这种差异的条件，进而根据潜在的差异确定可能的塑造方向。

4. 保护功能

社会生活环境和儿童的学习生活环境，直接或间接影响着青少年学生的身心健康。照管儿童是学校所提供的最有形的服务。目前，我国某些学校在片面追求升学率的重压下，忽视班级保护功能的发挥，致使学生体质下降、心理不健康的现象有增无减。在班级管理过程中，应当注意加强营养保健，增加户外活动，创设学习、文体、休息等方面合理调度配置的环境，指导学生心理自我保健，提倡讲究个人卫生和仪表，从而保护青少年学生身心健康地发展。

5. 调整功能

自我概念的形成有三条途径：一是个体通过个人实践活动的结果，二是通过与他人的比照，三是自我反省。教师在班级中的管理方式或教学行为，对教师来说是一种实践活动，实践的结果——班级群体的状态对教师具有反馈的作用，教师据此修正和调整自己的行为。另外，教师实践的对象——学生是具有主动性、独立性的人，学生也以特定的方式在行为上、思想上作用于教师，使教师的行为或认识尽可能满足自己的需要，这也对教师的行为具有调整的作用。师生双方在行为、认识以及需要方面一致性的达成，有利于班级整体功能的发挥，也有利于教师角色的社会化。

重点提示

班级是学校系统中最基本的基层单位，它有五大功能：社会化功能、选择功能、个性化功能、保护功能、调整功能。学习时特别注意识记与理解五大功能，同时注意班级的特点。

二、班级管理目标

班级管理目标既包括班级活动的整体目标、班级活动的职责范围，也包括一定时期内班级管理活动预期达到的目的和预期取得的成果。

（一）班级管理的目标分类

按照管理对象范围，班级管理目标可分为学生质量目标、学生个体目标、学生群体目标和班级集体目标。

1. 学生质量目标

学生质量目标即学生素质目标，是指规定着学生身心素质全面和谐发展质量标准的目标，如文化知识素质、技能技巧素质、认知素质、情感素质、意志素质、自我意识、体质素质、机能素质等。因此，学生质量目标是班级管理的核心目标，具体有两个要求：① 使每个学生都得到发展，②全面培养学生的素质。

2. 学生个体目标

学生个体目标是指规定学生个体发展成具有优良身心素质的目标，如自然知识、社会知识、思维知识等文化科学知识目标，又如思想观、政治观、经济观、道德观、法制观等社会目标，再如爱国感、集体感、责任感、义务感、荣辱感等情感素质目标。

3. 学生群体目标

学生群体目标是指规定学生群体共同发展的目标。一般可以分为外在目标和内在目标、自愿目标和非自愿目标、现实目标和非现实目标、长期目标和短期目标等。比如说外在目标是培养良好的班风班貌；内在目标是培养学生的心灵美，包括思想美、品德美和智力美。

4. 班级集体目标

班级集体目标是指班级集体共同生活活动要达到的标准状态，它是班主任、教师、学生有意识、有计划地努力所获得的结果。它指出了班集体建设的奋斗方向、规定了集体建设的任务，是班集体建设的出发点和归宿，是鼓舞学生建设班集体的力量源泉；也是开展班级活动的依据，是班级学生期望在一定的环境条件下、在科学预测的基础上、在一定时间内，所预想达到的成就、结果或效果。

（二）班级管理目标的制定依据

确定班级管理目标的制定要根据主客观条件，既要符合社会对学校教育的总要求，又要符合学校管理目标的要求；既要符合学生的实际情况，又要考虑到客观的条件。制定班级管理目标的具体依据如下。

1. 社会要求和学校要求

一般而言，国家的教育方针是学校教育的指南，自然也是班级管理的指南。另外，班级管理目标要根据国家与教育相关的法律法规与政策制定，不能与之相冲突。每个学校都有自己的办学理念与办学目标，班级作为学校的基层单位，在确定管理目标时必须与学校的办学目标保持一致。

2. 社会背景和学校的客观条件

历史总是在不断地进步，每个时期对教育的要求也各不相同，因而在制定班级管理目标时要注意与社会发展的步伐相一致。当然，在确定具体的目标时要考虑学校的客观条件的可行性，要在力所能及的范围内制定相应的班级管理目标。

3. 学生情况

班级管理的对象是学生，同时学生也是班级管理的主体。因此，必须对学生的现实情况进行综合全面的分析，准确地了解学生的需求、困惑，进而设计切实可行的班级管理目标，这样才可能使班级管理工作事半功倍。

4. 班级特点

每个班级都是一个独立的存在，学生的组成、经济条件与学生的状况、心理与生理条件等都各不相同，而且任课教师情况也存在差异，班风、班纪、班规互有差异，所以班级管理目标的制定要根据每个班的具体情况制定，不能统一标准。

（三）班级管理目标制定原则

目标是人们的行为预期要达到的结果，目标的制定必须做到主观与客观的和谐统一。制定切实可行的目标，对促进班级管理目标及调动全体学生积极参与班级活动有巨大的推动作用。班级管理目标制定原则主要有以下几点。

1. 确定目标要切合实际

所谓确定目标“切合实际”，就是目标不能定得大而空，不着边际，也不能定得过于容易达到。确定的目标对于每一位学生来说，都应该是通过艰苦努力才能达到的。只有明确而切合实际的目标，并且具有一定的难度，才能激发学生的挑战性，发挥其主观能动性，调动学生参与班级管理的自觉性和积极性。

2. 规定完成目标的时间要合理

具体落实目标，控制整个操作过程的时间分配，是完成目标的关键环节之一。时间分配要与完成目标任务的难易程度相适应。失去时间控制任其发展，工作效率必然很低，再好的目标任务也不能如期完成，更不能激发起学生的进取意识。

3. 评价完成目标的标准要科学

关于评价标准，第一，要统一人们的思想认识，树立正确的人才观，克服只有考上大学才是人才的观念；第二，要多角度、全方位看一个班级在原有水平上提高的幅度；第三，给学生下评语要得当，要全面衡量、综合评价，不能以分数取人。对班级目标管理工作做出科学的评价和准确的判断，学生就会对未来充满信心，增强活力，班级管理目标才会健康有序地向更高层次发展。

重点提示

班级管理目标的制定依据是：社会要求和学校要求、社会背景和学校的客观条件、学生情况、班级特点。可以根据“要求”“条件”“学生”“班级”这几个关键词去理解与记忆。目标制定时要注意：目标要切合实际，完成时间要合理，评价标准要科学，即内容—时间—标准。

三、班级管理的内容与资源

（一）班级管理内容

班级管理的具体内容大约包括：班级目标管理、班级常规管理、班级活动管理、班级德育管理、班级学习管理、班级环境管理、班级心理管理等七个方面内容。

1. 班级目标管理

班级目标管理是指班主任根据班级工作目标进行管理。它要求在一切班级活动开始前，首先要确定目标，班级一切活动的进行要以目标为导向，其目的是通过目标的激励来调动学生的积极性。

2. 班级常规管理

班级常规管理是通过制定和执行规章制度去管理班级的日常性工作。班级常规管理主要包括班级规章制度的制定与学校集体生活的管理两大部分。班级规章制度包括：学生在校学习制度、生活常规制度、课堂纪律评比制度、清洁卫生制度、体育锻炼制度、奖惩制度等。学校集体生活的管理主要包括：校风校纪、环境保护、财务管理、宿舍和食堂管理等。

3. 班级活动管理

班级活动管理的内容主要包括下列几个方面：政治性活动、文体类活动、公益性活动、军事性活动、勤工俭学活动、科技性活动等。

4. 班级德育管理

班级德育管理，是指管理主体为实现学校德育目标而对班级进行的调控活动。基本内容包括：班级德育目标管理、班级德育活动管理、班级德育过程管理、班级德育评价管理。

5. 班级学习管理

学习管理主要对班级中学生的学习方面进行一定的管理。主要内容包括：创设良好的学习氛围，帮助学生掌握扎实的科学文化知识，促进学生全面能力的形成。

6. 班级环境管理

班级环境管理的对象大致可划分为两大部分，即班级内环境管理与班级外环境管理。班级内环境是与班级关系最密切，也是最重要的一部分，内环境管理的好坏直接影响到班级整体效能的发挥。班级外环境是班级生存、发展的重要条件，主要包括其他班级、学校管理部门、教育行政机关、家庭、社区等。

7. 班级心理管理

班级心理管理是指班主任对学生的心理行为问题进行有效的管理。实施班级心理管理应做好：把握学生心理、建立心理档案、提高自身的心理素质。

（二）班级管理的资源

班级管理的资源是指班级管理中可以利用的一切资源，其范围非常广泛，包括人力资源、物力资源、制度资源、心理资源等。

1. 人力资源

班级管理中的人力资源包括班主任、任课教师、学生、学生家长与其他相关人士。班主任是按照学校教育目标的要求，带领班级全体成员，完成班级管理的任务，实现班级目标的管理者、组织者、协调者。任课教师不仅是上课的老师，也是培养人的教育者，是生活的导师和道德教师。因此，任课教师不仅是授课老师，也是班级管理的重要参与者。学生群体自身是重要的教育资源，同样也是班级管理的资源。学生家长是班级管理的重要人力资源，学生家长与班主任的沟通以及对班级管理的重视是建设优秀班级的必不可少的条件。在班级管理中，还应该适当开发社会人力资源。社会教育机构，如青少年宫、文化馆、科学馆、群艺馆、业余体校等，都与学校有着某种程度的关联，其中的相关人员在某种程度上为学校班级管理提供丰富的人力、信息、物质条件，使学生的多种需求和兴趣得到满足，也为学生体验生活、实践生活提供更多机会。

2. 物力资源

物力资源主要包括教室环境、座位安排。教室是孩子学习的主要场所，优美的教室环境有助于培养学生正确的审美观念，陶冶学生的情操，能给学生增添生活与学习的乐趣，消除学习后的疲劳，增强班级的向心力、凝聚力。课堂座位安排合理，能够使学生们产生凝聚感和合作感。

3. 制度资源

制度资源包括班规、日常行为规范、作息制度、学生课堂常规、课间操与眼保健操制度、班级环境管理制度、班级公务管理制度、优秀班集体评选条件、学生评优评先条件等。科学地利用制度资源是班级管理有效运行的基础。

4. 心理资源

心理资源包括班级氛围、师生关系、班级舆论等。

重点提示

班级管理的内容包括：目标管理、常规管理、活动管理、德育管理、学习管理、环境管理、心理管理等。可利用于班级管理的资源有：人力资源、物力资源、制度资源和心理资源。学习时特别注意四大资源的记忆与理解，并能根据材料进行判断某种资源属于哪类资源。

四、学生评语的写作

班主任的工作内容之一是给学生写评语。评语是对学生一段时间或一个学期的各种表现的一种综合评判，目的是促进学生保持优点弥补缺点。具体写作时有以下一些基本要求。

（一）学生评语写作的原则

1. 激励性原则

撰写评语时要善于发现学生的优点、闪光点及其特长和潜能，并给予充分肯定和认可，让学生看到自己的点滴进步，从而增强自信和进取心，以取得更大的进步。

2. 尊重性原则

撰写评语要充分尊重学生的人格，达到师生间情感的融合，避免挫伤学生的自尊，充分调动起他们学习及从事各项活动的积极性。

3. 教育性原则

由于学生年龄较小、心理不成熟、可塑性较大，面对价值取向的多元化往往无所适从，为此，教师要抓住机会，不失时机地进行教育。这一原则在口头评语中尤其应坚持。

4. 期望性原则

期望性评价对学生好学上进、自强自信的心理品质的形成有着重要的作用，它使学生得到了理解和支持，感受到了尊重和信任，有利于树立起实现远大理想的信念。

5. 全面性原则

依据多元评价理论，对学生的评语必须是全面的、公正的，而不能是片面的、狭隘的。只有这样，才能使学生全面清楚地了解自己各方面的表现，感受到教师在各方面对自己的关怀，从而更好地发展自己。这一原则在对学生进行较长时期（如期末）的评价时必须坚持。

6. 个性原则

社会的进步和发展需要多规格的人才。培养多规格的人才，首先要注意发现培养学生的爱好和特长，加以正确指导，使人人具有自己的特点和个性，适应社会各方面的需要。为此，评语撰写就要对学生的特长和爱好给予充分肯定和支持，使学生得到生动、活泼、自由的发展。

（二）学生评语中的语言运用

给学生的评语用字遣词需浅显，应在学生认知能力范围之内，使学生容易理解，最好能使用学生的语言，这样会给枯燥的评价带来活力，拉近与学生的距离。在遣词造句的时候，要维护学生的自尊与自信，避免训话的语气。诸如评价一位学生上课不专心，如果直接写“上课不专心听讲，成绩怎么可能理想”会极大地伤害学生；而如果换成较委婉的语气“当你将注视窗外的眼神转移到课堂上时，老师相信你会取得更大的进步”，效果会好很多。语言是态度的流露，当教师用心写评语时，学生就会感受到教师的诚恳与关切。

不少班主任习惯用“好”字来评价学生，如“××是一个好孩子”“××是一个好学生”，那么他/她究竟好在什么地方呢？可以是学习成绩好、学习习惯好，可以是助人为乐、友爱同学，可以是孝敬父母、尊敬师长，也可以是积极向上。所以一个“好”字并不能表达出全部的意思，教师要慎用这个“好”字。一般来说，标准越固定、越为人接受，“好”所包含的信息就越多。例如，评价学生“身体好”，那基本上就是说这个学生身体健康，很少生病。其他情况，使用“勇敢”“勤奋”“自信”“善良”等词所传达的意思更全面、更贴切。

（三）学生评语范例

【例1】引导学生振作精神的评语

在昔日的时光中，你有成功，也有失败；有丰硕的果实，也有苦涩的泪水……但不管怎样，坚强的你总是昂首面对。你认真、刻苦、虚心、诚实，因此赢得了老师和同学们的一致好评。但有时，你还缺少些恒心，急于求成。“千里之行，始于足下”，希望你能凭着自己的顽强意志，迈好人生的每一步，从不放弃，永不言败。

【例2】鼓励学生不断努力的评语

胜利的果实，永远挂在树梢上，你可要努力往上跳，才能摘到啊！不要等待明天向我们走来，而要让我们走向明天！只有当我们将“等待”改为“开创”时，才能拥有一个真正属于自己的美好的明天！

【例3】为学生解除心理压力的评语

你那原本美丽慧黠的双眸为什么被忧愁遮掩？开朗大方犹如银铃般的笑声什么时候销声匿迹了？你是班级的“种子选手”，为什么轻易地把它让给了别人？记得你曾偷偷地塞给我一个纸条，说你愿意成为我的骄傲。可是现在怎么了？能告诉我吗？老师愿意成为你的知音、你的朋友，老师愿意为你保密。希望你会成为我永远的骄傲。

【例4】劝诫学生克服缺点、弱点的评语

看你的作业认真，字写得漂亮，的确是一种享受，说明你有着认真的态度。老师一直认为上课爱讲话的同学一定不会是你，但为什么又偏偏是你？如果你的课堂表现也能像你的字一样漂亮，那么老师和所有的同学一定会对你另眼相看，那时的你一定是很优秀的！我期待着你以后有更好的表现。

【例5】为学习上的“差生”鼓劲儿的评语

在老师的眼里，你是一个热情奔放、热爱集体的好学生，愿意主动与老师亲近、接触。但每当想起你及格线以下的学习成绩，我的心里总是酸酸的、涩涩的。在新的学期里，你愿意挥动勤奋的双桨，为老师掠去心头的这片阴影吗？“有志者，事竟成”，老师相信你一定会成功的！

【例6】引导学生注意把握学习方法的评语

你是一个友好和善、遵规守纪的学生。尊敬老师，同学关系融洽，热爱班集体。无论在教室、在寝室，你都不是一个捣蛋的学生，可奇怪的是我常常看到你较为忙乱，而作业完成的也不是很好。缺乏计划性、没有学习规律、任务落实不好，这是不是你成绩提高不大的原因？如是，赶快改正，相信你会有进步的！

重点提示

学生评语写作是班主任的常规工作之一。学习的重点是能够根据评语写作的要求撰写学生评语。学习时可以选择不同类型的学生进行实践演练，注意字数控制在200个字左右，内容要涵盖德、智、体各个方面，语言运用要得当，并且有一定的特色。

第三节　课堂管理

课堂管理是指教师为了有效利用时间、创设良好的学习环境、减少不良行为而采取的各种活动和措施。一般包括课堂人际关系管理、课堂环境管理、课堂纪律管理等方面。

一、课堂管理的类型、功能与影响因素

（一）课堂管理的类型

课堂管理的类型大致可以分成放任型、独断型、民主型、情感型和理智型五大类。

1. 放任型

放任型管理的课堂，一般而言教师管理意识淡薄，工作责任心较差，只追求在课堂上把课讲完，至于效果如何则不予过多地考虑，对学生放任自由。如果课堂中出现问题，只要不影响教学也不会关注。学生表面上乐得自在，实际上求知需要得不到满足，往往会导致对教师的不尊重。在放任型管理的课堂上，学生的学习动机与学习热情低，教学效果很差。

2. 独断型

独断型管理的课堂，教师对学生的课堂表现要求严厉，而且这种要求往往只根据教师个人的主观好恶确定，不太考虑学生的实际和教学目标的具体要求。在独断型管理的课堂上，学生的意见得不到充分发表，且学生往往有一种紧张感、压抑感，容易导致课堂管理的形式主义倾向，教学效果一般。

3. 民主型

民主型管理的课堂，教师积极、认真，宽严适度，善于通过恰当的启发与指导，保证课堂管理的有效进行，课堂管理的各种具体措施都会考虑到班级的具体情况，学生对这样的老师既亲又敬。在民主型管理的课堂上，学生学得主动愉快，课堂教学效率高。

4. 情感型

情感型管理的课堂，教师对学生充满爱，教学时语言和表情亲切，并善于发现学生的优点和进步，常常从内心发出对学生的赞扬，学生的学习积极性不断受到激发。教师对学生、学生对老师都具有深厚的感情，这不仅促进了课堂管理，而且对教育教学具有强烈的推动力，能够激发学生的学习兴趣，并有利于培养学生的思想

品质、道德情操。

5. 理智型

理智型管理的课堂，教师对教学目标非常明确具体，对每一个教学过程都安排得科学、严谨、有条不紊，并能采用相宜的教学方法，一环紧扣一环。同时，善于根据学生在学习过程中的各种反馈（表情、态度、问答、练习等）调整教学内容的难易程度，并掌握好教学进程。学生的学习活动完全在教师的把握之中，学生能够认真专注，紧跟教师的思路进行学习，并敬佩自己的教师；课堂气氛显得较为庄重、严肃。

（二）课堂管理的功能

1. 维持功能

维持功能，是指教师通过一定的管理手段，在课堂教学中持久地维持良好的内部环境，保证教学活动的顺利进行。良好的课堂管理会使学生的心理活动始终保持在课业上，以保证教学任务的顺利完成。例如，教师通过建立积极、有效的课堂纪律，再加上合理的组织课堂教学，可以维持学生的注意力和学习兴趣。

2. 促进功能

促进功能，是指教师在课堂里创设对教学起促进作用的组织良好的学习环境，满足课堂内个人和集体的合理需要，激励学生潜能的释放以促进学生的学习。例如，教师创设良好的课堂气氛，学生在宽松愉快而有秩序的课堂气氛中往往注意力集中、精力充沛、思维活跃、思路开阔、情绪稳定，有利于提高学生学习效率。

3. 发展功能

发展功能，是指课堂本身能教给学生一些基本的行为规则与规范，促进学生从他律走向自律，帮助学生获得自我管理能力，使学生走向成熟。

历年真题

答案解析10.3

【10.3】华老师认为课堂管理是教学的一部分，课堂管理本身可以教给学生一些行为准则，使学生从他律走向自律，并逐步走向成熟。这主要说明课堂管理具有哪一项功能？（　　）。

A. 维持功能　　B. 导向功能　　C. 发展功能　　D. 调节功能

（三）课堂管理的影响因素

影响课堂管理的因素众多，一般来说，主要有以下几个方面的因素。

1. 班级规模

一般而言，班级规模越大，课堂管理的难度越大。首先，班级大小会影响成员之间的感情联系；其次，班额越大，学生间的差异越大，课堂管理遇到的阻力也越大；最后，班级的大小会影响师生之间、同学之间的交往模式。

2. 课堂环境

课堂环境包括物理环境与社会环境。前者包括教室环境布置，教室的空间、座位模式，教学设施等；后者包括班级气氛、班风与学风、情感环境与师生关系等。良好的课堂环境有利于提高课堂管理的成效。

4. 学生期望

学生期望包括两个方面：一是学生自己对自己的期望，如果期望高，则益于课堂管理；二是对教师的期望，如果教师的课堂表现达到学生的期望，那么课堂管理就相对容易。

5. 教师品质

如果教师心态乐观、积极向上、热爱学生，思想有高度、专业有深度，充满激情、魅力四射，处理事情果断、公正无私……那么，他/她在学生心目中就是一个“权威”人物，自然地课堂管理也能更有成效。

6. 师生关系

良好的师生关系对课堂管理有积极的作用。良好的师生关系有两个特征：一是学生对教师组织和管理的“权威”地位的接受。教师要赢得学生的尊重，其地位、教学能力、管理能力等必须得到学生的承认。在学生眼里，理想的教师应是能维持秩序但又不过分严厉，公正无偏私，讲课清晰有趣，知识渊博，能给学生以实际的关怀、帮助。二是师生之间的相互尊重。

7. 管理方式

不同的管理方式会导致不同的结果。一般来说，民主型的管理方式更有可能导致良好的结果。

8. 家长

家长是学生的第一任老师，家长的个性特征、教育理念与教育方式、对学校与老师的态度、对子女的期望等都会在一定程度上影响课堂管理的效果。

重点提示

课堂管理大致有放任型、独断型、民主型、情感型和理智型五大类。学习时要理解各种类型的特点，并能根据具体材料进行判断。同时，要牢记影响课堂管理的八大因素。

二、课堂气氛与课堂纪律

（一）课堂气氛

1. 课堂气氛的类型

课堂气氛类型大致可以分为四种类型：积极的、消极的、对抗的和一般型课堂气氛。

（1）积极的课堂气氛。基本表现：师生注意力稳定并集中到教学中，全神贯注甚至入迷；情感积极愉快，情绪饱满，师生感情融洽；学生坚持学习，努力克服困难；确信教师讲课内容的真理性；智力活跃，开动脑筋，从而迸发出创造性；教师的语言生动、有趣、逻辑性强，学生理解和解答问题迅速准确。

（2）消极的课堂气氛。基本表现：学生呆若木鸡，打瞌睡，分心，做小动作；压抑的、不愉快的，无精打采，无动于衷；害怕困难，叫苦连天，设法逃避；对教师讲的东西抱怀疑态度；思维出现惰性，反应迟钝。

（3）对抗的课堂气氛。基本表现：学生注意力指向与课程内容无关的对象，而且常常是故意的；教师为了维持课堂纪律而被迫中断教学过程；学生有意捣乱，敌视教师，讨厌上课；教师不耐烦，乃至发脾气；学生冲动，不信任教师；学生不动脑筋。

（4）一般型课堂气氛。基本表现：介于积极与消极之间；学生的注意力相对集中，有时会分心；情感比较愉快，师生感情一般；面对困难能做则做，不能做则放弃；基本相信教师讲课内容的真理性；思维比较活跃，能够回答教师的大多数问题。

2. 影响课堂气氛的因素

影响课堂气氛的因素纷繁复杂，大致可以分为三个方面：教师、学生和课堂环境。

（1）教师方面的因素。教师是影响课堂气氛的主要因素。教师的个性、情绪状态、对学生的期望、领导方式，甚至是身体素质等，都会对课堂气氛产生不同程度的影响。

（2）学生方面的因素。学生是课堂的主人，学生的学习态度、学习方法、身体状态、心理特征、自我期望、对学习知识的准备、对教师的亲近感等都对课堂气氛产生某种影响。

（3）课堂环境的因素。课堂环境的布置、座位的安排、教材的选择、教师采用的教学方法和手段、校风与班风、班级舆论、管理制度等也是影响课堂气氛的因素之一。

3. 良好课堂气氛的创设

创设良好的课堂气氛主要是教师的责任。在创设良好的课堂气氛时，一般需要考虑以下几个方面的因素。

（1）教师的人格魅力、业务水平、教学风格。教师的人格魅力是第一教育力量。俄国教育家乌申斯基说过："在教育工作中，一切都应以教师的人格为依据，因为，教育力量只能从人格的活的源泉中产生出来，任何规章制度，任何人为的机关，无论想得如何巧妙，都不能代替教育事业中教师人格的作用。"① 所以，教师要不断提升自身的人格、储备合理的知识结构、提高教学业务能力，才能使学生亲其师、信其道、承其志。教师的教学作风对课堂气氛的形成有重要影响。良好的课堂气氛需要教师以民主的教学作风去组织教学活动。这种教学作风，有利于培养学生热爱学习的积极性，挖掘学生的学习潜能；同时，有利于学生参与教学过程。教师对学生参与教学活动应给予更多的认可和赞赏，使学生获得成功的满足感。

（2）良好的师生关系。课堂中的师生关系，直接制约和影响课堂气氛，因此，建立和谐的师生关系是优化课堂气氛的重要条件之一。建立和谐的师生关系要求教师加强师生关系的研究，树立正确的师生观；努力提高教师的综合素质，特别是业务能力，扩大"非权力"影响；了解当代中学生的生理、心理和思想特点；淡化教师作为教育者的角色痕迹；重视师生间的非正式交往和非语言交流等。

（3）课堂教学的组织。在整个教学过程中，包括导课、中间、收尾都需要教师精

---

① 乌申斯基．乌申斯基教育文选［M］．郑文樾，译．北京：人民教育出版社，2007：8.

心设计，力求上课达到三个境界：开头，引人入胜；中间，波澜起伏；收尾，余音不绝。这样的课堂教学组织必然形成严肃而活泼、愉悦而紧张的课堂气氛。

（4）教师的控制。没有控制就没有教学艺术，良好的教学气氛的创设，需要教师进行多方面的控制。教师是创设良好课堂气氛的关键人物。因此，当教师一踏入学校和教室，就要学会自我控制：控制自己的情感、语言、教态和行为，主动创造生动活泼的课堂气氛。除了自我控制外，教师还要智慧地控制偶发事件和对学生学习的焦虑，使课堂紧张而热烈；同时，教师也要保持冷静的头脑，使课堂气氛有张有弛。教师要善于创设成功教育的情境，经常对学生做出肯定性的评价，使学生体验到成功的欢乐。只有这样，才能形成学生学习的适度焦虑。

（二）课堂纪律

课堂纪律，是指为了维持正常的教学秩序，协调学生行为，不干扰教师上课，保证课堂目标的实现，制定的要求学生共同遵守的课堂行为规范。

1. 课堂纪律的类型

课堂纪律大致有四类：教师促成的纪律、集体促成的纪律、任务促成的纪律、自我促成的纪律。

（1）教师促成的纪律。教师促成的纪律，是指在教师帮助指导下形成的班级行为规范。这类纪律在不同年龄阶段所发挥的作用是有所不同的。年龄越小，学生对教师的依赖越强，教师促成的纪律所发挥的作用也越大。随着年龄的增长和自我意识的增强，学生一方面会反对教师的过多限制，另一方面又需要教师对他们的行为提供一定指导和帮助。因此，这类纪律虽然在不同年龄阶段发挥作用的程度不同，但它始终是课堂纪律中的一个重要类型。

（2）集体促成的纪律。集体促成的纪律，是指在集体舆论和集体压力的作用下形成的群体行为规范。从儿童入学开始，同辈人的集体在使儿童社会化方面就开始发挥越来越重要的作用。随着学生年龄的增长，同伴群体对学生个体的影响会越来越大。当一个儿童从对成年人的依赖中逐渐解放出来时，他同时开始对他的同学和同辈人察言观色以便决定应该如何行事、如何思考和如何信仰。

（3）任务促成的纪律。任务促成的纪律，是指某一具体任务对学生行为提出的具体要求。这类纪律在学生的学习过程中占有重要地位。在日常学习过程中，每项学习任务都有它特定的要求，或者说特定的纪律，如课堂讨论、野外观察、制作标本等任务都有各自的纪律要求。任务促成的纪律是以学生对任务的充分理解为前提的，学生对任务的意义理解越深刻，就越能自觉遵守任务的纪律要求，即使遇到困难挫折也不会轻易退却。所以，学生完成任务的过程，就是接受纪律约束的过程。教师如能很好地用学习任务来引导学生，加深学生对任务的理解，不仅可以有效减少课堂纪律问题，还可以大大提高学习效率。

（4）自我促成的纪律。自我促成的纪律，简单说就是自律，它是在个体自觉努力下由外部纪律内化而成的个体内部约束力。自我促成的纪律是课堂纪律管理的最终目的，当一个学生能够自律并客观评价他自己和集体的行为标准时，便意味着能够为新的、更好的集体标准的发展做出贡献；同时，也标志着学生的成熟水平大大提高了一步。

历年真题

【10.4】学生兴趣小组的纪律主要属于（　　）。

A. 教师促成的纪律　　B. 群体促成的纪律

C. 任务促成的纪律　　D. 自我促成的纪律

答案解析10.4

2. 课堂纪律的形成阶段

课堂纪律的形成往往经历一个发展过程。国外学者 B. Churchward 参照柯尔伯格道德发展的阶段理论，把不同年龄儿童的纪律发展水平划分为四个阶段：反抗行为阶段、自我服务行为阶段、人际纪律阶段、自我约束阶段。

考点拓展 10.1—10.2

（1）反抗行为阶段。4～5 岁前的儿童大多属于这个阶段。这一阶段的儿童他们的行为中经常表现出对抗性，拒绝遵循指示与要求；他们很少有自己的规则，但畏惧斥责，可能迎合别人的要求。在学校教育阶段，也有一些学生处于这个阶段，表现为教师盯牢他们时，表现的中规中矩，但教师稍微不注意他们就会失去控制。当教师或父母向儿童展示强力的控制时，儿童的不良行为可以得到有效的约束；反之，就可能不断地表现出不良行为。

（2）自我服务行为阶段。5～7 岁的儿童属于这个阶段。处于这个阶段的学生一般都以自我为中心，关心的是行为后果"对我意味着什么"，是奖励还是惩罚。这个阶段的儿童很少有自我纪律感，而且表现得很不稳定，因而需要教师要对他们进行不断的监督，以避免出现纪律问题。

（3）人际纪律阶段。大多数中学生处于这个阶段。处于人际纪律阶段的学生以建立融洽的同学关系为行为取向，他们做出的行为往往与"我怎样才能取悦你"联系在一起，他们这样做是因为你要求他这样做。他们关心自己在别人心目中的形象，希望别人喜欢自己，如果你要求他们安静下来，他们就会安静下来。处于人际纪律阶段的儿童基本上不需要强力的纪律来约束自己，但需要轻微提示。

（4）自我约束阶段。处于这个阶段的儿童能够明辨是非，理解遵守纪律的意义，并能自觉地约束自己。尽管许多中学生能达到这个水平，但只有一部分能稳定地保持在这一水平。

历年真题

【10.5】某班学生以建立融洽的同学关系为行为取向，以"如何才能让同学喜欢或接纳"为行为准则，该班处于课堂纪律发展的（　　）。

A. 自我服务行为阶段　　B. 人际纪律阶段

C. 自我约束阶段　　D. 反抗行为阶段

答案解析10.5

考点拓展10.3

重点提示

课堂气氛有四种类型：积极的、消极的、对抗的和一般型课堂气氛。影响课堂气氛有教师方面的因素、学生方面的因素和课堂环境的因素。学习时要注意牢记并理解四种课堂气氛类型的特点，并能根据实际情况加以判断。这三个方面的影响因素要能够展开并举例说明。牢记课堂纪律的四种类型（教师促成、集体促成、任务促成、自我促成）和课堂纪律形成的四个阶段，并能依据材料进行准确判断。

三、课堂问题行为与偶发事件处理

（一）课堂问题行为

1. 课堂问题行为及其类型

课堂问题行为，是指发生在课堂上的与课堂行为规范和教学要求不一致并影响正常课堂秩序及教学效率的课堂行为。课堂问题行为一般可以分为外向性和内向性两大类。外向性问题行为主要包括相互争吵、挑衅推撞等攻击性行为，交头接耳、高声喧哗等扰乱秩序的行为，做滑稽表演、口出怪调等故意惹人注意的行为，以及故意顶撞班干部或教师、破坏课堂规则的盲目反抗权威的行为等。内向性问题行为主要表现为在课堂上心不在焉、胡思乱想、做白日梦、发呆等注意力涣散的行为，害怕提问、抑郁孤僻、不与同学交往等退缩行为，胡涂乱写、抄袭作业等不负责任的行为，迟到、早退、逃学等抗拒行为。

2. 课堂问题行为产生的原因

（1）学生方面的因素。

许多课堂问题行为是由于学生自身的因素导致的。这些因素主要有：① 挫折。如学业成绩不良、人际关系不协调、对教师教学要求的不适应等，都会引发学生的挫折感，并产生紧张、焦虑、惧怕甚至愤怒等情绪反应，在一定条件下这种情绪反应就可能演变为课堂问题行为。② 寻求注意。一些自尊感较强但因为成绩较差或其他原因得不到集体和教师承认的学生，往往故意在课堂上制造一些麻烦以引起教师和同学的注意。③ 性别特征。一般情况下，男孩出现课堂问题行为的可能性要高于女孩。④ 人格因素。例如，内倾化的人格，常表现出抑制退缩行为。而外倾化的人格，胆子较大，善于获取新事物，自制能力较弱，违反纪律的情况相对较多。⑤ 生理因素。生理障碍（有视、听、说障碍，神经功能障碍等），发育期的紧张，疲劳和营养不良等都会影响学生的行为。

（2）教师方面的因素。

课堂问题的产生有一些是由于教师的原因造成的。例如，教师的教育失策，包括指导思想错误（如以追求分数为唯一标准），管理失范（如对学生的行为采取过激行为、自己不以身作则、滥用惩罚等），教学偏差（如内容不当、方法不宜、要求过多），丧失威信（水平低、不认真、要求前后矛盾、不公平、向学生许诺但总不兑现、强词夺理）等。

（3）环境方面的因素。

课堂问题行为的产生，除了取决于教师和学生方面的因素外，还与环境影响有关。

它主要包括家庭（单亲家庭、家庭不和、家长教养方式等），大众媒体（一些负向的信息，如暴力），课堂内部环境（如课堂内的温度、色彩、课堂座位等）等方面。

3. 课堂问题行为的预防与处理

课堂问题行为是一种普遍的、正常的教育性问题，预防和处理时可以采取下列措施。

（1）建立课堂常规。为保证课堂教学的有效开展，需要对学生提出一系列基本要求，如果能将这些一般要求在组织教学活动中严格落实，并经过反复的实践固定下来成为课堂常规，那么不仅可以提高课堂管理效率，避免课堂问题行为的产生，而且一旦学生适应这些规则后会形成心理上的稳定感，增强对课堂教学的认同感。

（2）全面监控。教师仔细认真地观察课堂活动，讲课时应始终密切注意学生的动态，做作业时要经常巡视全班学生。一旦发现问题，及时采取措施进行处理。例如，可以采取给予信号、邻近控制、向其发问和课后谈话等方法。

（3）适度奖惩。运用奖励手段鼓励正当行为，通过惩罚制止不良行为，这是减少课堂问题行为的必要手段。运用时要注意：一是根据实际情况灵活运用，以奖励为主；二是维护课堂规则的权威性，严格按规则实施奖惩；三是惩罚手段不能滥用，更不能体罚学生。

（4）降低课堂焦虑水平。焦虑是一种情绪状态，是一个人自尊心受到威胁时的情绪反应。适度的焦虑可以有效激励学生的学习，因而是十分必要的。但焦虑过度则可能影响学生的学习成绩并导致问题行为，所以要将课堂焦虑保持在有效的水平。另外，要降低教师的焦虑水平，这样才能减少学生的问题行为。

（5）实行行为矫正，开展心理辅导。行为矫正是用条件反射的原理来强化学生良好的行为以取代或消除其不良行为的一种方法。具体步骤如下：觉察—诊断—目标—改正—检评—追踪。心理辅导的主要目标是通过调整学生的自我意识，排除自我潜能发挥的障碍，以及帮助学生正确认识自己和评价自己来改变学生的外部行为。

（6）师生关系和谐，让学生体验成功。良好的师生关系是课堂教学有效运行的条件，如果师生关系良好，那么课堂问题行为将大大降低。另外，心理学研究表明，如果在一个长久处于挫败的情绪体验下，那么容易产生攻击行为。因而，应尽可能地为学生创造机会，体验成功，这将有助于良好行为的产生。

（二）课堂偶发事件的处理

课堂偶发事件，是指教学过程中教师始料不及，由学生、教师或环境因素诱发的、背离课堂教学目标，导致学生注意力分散，妨碍教学任务完成，甚至引起师生严重冲突，酿成责任事故的事件。

偶发事件的处理是一件复杂的、自由度较大的创造性活动，一般有“热加工”和“冷处理”两种处理方式。所谓“热加工”，是指当偶发事件发生时，教师抓住机会，马上给予处理，趁热打铁，取得教育效果。“冷处理”是指教师对偶发事件给予暂冻结，仍按原教学计划进行教学活动，等到课后或其他时间再来处理这一事件。具体而言，偶发事件的处理有多种方法，下面择要进行介绍。

1. 以静制动法

以静制动法，即面对课堂中出现的偶发事件进行冷静地处理，找到解决问题的最佳方法。例如，一位教师兴致勃勃地走进教室，突然发现黑板上画了一幅丑化他的画像，同学们静静地等待老师的发作。但这位老师看了一眼，然后平静而真实地说："画得很好，确实像我。希望这位同学以后为我们班上的黑板报画画刊头、题花，大家说好吗？"同学们一阵应和之后稳定了情绪，教师开始了自己的讲课。下课时，教师惋惜地合上书本，轻声说："时间不够了。"敏感的学生马上听出了教师的话弦外有音，懂得了课堂出乱子会影响大家的学习。

2. 以变应变法

以变应变法，即在课堂教学过程中出现意料不到的情况时，教师要灵活而智慧地加以处理。例如，某位教师刚走进教室，发现黑板上画了一幅自己的漫画画像，他开心地说："画得很不错，挺像。"学生发现教师并不发怒，便放松了警惕，眼睛都朝着画画的同学看。这位教师心中有数，转身在黑板上写了几道数学题，让画画的同学在黑板上作答漫画上方的那一题，那位学生立即把画擦了。

3. 借题发挥法

借题发挥法，即从自然现象与生活现象巧借话题加以生动延伸，让学生达到自我教育的目的。例如，班主任张老师发现有些学生对青年教师直呼其名，便给学生讲了一个"礼和里"的故事：从前，有个小伙子骑着驴去赶集，见有个驼背的老人在路边走着，便大喊："嗨，老头，这儿离集市还有多远？"老人低着头说："还有五六千丈。"小伙子骂道："死老头，怎么不说里而说丈？"老头慢条斯理地说："你不说礼（板书'礼'），我也只好不说里（板书'里'）了。"同学们幡然醒悟，再也没有出现过不尊重年轻教师的事了。

4. 因势利导法

因势利导法，即根据课堂中发生的具体情况，利用其中的积极因素，因势利导地进行教育教学活动的方法。例如，冬季的一天，教语文的王老师突然发现同学的注意力从她身上转移到窗外去了。原来，在茫茫大雪中，一只大灰猫正悄悄地逼近一只兔子，同学们正兴致勃勃地观看着窗外的精彩场面。这时，王老师立马改变了自己原来的计划，宣布同学们一起观看这个场面，引导他们讨论这件事，并要求以这件事为素材，创造性地进行写作。这既顺应了学生的好奇心，满足了学生的求知欲，又保证了教学秩序，扩充了课堂教学信息，达到了教学目的。

5. 幽默化解法

幽默化解法，即当课堂教学中出现偶发事件时，教师运用幽默风趣的语言巧妙地化解僵局，缓和课堂气氛的方法。例如，班主任黄老师刚刚走上讲台，课堂里就发出阵阵笑声，黄老师莫名其妙。坐在前排的一个女生轻声地说："黄老师，你的袜子怎么左右脚的颜色不一样呀？"他一打量，便煞有介事地说："这是鸳鸯脚。老师带着鸳鸯与你们相会不是更好吗？不过昨天有同学运用数学公式就是这样张冠李戴的，应该改过来。"同学们立即给予了热烈的掌声。

6. 欲抑先扬法

欲抑先扬法，即先肯定，让学生感觉到老师的爱心与暖意，然后再引导学生在自我反省中受到教育的方法。例如，音乐老师在上课时，由于生理原因老是打嗝。他教唱歌时，一位学生总是模仿他打嗝。快到下课时，老师说："同学们，唱歌需要模仿，没有模仿就没有创造。刚才模仿我打嗝的同学很有模仿天赋，现在请他再模仿模仿。大家觉得怎么样？"模仿老师的同学红着脸说："不要模仿了。"

重点提示

课堂问题行为是一种常见的教育性事件，学习时要特别注意课堂问题行为的具体表现、产生原因与处理策略。特别留心课堂偶发事件的处理方法的理解与运用。

本章小结

班级管理是每个班主任和教师必须面临的现实问题，班级管理水平的高低是一个教师是否优秀的重要标准之一。而班级又是一个瞬息万变的小世界，常常会有难以预料的事件发生，但班级管理并不是无章可寻，只要了解班级的发展规律和班级管理的内容，熟悉班级管理的技巧，提高教师自身的素质，那么一个优秀的班级也就诞生了。

本章要点回顾

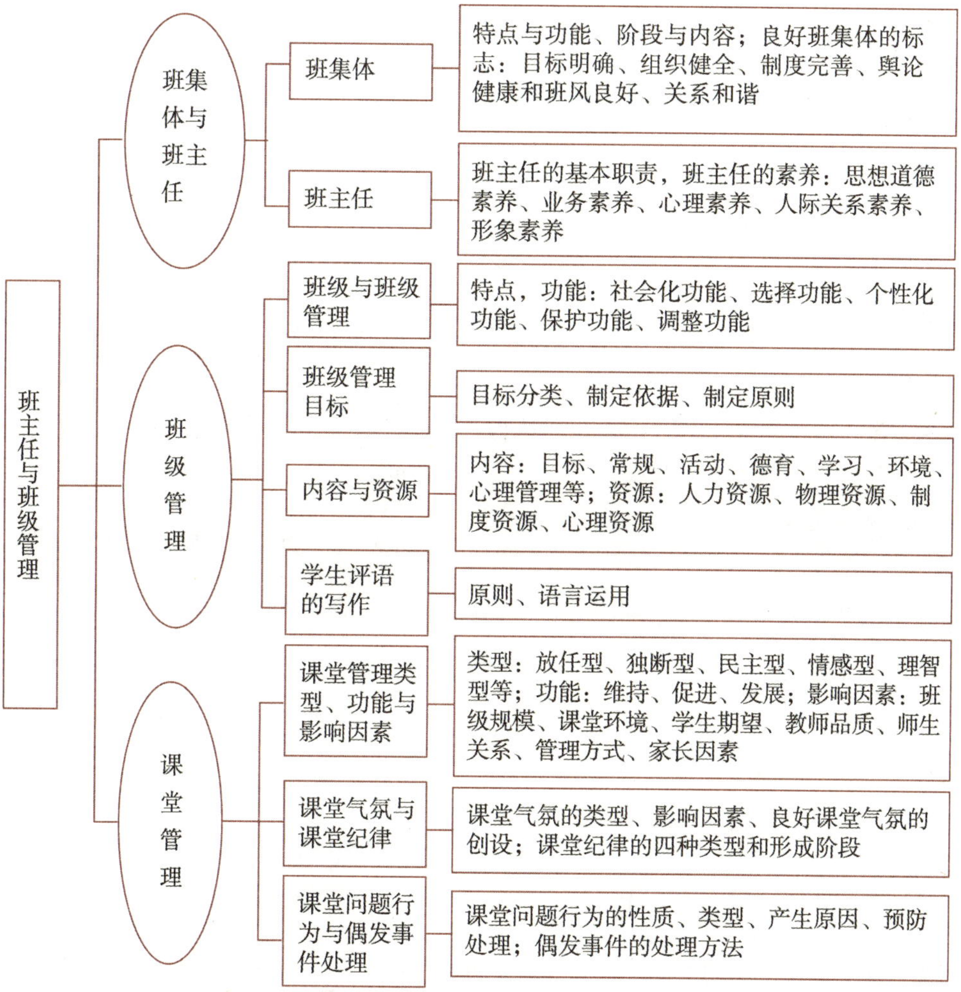

国家教师资格考试指导系列图书

书　　名	作者	书号	定价
幼儿园笔试			
综合素质（幼儿园）	虞伟庚　郑先如	978-7-301-24619-1	38.00
保教知识与能力（幼儿园）	王佾华　傅建明	978-7-301-26949-7	38.00
《综合素质（幼儿园）》练习册	虞伟庚	978-7-301-24795-2	30.00
《保教知识与能力（幼儿园）》练习册	王佾华　傅建明	978-7-301-28107-9	34.00
小学笔试			
综合素质（小学）	傅建明　张昌勋	978-7-301-24622-1	38.00
教育教学知识与能力（小学）	陈焕章	978-7-301-24799-0	46.00
《综合素质（小学）》练习册	王佾华	978-7-301-24793-8	30.00
《教育教学知识与能力（小学）》练习册	陈焕章	978-7-301-24796-9	36.00
中学笔试			
综合素质（中学）	谢先国　王凤秋	978-7-301-24620-7	38.00
教育知识与能力（中学）	洪　明　张锦坤	978-7-301-24790-7	54.00
《综合素质（中学）》练习册	傅建明	978-7-301-24794-5	34.00
《教育知识与能力（中学）》练习册	洪　明　张锦坤	978-7-301-24797-6	30.00
语文学科知识与教学能力（初级中学）	谢先国	978-7-301-26748-6	45.00
《语文学科知识与教学能力（初级中学）》练习册	谢先国	978-7-301-26811-7	38.00
语文学科知识与教学能力（高级中学）	柯汉琳　周小蓬	978-7-301-28305-9	48.00
数学学科知识与教学能力（高级中学）	张景斌	978-7-301-28191-8	48.00
英语学科知识与教学能力（高级中学）	孙淼　林立　刘洁	978-7-301-26837-7	47.00
历史学科知识与教学能力（初级中学）	余柏青	978-7-301-26472-0	42.00
《历史学科知识与教学能力（初级中学）》练习册	余柏青	978-7-301-28558-9	45.00
面试教材			
中小学教师资格考试面试通关教程	叶亚玲	978-7-301-26547-5	38.00